UNIVERSITÉ DE LYON — FACULTÉ DE DROIT

ESSAI

SUR LES

Biens Habous

EN ALGÉRIE ET EN TUNISIE

Étude de Législation Coloniale

—————※—————

THÈSE POUR LE DOCTORAT

PRÉSENTÉE ET SOUTENUE DEVANT LA FACULTÉ DE DROIT DE LYON

Le 29 Avril 1899

PAR

Jean TERRAS

Lauréat de la Faculté
Docteur en Droit
Avocat à la Cour d'appel de Lyon

LYON

IMPRIMERIE ET LITHOGRAPHIE DU SALUT PUBLIC
71, Rue Molière, 71

—

1899

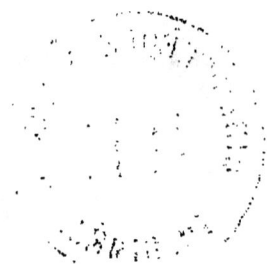

Biens Habous en Algérie

ET EN TUNISIE

UNIVERSITÉ DE LYON — FACULTÉ DE DROIT

ESSAI

SUR LES

Biens Habous

EN ALGÉRIE ET EN TUNISIE

Étude de Législation Coloniale

—∗◦∗—

THÈSE POUR LE DOCTORAT

PRÉSENTÉE ET SOUTENUE DEVANT LA FACULTÉ DE DROIT DE LYON

Le *29 Avril 1899*

PAR

JEAN TERRAS

Lauréat de la Faculté
Docteur en Droit
Avocat à la Cour d'appel de Lyon

LYON

IMPRIMERIE ET LITHOGRAPHIE DU SALUT PUBLIC
71, Rue Molière, 71

—

1899

UNIVERSITÉ DE LYON. — FACULTÉ DE DROIT

MM.

CAILLEMER, O. ✻, C. ✠, I. ◉, doyen, professeur de Droit civil, correspondant de l'Institut.

MABIRE, ✻, I, ◉, professeur honoraire.

THALLER, I. ◉, professeur honoraire.

GARRAUD, I. ◉, professeur de Droit criminel.

APPLETON (Charles), I. ◉, professeur de Droit romain.

FLURER, I. ◉, professeur de Droit civil.

ROUGIER, I. ◉, professeur d'Economie politique.

AUDIBERT, I. ◉, professeur de Droit romain.

COHENDY, I. ◉, professeur de Droit commercial.

PIC, I. ◉, professeur de Droit international.

BARTIN, A. ◉, professeur de Droit civil.

SOUCHON, A. ◉, professeur d'Histoire des Doctrines économiques.

APPLETON (Jean), agrégé.

LAMBERT, agrégé.

BOUVIER, agrégé.

LAMEIRE, agrégé.

JOSSERAND, agrégé.

GUERNIER, chargé de cours.

BECK, I. ◉, secrétaire.

JURY DE LA THÈSE

MM. ROUGIER, professeur, *président.*

PIC, professeur ... ⎫
LAMBERT, agrégé. ⎰ *Suffragants.*

ESSAI

SUR LES

BIENS HABOUS

EN ALGÉRIE ET EN TUNISIE

INTRODUCTION

I. Intérêt d'une étude sur le habous. — Actualité des questions de droit musulman. — Intérêt général que peut présenter la connaissance d'un mode spécial de propriété dans le régime foncier arabe. — Rapprochements possibles avec d'autres institutions de notre droit. — Souvenirs laissés par l'occupation romaine dans l'Afrique du Nord. — Intérêt pratique.

II. Principaux auteurs qui ont traité ce sujet.

III. Méthode.

IV. Plan général.

I. Intérêt de cette étude. — Pendant plusieurs siècles, la société musulmane est restée isolée dans le développement de sa vie propre, sans relations d'idées avec le monde occidental. Aussi a-t-elle été, jusqu'à une époque récente, complètement ignorée sinon méconnue. La difficulté de cette étude, le peu d'intérêt pratique qu'elle paraissait offrir, en éloignaient les esprits. On ne se souciait guère de connaître les institutions d'un peuple qui, après un passé brillant, semblait immobilisé pour toujours dans un fatalisme stérile. Mais aujourd'hui que la Turquie et l'Egypte ont pris contact avec les autres nations, que la France surtout a établi sa prédominence dans l'Afrique du Nord, on s'est inquiété davantage de connaître les traditions et les principes qui gouvernent le monde de l'Islam. Or, si, comme il n'est pas douteux, le droit d'un peuple est le reflet de sa nature, c'est dans l'examen de la législation arabe que nous devons trouver la formule de l'état social des populations musulmanes en même temps que la solution de bien des questions relatives à la colonisation. Plus une institution nous apparaît comme étrangère à nos concepts juridiques, plus il importe de nous y arrêter, car elle est d'autant plus propre à caractériser le génie de la race où elle s'est développée. A ce titre, le habous qui, dans le régime foncier arabe, immobilise une grande partie des terres, mérite plus particulièrement d'être étudié.

Nous n'avons pas toutefois la prétention d'écrire ici un chapitre de droit musulman pur et d'apporter quelque complément aux œuvres des jurisconsultes autorisés qui nous ont initié à cette législation. Persuadé de l'inanité de notre effort, nous n'aurons garde d'essayer de refaire après eux le chemin qu'ils ont déjà si brillamment parcouru. Mais il nous a paru possible de donner quelque intérêt à un travail sur les biens habous, en envisageant ce sujet sous un côté moins ardu et qui nous est plus accessible, le côté économique. Il sera intéressant de rechercher dans les lois générales qui président au développement des sociétés le fondement et la raison d'être de ce type de propriété. Aussi n'est-ce pas s'écarter autant qu'on pourrait le croire du cadre ordinaire des études juridiques en France que de traiter ici d'une forme particulière de la condition des biens dans la civilisation arabe. Quelque originale que paraisse au premier abord une institution, il est bien rare qu'elle constitue un fait unique et qu'on ne puisse retrouver dans d'autres civilisations les vestiges d'institutions analogues. Ce n'est pas seulement, en effet, dans la succession des événements politiques que l'histoire est un perpétuel recommencement. L'évolution sociale tout entière s'opère, chez les différents peuples, suivant les mêmes phases principales. Au cours de cette étude nous aurons peut-être l'occasion de retrouver dans notre droit la trace d'institutions qui, produites par les mêmes causes, ont eu, elles aussi, leur utilité et se sont ensuite transformées avec les besoins qui leur avaient donné naissance.

En outre de cette loi générale, les sociétés tiennent entre elles par des liens plus directs. Si elles ne se rattachent pas les unes aux autres suivant une filiation continue, tout au moins ne disparaissent-elles pas sans laisser aucun vestige et sans rien léguer à celles qui leur succèdent. Par-delà la loi musulmane il n'est pas impossible de découvrir les traces que l'occupation romaine a laissées en Afrique. Point n'est besoin de fouiller bien profond dans les alluvions déposées par les invasions successives, sur le sol de l'Afrique, pour atteindre le tréfonds sur lequel Rome a édifié tant de monuments durables de sa législation comme de son architecture. Cette influence, à vrai dire, est bien loin d'être comparable à celle qu'elle a exercée sur notre civilisation. Au moment de la conquête arabe, la domination impériale en Afrique était fort affaiblie, et quand, à la fin du VIIe siècle, Sidi-Okba s'empara de Carthage et fonda Kairouan, il ne trouva plus que des ruines amoncelées par les invasions des Vandales et les soulèvements des tribus berbères. Le vainqueur imposa en même temps sa religion et sa loi indissolublement liées. La lutte n'était pas égale : devant l'Islamisme triomphant et intransigeant, le droit romain ne pouvait que s'effacer. Mais il n'en est pas moins intéressant pour nous, qui avons recueilli le patrimoine juridique romain dans son intégrité presque absolue, de retrouver dans certaines institutions locales d'Algérie la trace de ces lointaines affinités.

Pourquoi, du reste, remonter si haut ? L'actualité et l'importance des questions qui touchent à nos deux grandes colonies de l'Afrique du Nord ne sont plus discutées aujourd'hui. Alors qu'après un demi-siècle le problème de la constitution de la propriété en Algérie n'est pas encore résolu, il n'est peut-être pas inopportun de résumer l'état présent de la législation et de la jurisprudence en ce qui concerne au moins les biens habous. — En Tunisie, d'autre part, cette étude offre un intérêt particulier. Là, en effet, notre intervention, pour être efficace, devait rester prudente avant tout. Il eût été dangereux de procéder par mesures radicales, inutile aussi, puisque la propriété individuelle existait régulièrement établie. Aussi notre protectorat s'est-il sagement contenté d'aider à l'évolution sans prétendre l'imposer. En même temps que nos tribunaux parvenaient à dégager une théorie exacte et précise, notre administration par une règlementation avisée, modifiait cette institution au point de la rendre conforme à nos idées juridiques et à nos besoins pratiques, sans heurter le moins du monde les coutumes et les croyances d'un peuple étranger. Ce travail d'analyse et d'adaptation s'accomplit chaque jour sous nos yeux, et déjà nous pouvons en mesurer le mérite et l'utilité, dresser le bilan des résultats acquis comme aussi des desiderata à satisfaire.

Enfin, l'étendue considérable des biens habous, la nature

particulière des transactions auxquelles ils peuvent donner
lieu, ajoutent encore à l'intérêt de cette étude. Il ne suffit
pas, en effet, pour assurer la sécurité de la propriété,
indispensable à toute colonisation, d'édicter des règlements. Il faut encore que les intéressés, pour être à même
d'en profiter, veuillent bien se rendre compte de l'étendue
de leurs droits, et puissent ainsi prévenir les difficultés qui
peuvent surgir. Aussi nous efforcerons-nous de ne pas
perdre de vue le côté pratique, heureux si cet exposé
rapide peut être de quelque utilité à ceux qui viennent
coloniser en Algérie ou en Tunisie.

II. — Principaux auteurs qui ont traité ce sujet. —
Le nombre et l'autorité des auteurs qui dans ces dernières
années ont écrit sur le habous est encore la meilleure
preuve de l'intérêt que présente ce sujet. L'ouvrage de
MM. Sautayra et Cherbonneau, celui de M. Zeys, et le
Répertoire de doctrine et de jurisprudence de M. Tilloy contiennent des renseignements très précieux à cet égard.
Mais c'est surtout dans les travaux récents publiés dans la
Revue algérienne de jurisprudence, par M. Mercier, qui a
pour lui l'avantage inappréciable de pouvoir, grâce à sa
parfaite connaissance de la langue arabe, se reporter aux
sources originales, que l'on trouve l'exposé le plus exact
de la théorie du habous. En Egypte, MM. Adda et Ghaliounghi ont fait paraître il y a quelques années, une mono-
graphie du habous, traduite de l'arabe. Malheureusement
ce n'est qu'une traduction et la lecture en est fort pénible.
Le plan n'apparaît pas clairement, chaque difficulté qui
peut se présenter est examinée isolément et bien souvent
les solutions données sont fort obscures, parfois même
contradictoires. Il serait difficile souvent de s'y reconnaître,
si un répertoire alphabétique, placé à la fin du volume, ne
venait en aide au lecteur. Enfin, le traité le plus complet

sur la matière est sans contredit celui de M. Clavel, directeur de la *Revue de législation et de jurisprudence musulmane*.
S'inspirant de l'ouvrage d'Adda et de Ghaliounghi, il a su
apporter dans l'exposé de ces difficiles questions une lucidité
admirable. M. Mercier lui a reproché toutefois quelques
erreurs de doctrine, provenant de ce que la source à
laquelle il a puisé n'est pas toujours d'une pureté irrépro-
chable. Certaines idées qu'il a émises peuvent paraître
aussi contestables. Son livre n'en restera pas moins une
œuvre magistrale dont la connaissance est indispensable à
tous ceux qui ont à s'occuper du habous. A côté de ces
noms il faudrait en citer bien d'autres, que l'on trouvera
indiqués plus loin dans une bibliographie que nous avons
faite aussi complète que possible. Mais nous n'aurons
garde d'oublier ici les magistrats éminents qui, par leurs
décisions, ont concouru à former la jurisprudence sur ces
points délicats. En compagnie de guides aussi éclairés il
nous sera difficile de nous égarer, et c'est là notre excuse
d'avoir osé aborder un pareil sujet.

III. — MÉTHODE. — C'est une précaution commune à ces
auteurs que de mettre en garde contre l'inconvénient
qu'il y aurait à raisonner en cette matière d'après les
principes du droit romain ou du droit français. Il en est
du habous comme de la législation arabe tout entière. Le
droit musulman s'écarte trop dans son esprit et dans ses
prescriptions des législations occidentales, pour qu'il soit
possible de l'étudier d'après nos théories juridiques. Le
danger de céder à un désir de généralisation arbitraire est
d'autant plus difficile à éviter que les expressions employées
pour désigner une institution de droit mulsuman n'ont
forcément qu'une valeur approximative et ne doivent pas
être prises dans leur sens technique. Si l'on n'y prend
garde, on est amené à conclure de la similitude des termes

à l'identité des institutions. C'est ainsi, pour n'en citer qu'un seul exemple, emprunté à M. Zeys (1), que par chose fongible on entend uniquement en droit mulsuman que « lés grains produits par la terre, servant à l'alimentation « indispensable des êtres animés, et susceptibles d'être « conservés en provision ».

Il importe d'ailleurs de ne pas exagérer la portée de cette observation. S'il faut éviter d'argumenter d'après des analogies vraies ou supposées avec les règles de notre droit, il est nécessaire, pour faciliter cette étude et mieux différencier les caractères du habous, de rechercher s'il ne se rapproche pas de certaines de nos institutions et d'établir des points de comparaison.

IV. — PLAN GÉNÉRAL. — Bien que nous ne cherchions pas le moins du monde à écrire ici un traité dogmatique du habous, il est néanmoins indispensable d'esquisser dans une première partie ses traits essentiels, abstraction faite des modifications qu'a pu lui faire subir la législation française. Dans une seconde partie, nous étudierons les règles spéciales au habous en Algérie. Enfin, dans une troisième partie, nous expliquerons la situation du habous en Tunisie, l'évolution qu'il est en train d'y accomplir, l'avenir qui lui paraît réservé.

---

(1) Zeys. *Traité élémentaire de droit mulsuman*, préface p. IX et p. 172 note 4.

PREMIÈRE PARTIE

THÉORIE GÉNÉRALE DU HABOUS

CHAPITRE PREMIER

Notions préliminaires

I. Caractère et source de la législation musulmane. — Le Coran et la Tradition. En quel sens le droit musulman n'est-il pas perfectible ?

II. Les quatre rites orthodoxes. — Malékite, Hanafite, Chafeite et Hanbalite. — Rites suivis en Algérie et en Tunisie, spécialement en matière de habous.

III. Origine du habous.

IV. Causes de l'extension prise par cette institution. — Les Musulmans étaient poussés à constituer leurs biens habous : 1° pour faire œuvre pieuse ; 2° pour se soustraire à la loi successorale ; 3° pour assurer la conservation de leurs biens dans leurs familles ; 4° pour les mettre à l'abri des confiscations ; 5° pour accomplir une œuvre de bienfaisance.

V. Distinction en fait des habous publics et des habous privés.

I. Caractère et source de la législation musulmane. — La société arabe en est restée à cette période où l'idée de droit, n'ayant pas encore assez d'énergie pour s'individualiser, demeure liée à l'idée de religion. Le fondement unique de la législation est le Coran, le Livre par excellence, la loi révélée à laquelle il ne peut être touché.

C'était dans la pensée du Prophète, le code universel destiné à régler à jamais les rapports des hommes entre eux. Par essence, le droit musulman devait être immuable. Mais malgré son caractère religieux, ils ne pouvait échapper aux lois nécessaires de l'évolution. A mesure que la civilisation musulmane se développait, les relations juridiques devenaient plus complexes et des questions imprévues se posaient. Les légistes en cherchèrent la solution dans les maximes et les actes du Prophète que leur avait transmis la tradition *(Sonna)*. D'autre part, les Arabes, par l'effet de la conquête, se heurtèrent à d'autres législations dont ils ne pouvaient manquer de subir l'influence. Les coutumes locales des peuples qu'ils convertirent survécurent souvent. Sur bien des points, le droit musulman fut pénétré par le droit romain qui était suivi soit dans l'Afrique du Nord soit surtout dans l'Asie mineure où il était encore alors professé avec éclat à la célèbre école de Beyrout. Dès l'origine, le Coran lui-même se ressentit de ce voisinage. Comme on l'a fait justement remarquer « il ne fait que transcrire une constitution du code théodosien quand il proclame que celui qui vivifie une terre morte en acquiert par là même la propriété (1) ».

La législation musulmane se compléta sous l'empire de la nécessité. Comme la loi des Douze-Tables fut la pierre angulaire sur laquelle s'éleva le splendide édifice de la législation romaine, de même le Coran servit de base au système juridique de l'empire arabe. C'est donc aller trop loin que de prétendre que le droit musulman n'est pas perfectible. Ce qui est vrai, c'est qu'à raison de son caractère sacré, toute prescription nouvelle, pour être légitime, doit être conforme à la loi religieuse. « On peut, dit Sawas

_____

(1) Dareste. Préface du livre de M. Robe sur l'origine de la propriété en Algérie, p. xv.

Pacha (1), introduire dans le code universel toute disposition juridique et judiciaire nouvelle, mais il faut le faire
islamiquement ».

II. LES QUATRE RITES ORTHODOXES. — Dans la formation de
ce droit, des divergences d'opinions ne pouvaient manquer
de se produire, d'autant plus que les éléments de cet im-
mense empire avaient des traditions et des besoins différents. Sans parler des schismes religieux comme celui des
Chiytes (2) qui éclatèrent dès l'origine, plusieurs écoles
juridiques se formèrent parmi les orthodoxes eux-mêmes.
Les commentateurs se groupèrent autour de quatre grands
docteurs ou Imams, et chaque peuple de l'Islam eut son
maître préféré dont il suivit la doctrine.

Abou-Hanifah (699-767 ère chrét.) devint le chef du rite
hanafite, généralement suivi en Turquie. Ses deux principaux disciples immédiats furent Abou-Yousef et Mohamed.

L'Imam Malek (713-795) fonda l'école malékite qui se développa dans l'Afrique du nord, sa doctrine fut codifiée
au xive siècle par Sidi Khalil, dont l'ouvrage fait aujourd'hui
encore autorité.

L'Egypte se rallia à l'Imam Chaféy (767-819) et le rite
Chaféite y fut universellement pratiqué jusqu'au xvie siècle,
époque de la conquête turque; il fut à ce moment rem-
placé presque partout par le rite hanafite importé par les
conquérants.

Enfin l'Imam Hanbal donna cinquante ans plus tard
naissance à l'école hanbalite qui ne fleurit guère qu'à
Java.

(1) Sawas Pacha, *La théorie du droit musulman*, t. I, p. 52.
(2) Les Chiytes ou séditieux, par opposition aux Sunnites ou orthodoxes, ne reconnaissent pas la légitimité des trois premiers kalifs
(Abou-Bekr, Omar et Othman), ils regardent Ali comme le successeur
immédiat de Mahomet; ils sont répandus dans l'Inde et dans la Perse.

En Algérie et en Tunisie, la doctrine malékite est de beaucoup la plus répandue, c'est à proprement parler la doctrine nationale. Le rite hanafite y a aussi ses adhérents : Introduit par les Turcs au xvie siècle, il compte encore parmi leurs descendants de nombreux adeptes et notamment la famille beylicale actuellement régnante. En raison de cette dualité il existe en Algérie des cadis de chaque rite. En Tunisie, il n'en est ainsi que pour le tribunal du Châra de Tunis qui comprend à la fois des magistrats malékites et hanafites. Dans l'intérieur, les mêmes cadis appliquent l'un ou l'autre rite, suivant la doctrine dont se réclame le défendeur. Celui-ci est d'ailleurs libre de choisir celle qui lui paraît la plus favorable à ses intérêts ; il ne faudrait donc pas le considérer comme lié par une sorte de statut personnel dont il ne pourrait se départir (1). Toutefois en matière de habous, comme il s'agit d'interpréter la volonté du fondateur, le juge doit se conformer au rite indiqué dans l'acte constitutif. Celui qui établit un habous peut du reste adopter tel rite qui lui convient, quelle que soit la doctrine à laquelle il appartienne; il lui est seulement interdit de réunir dans le même acte des dispositions empruntées à des rites différents (2).

Bien que la grande majorité de la population algérienne et tunisienne soit malékite, les habous hanafites sont cependant très fréquents par suite des facilités que présente le rite hanafite pour le fondateur. Le habous en effet, malgré son caractère et son but essentiellement religieux et charitable, ne laisse pas que d'offrir des avantages pratiques considérables. L'intérêt privé a su tirer un grand

(1) Loi tunisienne, 25 mai 1876, art. 9 et 55. — Cf. tribun. de Tunis, 23 novembre 1891. J. T. F. T. 1892, p. 109.

(2) Cour d'Alger, arrêt 27 avril 1863, 31 mai 1864, Sautayra et Cherbonneau. Du statut personnel et des successions, p. 376.

profit des facilités accordées à l'origine par les docteurs hanafites pour accroître le nombre des libéralités, mais qui par la suite ont eu des conséquences imprévues. C'est là bien plus que dans son origine religieuse qu'il faut vraisemblablement rechercher la raison de la faveur dont cette institution a joui dans tous les temps.

III. Origine du habous. — C'est une opinion généralement admise que le habous remonte à Mahomet lui-même. Non pas que le Coran en fasse mention expresse. Mais la tradition nous apprend que Omar-ben-Elkettab (1), propriétaire d'un terrain à Médine, étant venu un jour consulter le Prophète sur ce qu'il devait en faire pour être agréable à Dieu, reçut cette réponse : « Donne en aumône la substance de ce fonds, elle deviendra inaliénable et ne pourra être désormais ni vendue, ni donnée, ni transmise en héritage, le revenu seul en sera affecté à des actes de charité. » Cette réponse, qui définit assez exactement le habous, est rapportée par Elboukhari. Il est vrai que, d'après un autre hadit relaté par Daraktouny, Mahomet aurait interdit « d'instituer un usufruit à perpétuité *au préjudice de ses héritiers ou à l'encontre des lois de Dieu* » (2); alors que, comme on va le voir, le habous n'a pas tardé à constituer en fait une importante dérogation aux lois successorales.

IV. Causes de l'extension du habous. — Quoi qu'il en soit, la pratique de frapper un bien d'inaliénabilité et d'en attribuer les revenus à quelque œuvre pieuse ou charitable se généralisa rapidement. Les bénéficiaires ordinaires de ces libéralités étaient soit des établissements religieux (mosquées, zaouïas, medraça, écoles coraniques, etc.), soit

---

(1) Qui devint plus tard calife et succéda à Abou-Bekr.
(2) V. de Nauphal. *C. de droit musulman, la Propriété,* p. 133.

des institutions d'utilité publique ou de bienfaisance (hôpitaux, orphelinats, hospices, cimetières, etc.). Le fait d'ailleurs n'avait rien d'anormal : de tout temps ceux qui sont investis du prestige qui entoure, dans les premiers âges surtout, l'autorité religieuse, en ont profité pour obtenir des fidèles d'abondantes donations. C'est là la source des richesses considérables qui ont toujours été l'apanage des diverses Eglises. Dans l'antiquité, les collèges des Pontifes et des Vestales possédaient d'immenses domaines, et pour n'en citer qu'un exemple, le temple de Bellone à Comana, en Cappadoce, retenait sur ses terres une population de 6,000 esclaves ou colons (1). Au Moyen âge, le patrimoine ecclésiastique fut formé presque uniquement de libéralités pieuses. Riches et pauvres, pour s'assurer les prières et la reconnaissance des ministres du culte, contribuaient par leurs aumônes à l'accroissement de leurs biens.

D'autre part, dans les sociétés commençantes, l'organisme religieux est celui qui se développe le plus rapidement. Il est par suite seul à même de pourvoir aux premiers besoins sociaux et d'accomplir des fonctions qui seront plus tard dévolues à l'Etat, telles que celles de justice ou d'assistance. Rien d'étonnant dès lors que les donations affectées à la satisfaction de ces besoins ne revêtent, elles aussi, un caractère pieux.

Le habous, tel qu'il ressort de la définition de Mahomet et tel qu'il a été pratiqué à l'origine, ne présente pas une bien grande originalité et ne se distingue guère des donations pieuses ordinaires. L'interdiction d'aliéner les biens religieux se retrouve presque partout en fait, et c'était une règle dans notre ancien droit que les établissements

(1) Bonjean. *Traité des actions*, t. II, p. 195.

ecclésiastiques ne devaient pas disposer des biens composant leur patrimoine. Mais bientôt les docteurs musulmans, désireux d'augmenter les ressources des mosquées et des institutions charitables, accordèrent à leurs bienfaiteurs de singulières facultés. Il leur fut, en effet, permis de retarder autant qu'ils le voudraient le moment où le produit de l'objet habousé serait définitivement affecté à une fondation pieuse, en instituant une série de dévolutaires intermédiaires. C'était, en réalité, créer un régime spécial pour ces biens. Sous le couvert de la piété on put désormais facilement déroger à la loi successorale établie par le Coran et qui, en maintes régions, contrariait les coutumes et les traditions locales. Le principe généralement suivi en matière de succession dans les tribus arabes primitives avait été celui de la conservation des biens dans les familles, qui entraînait comme corollaire l'attribution de l'hérédité aux mâles en état de porter les armes, et l'exclusion des femmes et des mineurs (1). Mahomet introduisit le principe de l'affection présumée et la règle de l'admission des femmes à l'héritage. De plus, il interdit le legs fait à un héritier et réduisit la quotité disponible au tiers de la succession, quel que fût le nombre ou la qualité des successibles. Or, le fondateur d'un habous étant libre de désigner les bénéficiaires à qui la jouissance de la chose devait être successivement attribuée, put ainsi soustraire à la dévolution normale tout ou partie de ses biens, non seulement dans sa propre succession mais aussi dans celle de tous ses descendants, pourvu qu'en fin de compte les biens habousés fussent affectés à quelque œuvre d'utilité publique. Aussi les musulmans ne se font pas faute d'user de ce procédé pour exhéréder les femmes. En Kabylie, notam-

(1) Sautayra et Cherbonneau, *Du Statut personnel et des successions*, t. II, p. 98.

ment, les habous ont été fréquents jusqu'au moment où les khanouns traditionnels, reprenant la prépondérance, ont rétabli l'exclusion des femmes ; depuis cette époque, au contraire, ils y sont devenus très rares. Ajoutons toutefois que, comme on le verra plus loin, cette liberté dans la détermination des dévolutaires intermédiaires n'est pas absolue : le rite malékite n'accorde en aucun cas au fondateur de habous le droit d'exclure ses filles.

L'institution du habous permet encore au chef de famille, qui craint de voir son patrimoine dilapidé par ses enfants, de le mettre à l'abri de leurs prodigalités. Pour cela il n'a qu'à constituer habous ses biens en totalité ou en partie. Ses descendants ne reçoivent plus de leur auteur une propriété pleine et entière qui leur confère un droit de libre disposition, mais un simple droit d'usufruit, l'*usus* et non l'*abusus*. En un mot, le bien qu'ils recueillent est grevé de substitution, ils ont charge de le conserver et de le rendre en suivant l'ordre établi par le fondateur. Ils ne peuvent ni le vendre ni l'engager, leurs créanciers ne peuvent le saisir ; le plus souvent même un administrateur spécial, sorte de tuteur à la substitution est chargé non seulement de faciliter, mais aussi de surveiller leur jouissance.

Cet emploi fréquent du habous est intéressant à noter ; il montre que, tout en étant fortement attaché au passé, l'Arabe ne se désintéresse pas autant qu'on le croit généralement de l'avenir, et que ce désir de maintenir ce qui a été, le rend assez prévoyant pour protéger les générations futures aussi bien contre elles-mêmes que contre les tiers.

En outre, comme on l'a fait judicieusement observer, l'immobilisation du sol résultant du habous répond parfaitement aux tendances de l'esprit musulman et à la conception que l'Arabe se fait de la richesse. Il ne cherche pas à créer; pour lui, l'économie politique n'est que l'art de conserver les richesses naturelles. A ce titre, la terre qui apparaît comme impérissable, lui semble le type de la richesse. Constituer un habous, c'est assurer la stabilité de la propriété foncière, « c'est élever à la seconde puissance » cette stabilité (1).

La précaution est d'autant plus sage que, dans l'état actuel de leur civilisation, la richesse individuelle tend nécessairement à s'émietter. La fortune mobilière est à peu près inconnue et, dans tous les cas, reste improductive; les biens fonciers, à raison des procédés primitifs de l'agriculture indigène, ne donnent au propriétaire un rendement appréciable qu'à condition de comprendre de vastes étendues. L'Arabe a peu de besoins, c'est vrai, mais il produit encore moins, ajoutez qu'il aime à faire parade de luxe. Aussi est-il amené à vivre de son capital bien plus que de son revenu et à réaliser les biens de ses ancêtres; la meilleure preuve en est dans la facilité avec laquelle les colons européens, en Algérie et en Tunisie, ont trouvé des terres à acheter au début de la conquête.

Jusqu'à ces dernières années, la source principale des fortunes particulières était la générosité des beys. Autour d'eux vivait toute une cour de hauts personnages habiles à se disputer les fonctions lucratives ou la concession de domaines importants. Il est vrai que le caprice du lendemain pouvait détruire ce que la faveur de la veille avait fait. Nul ne pouvait être sûr de jouir en paix des dons du souverain, et ces fortunes aussi éclatantes que soudaines n'étaient pas à l'abri des révolutions, ni même des intrigues de palais.

Le remède à cette situation était d'ailleurs facile. Pour

(1) P. Lapie. *Les Civilisations tunisiennes*, p. 39.

assurer ses biens contre les confiscations, le propriétaire
n'avait qu'à en faire l'abandon plus ou moins immédiat à
quelque œuvre pieuse. Les gouvernements autoritaires
ont toujours cherché la raison et la justification de leur
souveraineté dans l'idée religieuse. En venant se placer
sur ce terrain, leurs sujets, désireux de se soustaire à leur
arbitraire, devenaient inexpugnables. Sous peine de ruiner
leur propre puissance, les beys ne pouvaient saisir des
biens qui, par la volonté de leur propriétaire, devenaient
des biens religieux. Au Moyen Age la situation était à peu
près la même lorsque les possesseurs d'alleux, pour s'affranchir des exactions des seigneurs, se *recommandaient* à
quelque église ou abbaye qui, moyennant l'abandon de la
propriété de leurs terres, leur rétrocédait par la « precaria » un usufruit assuré.

Il ne faut pourtant rien exagérer : l'intérêt privé n'est
pas le seul motif qui détermine la fondation de habous.
Nombreux sont les versets du Coran qui engagent les
musulmans à secourir les malheureux ; nombreuses aussi
les donations charitables faites pour se conformer à ces
prescriptions.

V. Distinction en fait des habous publics et des habous
privés. — La conséquence de ce mélange d'intentions
pieuses et d'avantages pratiques que les fondateurs de
habous se proposent de réaliser, c'est que les biens habousés
se présentent en fait sous deux aspects ; suivant qu'ils en
sont à l'une ou à l'autre période de leur évolution, c'est-à-
dire suivant que les revenus en sont perçus par les bénéficiaires intermédiaires ou par l'institution d'utilité publique, dévolutaire final, ils constituent des habous privés ou
des habous publics.

Cette distinction classique a une grande importance ;
selon qu'ils appartiennent à l'une ou à l'autre catégorie,

les règles qui président à leur administration diffèrent profondément. Les premiers, destinés à satisfaire pour le moment des intérêts individuels, sont des *res privatœ*, et l'autorité n'intervient que très indirectement pour conserver les droits des dévolutaires futurs. Les seconds se rapprochent davantage de notre notion française des établissements d'utilité publique auxquels la législation algérienne les a facilement assimilés (1). En Tunisie, ils ressortissent à une administration spéciale : « *la Djemaïa des Habous* », sorte de direction des domaines.

Mais cette division ne touche pas au fond des choses. En principe, tous les habous privés sont appelés à devenir un jour des habous publics, tandis que ces derniers ne commencent pas nécessairement par être habous privés. Dans les uns, comme dans les autres, la nature juridique, les conditions de validité, les effets même sont identiques et, pour être scientifique, une définition du habous doit comprendre ces deux variétés de la même institution.

(1) Arrêtés du 8 septembre 1830. — 7 décembre 1830. — 10 juin 1831. — 1er octobre et 4 novembre 1840. — 4 juin 1843. — 3 octobre 1848. — Loi 16 juin 1851, art. 2, § 2.

CHAPITRE II.

Définition. — Caractères principaux
Nature Juridique

I. Définition. — Impossibilité de donner une définition rigoureusement scientifique. — Critique de la définition d'Ibn Arfa. — Définition proposée.

II. Caractères principaux. — A. *Le habous est une œuvre de piété charitable.* Nécessité de l'intention chez le fondateur de faire une œuvre agréable à Dieu. — Que faut-il entendre par là ? — Du habous constitué par l'apostat. — Du habous constitué par le non-musulman.

B. *Le habous est de sa nature perpétuel et irrévocable.* 1° Rite Hanafite, nécessité de la perpétuité ; 2° Rite Malékite, autorisation de constituer des habous temporaires — Théorie d'Abou Hanifah sur l'irrévocabilité. — Exceptions apportées par Abou Yousef à la règle d'irrévocabilité.

III. Nature Juridique. — Théorie d'Abou Hanifah : le habous est un *prêt* charitable ; théorie d'Abou Yousef, c'est la renonciation au droit de propriété ; théorie de Mohamed, c'est une donation emportant transfert de propriété au profit des bénéficiaires ; théorie de la jurisprudence, c'est la donation immédiate de la nue-propriété au bénéficiaire final et de l'usufruit aux dévolutaires successifs.

I. Définition. — Le procédé ordinaire et logique pour arriver à définir une institution consiste à en examiner les divers éléments et à ne retenir que ceux qui demeurent constants malgré les différentes modalités qui peuvent l'affecter.

Employée ici, cette méthode risquerait fort de nous conduire à des résultats à peu près négatifs. Si nous essayions d'éliminer par l'analyse tous les principes qui n'apparaîtraient pas comme constitutifs du habous nous aurions grande chance de ne trouver plus rien au fond de notre crible. Le habous en effet présente des caractères généraux, il n'en comporte pas d'essentiels. Ses traits distinctifs sont la perpétuité, l'inaliénabilité, l'irrévocabilité, et cependant on trouve des habous temporaires, le cadi peut en quelques cas en autoriser la vente et certains docteurs permettent au fondateur de se réserver la faculté de le modifier et même de l'annuler.

Sous peine d'être inexacte, une définition du habous ne doit donc pas être trop précise. Il importe de lui laisser une grande généralité pour qu'elle puisse embrasser cette institution dans toute sa complexité; autrement elle risquerait de se restreindre à une forme particulière de habous et de consacrer de prime abord une conception juridique spéciale. La plupart des auteurs arabes et par suite des jurisconsultes français qui se sont bornés à traduire leurs définitions, n'échappent pas à cette critique. C'est ainsi que, suivant Ibn Arfa et après lui, MM. Zeys et Mercier, « le habous est la donation de l'usufruit d'une chose, la nue-propriété restant au donateur, réellement pendant sa vie et fictivement après sa mort... ». Or, poser en principe de tels caractères, c'est trancher à priori une question discutée, celle de savoir ce que devient en droit la nue-propriété de la chose habousée : C'est dans tous les cas méconnaître la nature du habous tel qu'il est pratiqué en Algérie. D'après la jurisprudence et la législation algérienne, conforme en cela aux usages locaux, l'institution d'un bien habous entraîne en effet attribution immédiate de la nue-propriété aux établissements publics ou d'utilité publique désignés par le fondateur comme dévolutaires définitifs, l'usufruit étant réservé aux bénéficiaires intermédiaires et devant se réunir à la nue-propriété au moment de leur extinction (1). Combien plus prudente et partant plus exacte est la définition de Bourhan El Dine Ibrahim El Taraboulsi (2) pour qui le habous consiste dans « l'inaliénabilité des biens avec emploi des fruits à titre de charité », définition reproduite dans un jugement de principe du tribunal de Tunis du 24 mai 1897 (3) et que nous adopterons en disant que le habous est *une institution du droit musulman d'après laquelle le propriétaire d'un bien le rend inaliénable pour en affecter la jouissance au profit d'une œuvre pieuse ou d'utilité générale, immédiatement ou à l'extinction des dévolutaires intermédiaires qu'il désigne.*

Cette définition a de plus l'avantage d'être conforme au sens littéral des mots. Etymologiquement Habous, Ouakof, Wakf (ces trois termes sont synonymes) signifie : arrêter, immobiliser, rendre inaliénable. Or l'inaliénabilité est la règle fondamentale, et, comme on le verra plus loin, il ne peut y être dérogé que dans des cas exceptionnels et avec l'autorisation du cadi. C'est l'effet le plus caractéristique du habous, celui qui le différencie de la donation aumônière pure et simple du droit musulman à laquelle d'ailleurs il ressemble par bien des côtés.

II. Caractères Principaux. — A. *Le Habous est une œuvre de piété charitable.* — Pris en lui-même, le habous est en effet avant tout un acte de disposition à titre gratuit fait dans un but charitable. Sans doute une pratique accommodante a pu le faire dévier de sa destination primitive pour

---

(1) *Rev. Alg.* 1890. t. II. p. 216.

(2) Auteur de l'ouvrage intitulé *El Isaaf* (le secours) traduit par B. Adda et E. Ghalioungui (le Wakf ou immobilisation, Alexandrie 1893).

(3) *Journal des tribunaux français en Tunisie,* 1897 p. 328.

le faire servir à la satisfaction d'intérêts privés, mais elle ne l'a pas dénaturé, l'intention pieuse du fondateur doit toujours apparaître. A cet égard tous les auteurs sont unanimes, et, s'il s'est élevé des controverses, ce n'est guère que sur le point de savoir si cette intention doit être expressément manifestée par les termes mêmes de l'acte constitutif, ou si, en l'absence de mention formelle, il est permis d'y suppléer par interprétation de la volonté du constituant. C'est ainsi que pour Youssef Ebn Khaled, Mohamed, le habous est nul s'il n'est pas spécifié dans l'acte qu'il finira par profiter aux pauvres ou à quelque œuvre d'utilité publique. Tandis que pour Abou Yousef l'intention pieuse peut se présumer et le habous est valable lors même que le fondateur n'a pas pris soin de désigner explicitement l'œuvre au profit de laquelle le bien doit finir par être affecté. Dans ce cas, à l'extinction des bénéficiaires intermédiaires, le fonds passera de plein droit aux pauvres, à moins que cette présomption ne soit détruite par les termes de l'acte. Suivant cette doctrine, un habous constitué « au profit de ses enfants, de leurs enfants et de leurs descendants à l'infini » est valable et doit en dernière analyse revenir aux pauvres, lorsque la race du fondateur sera éteinte. Il est nul au contraire s'il est constitué au profit de dévolutaires indéterminés qui comprennent à la fois des riches et des pauvres, comme le genre humain, les Arabes, les femmes, etc... c'est-à-dire une collectivité dont la durée indéfinie ne laisse plus place à une dévolution finale en faveur des indigents et est par suite, exclusive de l'intention chez le constituant de les faire participer au bénéfice de l'institution (1).

Dans tous les cas sur le principe lui-même, aucune dis-

---

(1) V. Adda. *Le Wakf,* 1 part. p. 33. — De Nauphal, op. cit. p. 137.

cussion ne s'est jamais élevée ; la jurisprudence s'est d'ailleurs montrée sur ce point encore plus sévère. Maintes fois la Cour d'Alger a confirmé des jugements de tribunaux arabes qui annulaient des constitutions de habous parce que l'intention pieuse n'était pas suffisamment apparente, soit que l'acte ne contînt pas la désignation d'une œuvre charitable comme dévolutaire final, soit même que malgré cette indication, les circonstances de fait permissent de conclure que ce n'était qu'une clause de style et que le constituant n'avait eu en aucune façon, même accessoirement, l'intention de faire une œuvre agréable à Dieu (Kourba).

Il faut entendre par là, tout acte accompli dans un but religieux, philanthropique, ou même simplement d'utilité générale. C'est ainsi que le fondateur d'un habous peut valablement en attribuer les revenus à l'extinction des bénéficiaires intermédiaires, soit aux deux villes saintes, la Mecque et Médine, à une mosquée, à une zaouïa, à une école coranique ; soit aux pauvres, aux orphelins, à un hôpital ; soit encore à la création et à l'entretien d'un puits, d'une fontaine, d'un caravansérail, de fortifications etc... Par contre, serait nul un habous, institué dans un but réprouvé par la religion comme par exemple, la réparation d'une église chrétienne, la fabrication de liqueurs fermentées, etc...

Il ne suffit pas, pour la validité du habous, que l'œuvre à laquelle il doit définitivement appartenir offre, considérée en elle-même, un caractère pieux ou charitable, il faut encore que rien dans la personne du constituant ne vienne, même postérieurement, en vicier la nature. En cas d'apostasie de la part du fondateur, le habous devient nul, d'une nullité absolue, que ne pourrait pas même couvrir un retour à l'islamisme.

De même, l'institution du habous n'est pas réservée aux seuls musulmans. D'après beaucoup de docteurs, il est loisible aux chrétiens, juifs ou idolâtres, de constituer un habous. Mais pour qu'une telle institution soit valable, encore faut-il qu'elle puisse apparaître à un mulsuman comme agréable à Dieu. Si elle est faite par un chrétien au profit soit d'une mosquée ou des deux villes saintes, soit d'une église ou de ses desservants, l'institution est nulle. Le chrétien, en effet, ne croit pas à la loi du Prophète, il n'a pu, en dotant une mosquée, avoir l'intention de faire une œuvre pie; d'autre part, la religion musulmane ne peut considérer comme pieuse une fondation faite en faveur d'un autre culte. Au contraire, un habous constitué par un chétien en faveur des pauvres, ou même des pauvres chrétiens exclusivement, est valable : quelles que soient les croyances de celui qui la donne ou de celui qui la reçoit, l'aumône est toujours acte méritoire (1).

B. *Le habous est de sa nature perpétuel et irrévocable.* — Il faut enfin que cette œuvre pie, dévolutaire finale, ne soit pas, au moins dans l'état actuel des prévisions humaines, susceptible d'extinction. Le habous, en effet, et c'est là le second caractère principal, est de sa nature perpétuel. Dans le rite hanafite tout au moins, la règle est absolue et ne comporte aucune exception. Là encore, la seule controverse qui existe est de savoir si cette perpétuité doit être énoncée dans l'acte constitutif ou s'il suffit qu'elle y soit implicitement renfermée, qu'on puisse la faire résulter des termes employés par le fondateur. D'après Mohamed, il est de toute nécessité que celui-ci se serve de quelque formule explicite; tandis que pour Abou Yousef, le habous est par lui-même éternel, sans qu'il soit besoin de l'indi-

(1) Adda, op. cit., I, p. 13.

quer; par suite un habous constitué en ces termes : « j'immobilise ma maison », « je donne ma terre en aumône inaliénable », est valable et les revenus doivent en être affectés
aux pauvres à perpétuité. D'après plusieurs auteurs, la
nature du bénéficiaire final impliquera suffisamment, dans
la plupart des cas, l'intention de perpétuité.

Il ne s'agit d'ailleurs non d'une perpétuité absolue mais
seulement relative, non d'une durée infinie mais d'une
durée indéfinie. C'est ainsi que le habous établi au profit
d'une mosquée, d'un hospice, sans autre indication de
perpétuité, est valable. Il n'est pas possible, en effet, de
prévoir la ruine ou la disparition de ces établissements,
puisqu'ils devront être constamment entretenus ou répa-
rés au moyen des revenus qui y sont précisément consacrés par le habous. Mais serait nulle une constitution de
habous faite seulement en faveur de certaines personnes
limitativement déterminées, sans indication de dévolutaire
final, car cette limitation serait incompatible avec la possibilité d'appeler ensuite d'autres personnes à prendre part
au habous : elle exclut la perpétuité de l'institution (1).

D'autres vont encore plus loin : pour Helal-El-Raï, le
habous, même fait pour une durée déterminée (jour, mois,
année), est valable à perpétuité, la limitation de durée
devant être considérée comme non écrite, à moins toutefois que l'acte ne contienne quelque clause qui s'oppose à
cette interprétation, comme si le fondateur prenait soin
d'ajouter qu'à l'expiration de l'époque fixée le bien rede-
viendrait libre; dans ce cas, le habous devrait être considéré comme nul.

Dans la pratique, les fondateurs de habous ne manquent d'ailleurs pas de stipuler formellement la perpétuité

---

(1) Adda, op. cit., I, p. 33, 36.

de l'institution. Ils le font dans ces termes imagés dont la langue arabe est coutumière. Voici les expressions que l'on trouve dans les formulaires de droit musulman :

« Le disposant constitue cet immeuble en habous éternel et fondation sacrée et perpétuelle, tant que les époques se suivront alternativement et que le jour et la nuit se succèderont.

« Le habous ne pourra être modifié dans sa forme, ni changé dans sa nature ; mais bien il restera debout sur ses bases, ses conditions seront observées et il ne pourra ni être vendu, ni faire l'objet d'une donation ou d'une succession, jusqu'à ce que Dieu hérite de la terre et de ceux qu'elle porte, et c'est le meilleur des héritiers (1) ». —

A la différence du rite hanafite, le rite malékite autorise la constitution de habous temporaire ; le constituant peut stipuler que le habous ne produira d'effets que pendant une période déterminée, à l'expiration de laquelle le bien rentrera dans son patrimoine ; mais en l'absence de cette clause, le droit commun reprend son empire et la libéralité doit être présumée faite à perpétuité.

Il faut bien le reconnaître, le habous temporaire s'écarte singulièrement de la conception première de l'institution. La transformation subie est caractéristique. La faculté accordée au fondateur de désigner des dévolutaires intermédiaires, d'abord simple tolérance à l'origine, est devenue l'élément prédominant. Le habous temporaire n'a plus rien de l'œuvre pie, c'est une substitution pure et simple, une violation ouverte de la loi successorale établie par le Coran.

A cet égard seulement le rite malékite offre quelque avantage sur le rite hanafite ; à tous les autres points de vue,

---

(1) Mohammed Elbachir Ettouati, op. cit., trad. Abribat, p. 68.

ce dernier présente de bien plus grandes facilités pour le constituant. S'il lui refuse la faculté de fixer d'avance un terme à l'existence du habous, il lui accorde par contre de modifier par la suite les clauses de l'institution, d'échanger et même de vendre l'objet habousé. D'après Abou-Yousef, en effet, tant que l'acte constitutif n'a pas été homologué par un jugement du cadi, le fondateur du habous peut le transformer ou même l'annuler, ses héritiers peuvent, avec l'autorisation de justice, aliéner l'objet de la constitution. Dans le cas même où l'institution serait devenue parfaite, par l'effet d'une décision judiciaire, le fondateur, *s'il l'a stipulé dans l'acte*, conserve le droit d'échanger l'immeuble, de le vendre à charge de remploi, de modifier les conditions de l'institution, d'y admettre ou d'en exclure telle personne qu'il jugera à propos (1). La pratique s'est empressée de suivre une doctrine aussi libérale et les fondateurs de habous ont eu soin, le plus souvent de se placer sous l'autorité de l'iman Abou-Yousef (2).

Ainsi, ni la perpétuité, ni l'irrévocabilité qui apparaît comme son corollaire nécessaire, ne sont des règles absolues, puisque le rite malékite autorise les habous temporaires, et que le rite hanafite permet au fondateur de se réserver dans l'acte la possibilité de revenir sur sa constitution.

Bien plus, à l'origine, alors que la théorie juridique du habous ne s'était pas encore dégagée, Abou Hanifah, le chef de l'école hanafite, enseignait que le constituant avait un droit essentiel de révocation, à tel point qu'il lui interdisait même de fixer par avance un terme à la durée de sa constitution. Et cela dans la crainte que cette indication de

(1) Mercier. *Rev. alg.*, 1895.
(2) Voir la formule d'acte de habous dans l'ouvrage de M. Abribat. op. cit., p. 69.

durée ne fut opposée au fondateur et ne fut interprétée comme une cause pénale, génératrice de dommages-intérêts, au cas où il aurait voulu revenir sur sa libéralité avant l'époque fixée. Si le fondateur mourait sans avoir rétracté l'institution qu'il avait faite, le habous devenait alors irrévocable et les héritiers étaient tenus de le respecter. C'était, à proprement parler, un legs et par suite comme tout legs dans les successions musulmanes, il ne pouvait excéder le tiers de la succession (1). D'après cette théorie, il n'y avait qu'un cas où le coustituant ne pouvait revenir sur sa constitution, c'était lorsqu'il avait établi habous un monument pour servir de mosquée ou un terrain de cimetière et que cette affectation avait été exécutée, exception d'ailleurs fort naturelle, basée sur des motifs de haute convenance.

III. Nature Juridique.— Cette doctrine d'Abou Hanifah, abandonnée ensuite par ses disciples et par la pratique, reposait sur une conception toute spéciale de la nature juridique du habous. A cette époque, l'institution était encore en voie de formation et ses traits distinctifs ne s'accusaient pas assez nettement pour permettre au jurisconsulte d'en donner la formule exacte.

Pour Abou Hanifah, le habous n'est autre chose qu'un acte de prêt charitable, et par suite, il est essentiellement révocable. Le prêteur demeure propriétaire de la chose prêtée, et suivant le droit musulman, il est libre d'en exiger la restitution, alors même qu'il en aurait garanti l'usage pour un temps déterminé, sous réserve, dans ce cas, de dommages-intérêts.

Ainsi, d'après cette doctrine, le fondateur conserve la nue-propriété de la chose habousée, les fruits sont attribués

(1) V. de Nauphal, op. cit., p. 112. — V. aussi Adda, op. cit., Iʳᵉ partie, p. 4.

aux dévolutaires, le fonds restant à la disposition du constituant.

Mais lorsque l'institution du habous eut acquis sa forme
définitive, ces principes se modifièrent, et l'école délaissa
l'opinion du Maître. Les deux disciples du grand Imam
reconnurent que le habous, tel qu'il était pratiqué, se rapprochait bien plus de la donation que du prêt. Suivant
Abou Yousef, c'est un acte de désistement de la part du
propriétaire, acte unilatéral, analogue à la répudiation ou
à l'affranchissement *(El Itk)* (1) et qui équivaut à une
renonciation définitive à tout droit de jouissance, les dévolutaires acquérant un droit perpétuel à l'usufruit de la
chose, qui reste d'ailleurs soumise à une complète inaliénabilité, sans qu'il y ait transfert de la nue-propriété aux
bénéficiaires.

D'après Mohamed, au contraire, le habous opère transfert
de propriété (2), le bénéficiaire acquiert tous les droits du
propriétaire, seulement il n'a pas l'exercice de ceux qui
se rattachent au *jus abutendi*, ils restent stériles en ses
mains.

Pour un peu subtile, cette distinction n'en a pas moins
son importance, elle nous explique pourquoi ces auteurs
sont en désaccord sur plusieurs points, elle nous montre
qu'en accordant au fondateur des facilités beaucoup plus
grandes telles que la dispense du dessaisissement immédiat,
Abou Yousef était surtout logique avec ses principes. En
droit musulman, tout transfert de propriété, au moins à
l'égard des tiers, s'opère par la tradition réelle ou symbo-
lique de l'objet cédé. Or, pour Abou-Yousef, le habous
n'étant pas translatif de propriété, la tradition n'est pas

(1) Adda, op. cit., p. 31. — De Nauphal, op. cit., 138,
(2) De Nauphal, op. cit., p. 137. — Gohtra Adda, op. cit., I⁺ partie
p. 33.

nécessaire pour sa validité ; le fondateur peut par suite en retarder le moment jusqu'à la limite extrême, jusqu'à sa mort, c'est-à-dire en réalité, se réserver pendant toute sa vie, la jouissance du bien habousé. Pour Mohamed, le habous opérant transfert de propriété au bénéficiaire, doit être suivi de la livraison immédiate de l'objet habousé, sans quoi il serait nul comme manquant d'un élément indispensable à sa perfection.

Cette manière de voir n'a pas cependant été admise par tous les docteurs ; pour beaucoup, le habous est la donation de l'usufruit d'une chose, la nue-propriété restant au donateur réellement pendant sa vie et fictivement après sa mort. C'est la théorie d'Ibn-Arfa, c'est même celle de l'Imam Malek et des Malékites. Cependant, elle ne nous paraît pas donner du habous une idée absolument exacte. Ce qui a pu déterminer cette opinion, c'est que, si le habous vient à être annulé, le constituant ou ses héritiers recouvrent aussitôt une propriété pleine et entière ; il a semblé légitime d'en conclure que cette sorte de restitution intégrale par le simple effet de la cessation de l'usufruit indiquait que le constituant n'avait cédé que ce droit d'usufruit et avait conservé la nue-propriété. Mais ce retour à l'ancien état de choses est le résultat normal de toute annulation d'acte juridique. Lorsqu'une donation est annulée, en droit français comme en droit musulman, la chose donnée, qui était incontestablement devenue la propriété du donataire, rentre aussitôt dans le patrimoine du donateur sans qu'il soit pour cela venu jamais à l'idée de personne de soutenir que celui-ci en était demeuré nu-propriétaire.

Une seconde raison que peuvent seuls d'ailleurs invoquer les hanafites à l'appui de l'opinion d'Ibn Arfa consiste à dire que la meilleure preuve que le constituant conserve bien la nue-propriété, c'est que la chose reste dans une certaine mesure à sa disposition puisqu'il peut s'en réserver la jouissance sa vie durant (1). Mais cette faculté, reconnue par Abou-Yousef, au fondateur, n'est que la conséquence logique de sa théorie. Or, il s'agit précisément de savoir si cette théorie correspond bien à la réalité des faits.

Il ne faut pas d'ailleurs, attacher une importance exagérée à ces divergences. Les jurisconsultes musulmans ne se sont pas livrés à une analyse bien approfondie de la propriété. En matière de habous, la question de savoir à qui passaient les droits de nue-propriété pouvait leur paraître oiseuse. Par suite de la défense d'aliéner, ces droits restaient pour toujours paralysés, ils demeuraient pour ainsi dire en suspens. Si donc nous nous préoccupons de savoir ce qu'ils deviennent, c'est uniquement pour donner du habous une notion plus adéquate à nos idées juridiques. Nous ne prétendons pas trancher une question de doctrine, mais seulement nous attacher à déterminer la nature du habous, tel qu'il fonctionne actuellement dans les pays musulmans.

Indépendamment de toute discussion d'école et à ne s'en tenir qu'au seul examen des faits, nous voyons que l'on ne peut guère prétendre que le fondateur conserve un droit de nue-propriété. Il n'a plus aucun droit sur la chose qui sort de son patrimoine et ne fait plus partie de son hérédité. D'autre part, s'il y a des dévolutaires intermédiaires, l'établissement d'utilité publique, bénéficiaire final, acquiert néanmoins certains droits. Les représentants de cet établissement peuvent prendre des mesures conservatoires, intervenir dans une instance (2), surveiller enfin l'administration du habous. Le bénéficiaire final

(1) Adda op. cit., p. 6.
(2) Tribunal de Tunis, 25 novembre 1895. J. T. F. T. 1895, p. 49.

acquiert donc, par le seul effet de l'institution, bien plus qu'une simple vocation éventuelle, analogue à celle de l'héritier, mais un véritable droit qui peut se manifester immédiatement. Dans ces conditions, n'est-on pas fondé à dire que la jouissance de la chose habousée est attribuée aux dévolutaires successifs et que la nue-propriété vient se fixer, *omisso medio*, sur l'établissement d'utilité publique, bénéficiaire final, jusqu'au jour où la série des dévolutaires intermédiaires étant épuisée, la consolidation de l'usufruit et de la nue-propriété s'effectuera. Cette théorie, adoptée par la Jurisprudence, défendue par M. Clavel, nous paraît la plus exacte.

Dans une étude récente (1), publiée à propos de l'ouvrage de M. Clavel, M. Mercier en fait une longue critique. Dans le habous, dit-il, le fondateur a fait donation perpétuelle, dans un but pieux ou humanitaire, de l'usufruit d'une chose et s'en est réservé la nue-propriété. Après sa mort, ce droit de nue-propriété passe à ses héritiers. C'est une valeur séquestrée improductive, mais qui peut devenir active et rentrer dans son hoirie si la donation d'usufruit qu'il a faite devient inexécutable dans les conditions édictées par lui.

Malgré la haute autorité de M. Mercier, il nous semble difficile de partager cette manière de voir. Bien que cette conception du habous ait pour elle l'opinion des juristes musulmans de la bonne école, elle ne nous paraît pas correspondre à la réalité. En effet, qu'entend-on par usufruit et nue-propriété ? L'usufruit est le droit de jouir. « Cette expression droit de jouir, dit M. Baudry-Lacantinerie (2), comprend le droit de se servir de la chose, *jus utendi*, et

(1) Mercier. *Deuxième étude sur le Habous. Revue alg*. 1897, première partie, p. 113.

(2) Baudry-Lacantinerie. *Précis de droit civil*, t. I,.p. 792.

le droit d'en recueillir les fruits, *jus fruendi*, en d'autres termes l'*usus* et le *fructus* ; d'où les dénominations d'*usufruit, usufruitier*. Il ne reste donc au propriétaire que le *jus abutendi*. Et c'est pourquoi on l'appelle *nu-propriétaire* ». Or, en frappant d'une inaliénabilité perpétuelle et irrévocable l'objet du habous, le constituant se dépouille de ce droit de disposition, il perd donc le *jus abutendi*, c'est-à-dire le droit de nue-propriété. Dira-t-on qu'il faut distinguer ici la jouissance et l'exercice du droit. Mais, dans les cas exceptionnels où l'aliénation est possible, dans le cas de cession à rente perpétuelle ou d'échange, ce n'est pas le fondateur, ni ses héritiers qui seront appelés à donner leur autorisation, ils ne seront même pas consultés ; ce sera en plus des bénéficiaires actuels, l'Administration spéciale chargée de représenter l'œuvre pie, dévolutaire final.

La donation, dit encore M. Mercier, ne se présume pas et le fondateur n'a jamais dit qu'il donnait le fonds. — Mais les expressions qu'on rencontre dans les formules d'actes de habous montrent bien que le fondateur n'entend nullement se réserver la nue-propriété. Il distingue la chose et les revenus, et stipule qu'à l'extinction des bénéficiaires intermédiaires la chose fera retour à l'établissement désigné qui devra en affecter les revenus à ses besoins (1). « Si le constituant a prescrit le retour à une mosquée ou à une zaouïa, vous direz : *La chose* fera retour en habous à la mosquée.... sise...., pour *les revenus* qui en proviendront, être dépensés au profit de cet établissement religieux ». Le même acte nous indique plus loin d'une façon bien nette que le fondateur et ses héritiers abandonnent tous droits, même de nue-propriété, sur

(1) Abribat, op. cit., p. 69.

l'objet du habous. Prévoyant le cas où le constituant adopte le rite hanafite — qui, comme on l'a vu, autorise la réserve de l'usufruit au profit du fondateur pendant sa vie — le rédacteur de la formule s'exprime ainsi : « Si le fon-« dateur a, dans sa constitution habous, adopté le rite « hanafite et stipulé qu'il s'est réservé l'usufruit sa vie « durant.... », alors dites : « Le disposant a dans sa dite « constitution suivi l'opinion de l'imam Abou Yousef « Yacoub, disciple de l'illustre imam Abou Hanifa En « Noaman... et en conséquence de cette opinion, le cons-« tituant s'est réservé l'usufruit du habous sa vie durant, « et lorsqu'il mourra et rejoindra Dieu — qu'il soit exalté ! « — et l'autre vie, *l'usufruit fera retour au habous, comme* « *la branche rejoint le tronc et la fraction l'entier* ». Ainsi donc, même dans ce cas, le fondateur perd dès le moment de sa constitution la nue-propriété, il ne lui reste plus, pendant sa vie, qu'une fraction du droit de propriété, l'usufruit. Enfin, la définition du habous que la tradition prête à Mahomet lui-même ne semble-t-elle pas confirmer cette manière de voir ? « Donne en aumône, y est-il dit, la *substance* de ce fonds, elle deviendra inaliénable, le revenu seul en sera affecté à des actes de charité ».

En second lieu, M. Mercier s'appuie sur ce que la condi-tion indispensable de la donation est la prise de possession, à défaut de quoi elle est nulle. « Or jamais, dit-il, on n'a vu un bénéficiaire définitif prendre possession d'une nue-propriété séquestrée par le fondateur ». — Cela est incon-testable, on ne l'a jamais vu et on ne le verra certainement jamais. Le droit de nue-propriété, comme celui d'usufruit d'ailleurs, est un droit incorporel, par suite, il n'est pas susceptible de prise de possession. Le droit romain ne faisait qu'appliquer une règle de bon sens en décidant qu'il ne pouvait y avoir de tradition pour les choses incorporelles « *incorporales res traditionem non recipere mani-festum est* (1) ». Ce qui est transféré à l'usufruitier, c'est la possession ·de la chose elle-même, non du droit d'usufruit. Or, cette prise de possession est exclusive de la prise de possession par le nu-propriétaire. A moins d'admettre qu'en droit musulman on ne peut céder à un tiers un droit de nue-propriété, il faut nécessairement admettre que cette cession a lieu en dehors de toute prise de possession.

M. Mercier tire encore argument de ce que les bénéficiaires appelés absorbent intégralement le bénéfice du habous : le droit des dévolutaires éventuels, dit-il, ne nait qu'à partir du jour de leur accession, antérieurement ils n'avaient aucun droit. — Cette proposition est peut-être contestable en ce qui concerne précisément l'établissement d'utilité publique, bénéficiaire final. Celui-ci acquiert, dès l'instant de la fondation, un droit qui ne s'exercera, dans toute sa plénitude, il est vrai, qu'à l'extinction des dévolutaires intermédiaires, mais qui n'en prend pas moins naissance immédiatement. La preuve, c'est que cet établissement peut intervenir dans une instance, alors même qu'il n'est pas encore entré en jouissance. Donc, s'il a une action, c'est qu'il a plus qu'un simple intérêt, mais un véritable droit. L'usufruit étant encore aux mains des dévolutaires, ce ne peut être qu'un droit de nue-propriété.

Quant à dire que ce qui prouve bien que le droit de nue-propriété reste au fondateur ou à ses héritiers, c'est qu'au cas d'annulation de l'institution, ceux-ci recouvrent une propriété pleine et entière, c'est un argument que nous laisserons aux juristes musulmans. L'annulation de toute opération juridique a pour effet de remettre les choses en l'état où elles se trouvaient auparavant, le

(1) *Gaïus*, 2, § 28.

habous étant annulé, l'objet sur lequel il porte doit nécessairement rentrer dans le patrimoine du fondateur. Comme nous l'avons déjà dit, le système que nous soutenons ne s'oppose nullement à cette conséquence.

Ainsi donc, nous croyons que dans le habous, le constituant se dépouille de tout droit sur sa chose et que l'établissement, bénéficiaire final, acquiert immédiatement un droit de nue-propriété. Telle est la théorie qu'a dégagé en Algérie une jurisprudence constante (1) ; telle est aussi celle qui est suivie en Egypte et qui a été consacrée par le Code civil égyptien (2).

Il importe de remarquer que ces expressions usufruit et nue-propriété ne doivent pas être prises dans leur acception rigoureuse. Il ne s'agit pas ici de l'usufruit à proprement parler, de l'usufruit du droit romain ou du droit français qui ne porte que sur les fruits, c'est-à-dire sur les revenus périodiques, mais, d'un droit de jouissance permettant au bénéficiaire de retirer de la chose tous ses avantages sans cependant porter atteinte à l'intégrité du fonds. De même, par nue-propriété, il ne faut entendre que le droit théorique de propriété, privé de ses avantages pratiques.

---

(1) Sautayra et Cherbonneau, *Du statut personnel et des successions.* t. II, p. 395.

(2) Code civil égyptien, code mixte, art. 22. Les biens Wakfs sont ceux qui sont propriété de mainmorte au profit d'établissements pieux, dont l'usufruit peut être également cédé aux particuliers dans des conditions déterminées par les règlements.

Art. 34. Toutefois, il est permis de donner par testament la nue-propriété à un établissement dépendant du ministre des Wakfs et l'usufruit à une ou plusieurs personnes, auquel cas la toute propriété revient à cet établissement seulement après le décès de tous les membres de la famille usufruitière.

CHAPITRE III.

Établisssement du habous

I. Qualités nécessaires a la validité de l'institution. —
A. *Qualités requises chez le fondateur.* — 1° Pubère discernant, libre, non apostat. — 2° Sain d'esprit et de corps : du
habous constitué par l'aliéné ; du habous constitué pendant la dernière maladie. — 3° Propriétaire incommutable
de l'objet du habous : la constitution ne doit pas être
faite en fraude des droits des créanciers. — 4° Du habous
constitué par le non-musulman. — 5° Du habous constitué par le prince.

B. *Qualités requises dans l'objet du habous.* — Le habous
peut-il porter sur un meuble ? Peut-il avoir pour objet un
immeuble indivis ?

C. *Qualités requises dans les bénéficiaires.* - 1° Dévolutaires intermédiaires, conditions de capacité. — 2°
Dévolutaire final.

II. Dessaisissement et prise de possession. —. A. *Rite Malékite.* — A quel moment doivent-ils avoir lieu ? Comment
s'opère la prise de possession. — Fondement de cette
obligation, conséquence, défense au fondateur de se
réserver la jouissance ou même l'administration de la
chose pendant sa vie.

B. *Rite Hanafite.* — Dispense de cette obligation d'après
Abou Yousef et la pratique hanafite. Nécessité de l'acceptation.

III. Conditions de forme et preuve du habous. — Le habous
doit-il être nécessairement constaté par écrit ? Doit-il être
validé par jugement ? Divergences à cet égard entre le
rite malékite et hanafite.

IV. Modalités diverses qui peuvent affecter le Habous. —
Termes et conditions.

I. Conditions de validité du habous. — A. *Qui peut
constituer habous ?* — Les caractères généraux du habous
étant connus, il est facile maintenant de prévoir quelles

conditions sont requises pour la validité de l'institution, soit dans la personne du constituant, soit dans celle du bénéficiaire, soit dans l'objet habousé.

C'est un acte de disposition à titre gratuit, par suite le fondateur doit jouir de la capacité la plus étendue. Il doit être majeur ou plus exactement pubère discernant. En droit musulman en effet la majorité est une question de fait bien plus qu'une question d'âge : pour quelques auteurs elle doit être fixée à 18 ans, pour d'autres à 15 ou 16 ans, mais, pour le plus grand nombre, il faut s'en rapporter aux signes physiques de puberté. Cette expression de majorité ne doit pas d'ailleurs être prise dans le sens précis du droit français. Jusqu'à la puberté, l'enfant reste soumis à une double tutelle, 1º celle de sa mère (*hadana*) qui comprend les soins du premier âge, l'éducation physique, le choix de la demeure ; 2º celle de son père qui comprend : d'une part, les droits de garde, de contrainte matrimoniale, que l'on désigne parfois sous le nom de *tutelle somatique*, d'autre part, les droits d'administration légale *(tutelle chrématique)* ; Pour l'enfant mâle la hadana et la tutelle somatique disparaissent à la puberté, il est également affranchi de la tutelle chrématique si, à ce moment, il fait preuve d'une capacité intellectuelle suffisante. S'il a un tuteur, qui peut être testamentaire ou judiciaire, il est nécessaire que celui-ci lui donne mainlevée de la tutelle. La fille reste, au contraire, soumise à ses incapacités jusqu'au jour de son mariage, qui, il est vrai, suit en général de près la puberté ; même alors elle n'est définitivement affranchie de la tutelle chrématique que lorsque son tuteur, si elle en avait un, lui en donne mainlevée, ou si elle n'en avait pas, lorsqu'elle a passé un an au domicile conjugal. Une fois mariée la femme n'encourt du reste aucune incapacité du chef de son mariage, elle peut disposer de ses biens sans l'autorisation de son mari. D'après le rite malékite, le mari peut toutefois obtenir l'annulation et la réduction des actes de disposition à titre gratuit qui excèderaient le tiers du patrimoine de sa femme car, ajoutent assez ingénument les auteurs arabes, le mari, étant l'héritier éventuel de sa femme, a intérêt à ce que celle-ci ne se dépouille pas de sa fortune (1).

Quant à la vieille fille, elle jouit de la plus entière capacité pour disposer de ses biens (2).

Chez les Hanafites la femme mariée peut constituer en habous la totalité de ses biens (3). Chez les Malékites, le tiers.

Une autre condition de la capacité, c'est la liberté ; l'esclave est dans l'impossibilité en droit musulman de faire aucun acte judiciaire, mais cette déchéance ne doit pas nous arrêter aujourd'hui, l'esclavage ayant été aboli en Algérie et en Tunisie.

L'apostat est dans une situation analogue : il est frappé d'une sorte de mort civile, il ne saurait constituer un habous pour deux raisons : la première, c'est qu'une telle œuvre ne pourrait être agréable à Dieu, la seconde parce qu'il est incapable de disposer de ses biens, soit à titre onéreux, soit à titre gratuit.

Le constituant doit en outre être sain d'esprit et de corps, n'être ni aliéné ni malade. De la première incapacité rien à dire ; comme toutes les législations, la législation arabe dispose que l'insensé doit être interdit, comme la loi romaine elle décide que les actes qu'il accomplit durant les intervalles lucides sont valables (4). La seconde restriction à la capacité est plus curieuse : l'individu atteint d'une

(1) V. sur la *Capacité Zeys*, traité de Droit Musulman, t. I. p. 99 et suivantes.
(2) *Abribat* op. cit. p. 08.
(3) Clavel. *Le habous*, t. I. p. 88.
(4) Zeys op. cit. t. I. p. 107.

maladie grave (1), ne peut disposer entre vifs à titre gratuit : il peut tester, mais il ne peut pas faire de donation. S'il meurt la donation qu'il a faite est réduite ; s'il revient à la santé, elle est validée rétroactivement (Edderdir) (2). Par suite, dans les deux rites, le habous constitué pendant la dernière maladie, est traité comme un legs : il ne peut excéder le tiers du patrimoine, au-delà, il est réductible ; fait au profit d'un héritier il est annulable, à moins qu'il n'y ait pas de co-héritiers ou que ceux-ci l'approuvent.

Il faut en troisième lieu que le constituant soit au moment de la constitution, propriétaire de l'objet à habouser. Le habous de la chose d'autrui est nul en principe. Certains auteurs hanafites ont admis toutefois la validité d'un tel habous pourvu que le véritable propriétaire y ait consenti (3). De même ont ne peut constituer habous ses biens à venir. Cependant, on admet généralement que le habous ne serait pas nul si le dévolutaire était entré en possession effective avant la mort du constituant, sa faillite ou sa dernière maladie (4). « La loi, disent à ce sujet MM. Sautayra et Cherbonneau, permet la constitution en habous de biens à venir, mais elle ne permet de valider le habous que sur ceux des biens dont le dévolutaire sera entré en possession régulière avant la mort du constituant, sa faillite ou sa dernière maladie. »

Le fondateur doit avoir une propriété franche et incommutable, il doit posséder à titre melk. Son droit ne doit donc être sujet à aucune de ces causes de résolution si fré-

---

(1) Les auteurs sont d'accord pour décider qu'une maladie ayant duré plus de deux mois doit être considéré comme chronique et n'entraîne pas d'incapacité. (voir jug. tribunal mixte de Tunis du 21 novembre 1896.) J. T. F. T., 1896. p. 598.

(2) Zeys. op. cit. t. II. p. 183. — Adda op. cit. 2ᵐᵉ p. p. 19.

(3) Adda, op. cit. I. p. 37.

(4) Tilloy. Répertoire Vᵒ habous nᵒ 22. — Sautayra et Cherbonneau. *Du Statut personnel et des sucessions.* t. II. p. 389. nᵒ 909.

quentes dans la pratique : droit de réméré, d'antichrèse, d'option (1), etc...

Enfin, le habous ne doit pas être fait en fraude des droits des créanciers et nous trouvons ici quelque chose de tout à fait analogue à notre action Paulienne. La législation musulmane ne pratique pas la distinction des commerçants et de non-commerçants, elle ne distingue pas la faillite de la déconfiture. L'individu qui cesse ses paiements est déclaré judiciairement insolvable *(falas)* il est dessaisi de l'administration de ses biens et ne conserve que les droits attachés à la personne, c'est un interdit (2). Mais, avant même qu'aucune décision judiciaire intervienne, les créanciers peuvent prendre les mesures nécessaires à la conservation de son patrimoine, qui constitue leur gage commun, ils peuvent s'opposer à ce qu'il aliène à titre gratuit. Par suite le habous institué par un débiteur obéré est nul et les biens qui en sont l'objet peuvent être vendus pour payer les créanciers, du moins tant qu'un jugement n'a pas consacré le habous (3).

La qualité de musulman n'est pas, comme on l'a vu plus haut, indispensable pour le fondateur du habous, seulement dans bien des cas, l'intention pieuse ne pouvant exis-

(1) Le droit d'option consiste dans la faculté que se réserve le vendeur ou l'acheteur de revenir dans un délai déterminé sur son consentement et d'annuler le contrat. Il y a toutefois discussion sur le point de savoir si l'acquéreur d'un bien peut le constituer habous pendant le délai d'option, V. Adda, op. cit. 1ᵉ p. p. 27.

(2) Remarquons que nos lois sur la faillite et la liquidation judiciaire étant des lois de police et de sûreté édictées pour assurer la sécurité du commerce, sont obligatoires pour les indigènes en Algérie.

(3) Jurisprudence en ce sens : Cadi de la 40ᵉ circonscription d'Alger, jug. du 28 avril 1863, arrêt d'Alger du 23 novembre 1863. — Cadi de la 89ᵉ circonscription, jug. du 15 octobre 1866. — Cadi de la 19ᵉ circonscription, jug. du 28 octobre 1871. — Sautayra et Cherbonneau (lois cit. p. 377.) Adda et E. Ghaliounghi, 2ᵐᵉ partie nᵒ 19, op. cit. infine. En sens contraire, ibid nᵒˢ 18 et 1ᵉ partie p. 8.

ter, l'institution sera annulable. D'ailleurs pour nous, cette constatation n'offre guère plus qu'un intérêt théorique. Les Français en Algérie ne sauraient s'en prévaloir pour constituer des habous. De pareilles dispositions iraient à l'encontre de la loi française qui interdit d'une part les substitutions et de l'autre prohibe la clause d'inaliénabilité perpétuelle imposée par le donateur, comme contraire au principe de la libre circulation des biens. En Tunisie toutefois la question est plus délicate, elle sera examinée à la fin de l'ouvrage.

Une dernière incapacité intéressante à signaler est celle dont sont frappés les princes pendant leur règne. Il leur est interdit de constituer en habous soit les biens du domaine public (Beït el Mal), soit même les biens leur appartenant en propre. La raison que donnent les auteurs arabes de cette prohibition ne manque pas de piquant. D'un côté, disent-ils, la tentation eût été trop forte pour le souverain de se réserver ainsi quelque portion des terres de conquête ou de séquestre, de l'autre on a pensé que ses richesses personnelles pouvant avoir trop souvent une origine équivoque, il importait qu'il ne pût pas, sous prétexte de donation pieuse, les mettre à l'abri de légitimes revendications.

B. *Quelles choses peuvent être constituées habous.* — Si les auteurs sont d'accord sur les qualités que doit réunir le fondateur du habous, il n'en est pas de même en ce qui concerne l'objet de la constitution.

En principe, tout immeuble, pourvu qu'il soit susceptible de propriété privée, peut être institué habous et par immeuble, il faut entendre aussi tout ce qui est une dépendance du fonds, comme les ustensiles aratoires et les animaux attachés à une exploitation, c'est-à-dire les immeubles par destination. Mais peut-on habouser des meubles ? Sans essayer d'entrer dans l'examen de la théorie particulière à chaque auteur, on peut dire qu'en règle générale le rite malékite autorise la constitution des meubles, que le rite hanifite s'y oppose. Sidi Khalil, le codificateur de l'école malékite, nous dit, en effet, qu'on peut constituer en habous « même un prix de location, un animal, un esclave, un livre destiné à une bibliothèque, un cheval de guerre, une armure », et il ajoute : « peut-on constituer habous des denrées alimentaires ? Il y a divergence (1) ». Quelques auteurs malékites vont plus loin et admettent même le habous des choses fongibles (2).

Chez les Hanafites, au contraire, Abou-Yousef n'autorise le habous des meubles que lorsqu'ils peuvent être réputés accessoires d'immeubles... Mohamed admet le habous de certains meubles comme les exemplaires du Coran, les livres, les haches, marteaux, marmites, etc.; non celui des vêtements et des meubles meublants (3). D'autres commentateurs autorisent le habous des meubles, si les immeubles du constituant ont déjà été frappés du habous (4). D'autres enfin admettent la validité de habous des meubles, pourvu qu'ils soient aussitôt vendus et que le prix soit employé à l'achat d'un immeuble avant qu'il ait été statué judiciairement sur la nullité de l'institution (5).

En fait, les constitutions d'immeubles sont de beaucoup les plus fréquentes, la jurisprudence même malékite tend de plus en plus à interdire le habous des meubles dont la nature facilement périssable se concilie mal avec le principe de la perpétuité.

(1) Sautayra et Cherbonneau, t. II, p. 387, n° 907.
(2) Zeys, op. cit., t. II. p. 184.
(3) Adda, op. cit., 2ᵐ p. p. 29, en note.
(4) *Rev. Alger.* 1886. Arrêt de la cour d'Alger, 23 février 1886. — 22 avril 1872. — 4 mai 1868.
(5) Adda, op. cit., I, p. 32.

Quelques auteurs ont exigé que l'immeuble constitué habous soit indépendant, c'est-à-dire séparé de tout autre. Mohamed, notamment, interdit la constitution d'une portion indivise d'un immeuble partageable en nature; car, dit-il, l'état d'indivision met obstacle à la livraison au au bénéficiaire (1). Mais Abou-Yousef et la pratique hanifite, qui n'imposent pas au fondateur l'obligation de la tradition, admettent la validité du habous portant sur une chose indivise (2). Le rite malékite ne se montre pas plus exigeant. Au cas de licitation, si le fonds est susceptible de division, il sera partagé en nature, sinon il sera vendu et la part du prix sera employé à l'achat d'un immeuble sur lequel portera désormais le habous (3). Il n'y a d'ailleurs pas de règles absolues, et le cadi saisi d'une demande en nullité reste dans tous les cas libre de valider ou d'annuler l'institution.

C. *Au profit de qui peut-on constituer habous.* — Quant aux dévolutaires appelés à bénéficier du habous, aucune condition de capacité ne leur est imposée. Le habous peut être établi au profit de toute personne, parente ou non du fondateur. Il peut être fait en faveur d'enfant à naître ou de non-musulmans résidant à l'étranger. Mais, dans tous les cas, qu'il y ait ou non des dévolutaires intermédiaires, qu'il s'agisse de habous privé ou de habous pieux proprement dit, il faut de toute nécessité, comme on l'a vu plus haut, que la destination finale de l'institution soit suffisamment caractérisée, qu'une œuvre pie, charitable ou d'utilité générale soit clairement désignée comme perpétuel et dernier bénéficiaire.

II. ACCEPTATION ET PRISE DE POSSESSION. — En principe,

---

(1) V. de Nauphal, op. cit., p. 146.
(2) De Nauphal, op. cit., p. 148.
(3). Cour d'Alger, arrêt du 22 décembre 1885. — *Rev. Alger.*, 1886.

le habous doit être accepté. C'est la règle générale en droit musulman. Pour être efficace, toute disposition à titre gratuit doit être acceptée par le gratifié. Il en est ainsi notamment en matière de testament : « L'acceptation est nécessaire pour établir le lien de droit entre le testateur ou ses héritiers et le légataire (1) ». Il devait en être de même du habous.

Le rite malékite, en conséquence, exige l'acceptation et la prise de possession par le premier dévolutaire appelé. Celui-ci déclare, en prenant possession, qu'il agit d'ailleurs tant en son nom personnel qu'au nom des bénéficiaires ultérieurs et de l'œuvre pie (2). Jusqu'à ce que cette prise de possession ait été effectuée le habous est inexistant, ou plutôt il n'existe qu'en puissance ; si le dessaisissement se produit à un moment où le constituant n'a plus la capacité acquise pour établir un habous, l'institution tombe. La tradition ne peut plus valider le habous si elle intervient alors que le fondateur est en état d'insolvabilité judiciairement déclarée, ou s'il est atteint d'une maladie qui doit entraîner sa mort : dans le premier cas ses créanciers peuvent faire vendre l'immeuble, dans le second ses héritiers ne sont plus tenus de respecter la libéralité que comme legs pieux.

Il ne suffit pas que l'acte fasse mention de la livraison au bénéficiaire, il faut que la prise de possession ait été effective et les tribunaux ont eu souvent à vérifier par l'examen des faits de la cause si cette condition avait été réellement exécutée (3). Il faut, en outre, que la prise

(1) Sautayra et Cherbonneau, op. cit., t. II, p. 343.
(2) V. la formule de habous cité dans l'ouvrage de M. Abribat, p. 68.
(3) Cadi de la 30e circonscription, 1er avril 1870, confirmé par arrêt de la Cour d'appel d'Alger du 14 novembre 1870 cité par Sauleyra, op. cit., t. II, q. 391.

de possession ait été suffisamment longue pour ne laisser place à aucune discussion : il faut qu'elle ait duré au moins un an. Si le fondateur revient avant ce terme habiter la maison qu'il a constituée habous, l'institution doit être annulée.

Le dévolutaire doit prendre possession par lui-même s'il est capable, par son tuteur s'il ne l'est pas, par l'administration chargée de le représenter si la dévolution est faite immédiatement à un établissement charitable ou d'utilité publique. Dans le cas particulier où un père établit un habous en faveur de son fils impubère, la prise de possession ne peut avoir lieu ; il suffit alors que l'institution ait été faite par acte authentique et que les revenus aient été réellement affectés aux besoins de l'incapable ; mais alors elle ne peut porter ni sur des biens indivis, ni sur la maison occupée par le fondateur.

L'obligation du dessaisissement a son fondement logique dans la nature juridique du habous ; nous avons vu que c'était un acte translatif de propriété. Or, le transfert de la propriété ne s'opère en droit musulman que par la livraison. De plus, comme toute donation, le habous a besoin de l'acceptation, tout au moins tacite, du bénéficiaire. Or, la prise de possession est la manifestation la plus sûre de son consentement, surtout si aucun acte constitutif n'a été dressé.

La conséquence de cette règle, c'est que le fondateur du habous ne peut s'en réserver la jouissance pendant sa vie, ni s'en attribuer l'administration : tant qu'il n'est pas dessaisi de la chose, le habous ne peut être considéré comme définitif. Telle est la seule théorie conforme aux principes, et le rite malékite l'applique encore dans toute sa rigueur. Mais on comprend combien elle dût paraître gênante dans la pratique. Cette nécessité de renoncer ainsi de son vivant à tout droit sur sa chose compensait les avantages spirituels ou temporels que pouvait procurer au fondateur l'institution d'un habous. Elle lui permettait d'assurer la conservation de son patrimoine contre les prodigalités ou les confiscations ultérieures; mais il fallait payer cette sécurité par une privation actuelle de jouissance, se résigner à sacrifier le présent à l'avenir, et cela sans tarder, car la maladie ou l'insolvabilité pouvaient d'un moment à l'autre rendre stériles ces précautions.

L'école hanafite, sous l'impulsion d'Abou-Yousef, devait se montrer beaucoup moins rigoriste. Ce docteur s'efforça de débarrasser la doctrine orthodoxe de ces entraves qui s'opposaient à l'accroissement des fondations pieuses, et accorda au fondateur de habous les plus grandes facilités. Déjà, à propos de l'irrévocabilité, nous avons vu qu'il lui permettait, sous certaines conditions, de revenir sur sa constitution, de la modifier, de l'annuler même. Il fit plus encore. Il enseigna que le constituant pouvait valablement se réserver dans l'acte la jouissance et l'administration du habous et qu'il n'était besoin ni d'acceptation, ni de prise de possession des dévolutaires. De telles idées, émanant d'un docteur aussi considérable de l'Islam, ne pouvaient manquer d'être accueillies avec faveur. Elles ne tardèrent pas à passer dans la pratique, malgré l'opposition d'autres Imams et notamment de Mohamed. Peu à peu ce qui était une simple tolérance devint par l'usage une pratique constante. Le rite malékite représenta alors en matière de habous le droit strict, plus scientifique, mais peu suivi, le rite hanafite un droit plus large, plus tolérant. Les fondateurs de habous, même pratiquant la doctrine malékite, usèrent de la faculté qui leur était reconnue de placer l'institution sous l'autorité d'Abou-Yousef et les habous hanafites, en Algérie et en Tunisie, devinrent de beaucoup les plus fréquents.

III. CONDITIONS DE FORME ET PREUVE DU HABOUS. —
A côté de ces avantages pratiques, le habous présente un
inconvénient dont les colons algériens ont eu maintes fois
à pâtir au début de la conquête. C'est, en effet, trop souvent une charge occulte.

D'après la doctrine hanafite, la constitution de habous
devait toujours être faite par écrit et validée par un jugement du cadï. Mais Abou-Yousef admit la validité du
habous constitué par simple parole. La seule déclaration
du fondateur devant témoins qu'il immobilisait tel
immeuble était suffisante. Abou-Yousef posa également en
principe que le jugement du cadi homologuant la constitution n'était pas absolument nécessaire ; d'après sa doctrine, cette formalité ne faisait que donner au habous
une force bien supérieure. Comme toujours, la pratique
n'a pas manqué de se rallier à cette opinion. La doctrine malékite se montre encore plus accommodante.
Elle n'exige ni la constitution d'un écrit, ni de décision
judiciaire. Cela s'explique aisément. Le constituant étant
obligé, dans le rite malékite, de se dessaisir immédiatement de l'objet habousé, la prise de possession par le
bénéficiaire constitue une manifestation suffisante de
l'institution (1). Toutefois, en fait, dans les deux rites, le
fondateur du habous a toujours soin de faire rédiger un
acte authentique, mentionnant minutieusement les conditions de l'institution, l'ordre des dévolutaires successifs, et
de soumettre cet acte à l'approbation du cadi.

Aucune formule sacramentelle n'est imposée, mais il
faut que la volonté du constituant soit clairement manifestée, qu'il n'y ait aucun doute possible sur son intention
de constituer un habous et non pas de faire une simple
donation pieuse.

(1) Zeys, t. II, n° 633.

Quant à la décision judiciaire, elle a pour effet de donner à l'institution une force définitive : elle rend désormais le habous inattaquable et couvre toutes les nullités qui n'ont pas été soulevées avant que le cadi ait statué. Aussi, dans le cas où personne ne conteste la validité de la fondation, le constituant provoque lui-même un jugement de validation en faisant introduire une instance fictive. Les parties acquiescent au jugement et désormais l'institution devra être respectée (1).

En principe, le habous doit être prouvé par écrit. Le rite hanafite n'autorise la preuve testimoniale que lorsque l'institution est faite au profit immédiat d'une œuvre pie sans désignation de dévolutaires intermédiaires. Toutefois, l'existence d'un habous ancien, jusqu'alors incontestée, peut être établie par la notoriété publique. Mais la commune renommée ne peut servir qu'à établir le fait de l'institution et non les clauses spéciales.

Le rite malékite admet tous les modes de preuve : le témoignage, les présomptions graves et concordantes. La jurisprudence algérienne, pour couper court à tous les abus, s'est montrée toujours très rigoureuse. Elle n'admet la preuve testimoniale que lorsqu'elle paraît présenter toutes les garanties d'authenticité désirables (2).

IV. — MODALITÉS DIVERSES QUI PEUVENT AFFECTER LE HABOUS. — Comme toute libéralité, le habous peut être affecté de certaines conditions. La volonté du fondateur est souveraine, elle forme la loi du habous et toutes les clauses stipulées sont obligatoires pour les bénéficiaires, sauf celles qui seraient impossibles ou illicites. Même dans

(1) V. des formules de jugement hanafites et malékites validant une institution de habous, dans le recueil de M. Abribat, op. cit., p. 71, 74.

(2) Sautayra et Cherbonneau, op. cit., p. 400.

ce cas l'institution n'est pas annulée pour autant et, par une règle analogue à celle de notre droit français en matière de donation, ces conditions sont réputées non écrites.

Si l'existence du habous est subordonnée à la réalisation d'un événement futur et incertain, il doit être annulé, mais l'institution peut être maintenue et rester obligatoire en tant que vœu. Le malade qui s'engagerait en disant : « je constitue mon terrain habous, si je guéris », devrait, en cas de retour à la santé, faire donation de son terrain à quelque œuvre charitable. Mais le habous reste nul si la condition est purement protestative, c'est-à-dire si sa réalisation dépend uniquement de la volonté du fondateur, comme dans le cas où celui-ci s'exprimerait ainsi : « Je constitue cette maison habous si je l'achète, si je le veux, etc. ».

Le habous n'est-il conditionnel qu'en apparence, c'est-à-dire dépend-il, non d'un événement futur et incertain, mais de la vérification d'un fait actuellement existant et ignoré du constituant, l'institution doit être validée, comme par exemple si le fondateur dispose en disant : « si cette maison m'appartient, je la constitue habous », et qu'il découvre après qu'il en était à ce moment réellement propriétaire.

Peut-on fixer un terme dans la constitution d'un habous ? On a vu que le rite hanafite interdit les habous temporaires. Par suite, on ne peut assigner un terme final à la durée de la fondation. De même on ne peut stipuler que le habous ne produira d'effet qu'à partir d'une certaine époque. Exception toutefois est faite pour le cas où la date fixée est le décès du constituant. L'institution est alors assimilée à un legs et comme tel réductible à la quotité disponible. Cependant elle peut être faite au profit d'héritiers, d'après certains auteurs qui s'appuyent sur ce qu'il ne s'agit que d'un legs d'usufruit et non de propriété (1). Le rite malékite admet au contraire les constitutions de habous temporaires et l'assignation d'un terme initial à l'entrée en vigueur de l'institution (2).

(1) Mercier, *Rev. Alg.*, 1895. — Adda, op. cit., 2 p., p. 31, n° 62.
(2) Clavel, op. cit., t. I, p. 300.

CHAPITRE IV.

**Effets du habous. — Droits des Dévolutaires
Extinction du habous. — Comparaison avec d'autres
institutions**

I. — EFFETS DU HABOUS. — A. *Inaliénabilité et imprescriptibilité* : Exception. — B. *Dérogation à la loi successorale* : Principes suivis en matière de succession et de testament musulmans. Règles générales de dévolution du habous. Cas où l'acte constitutif n'est pas suffissamment explicite.

II. — MODES DE JOUISSANCE DES DÉVOLUTAIRES. — Administration du habous. Droits et devoirs de l'Administrateur. Surveillance du Cadi. Règles générales d'administration.

III. — EXTINCTION DU HABOUS.

IV. — COMPARAISON AVEC D'AUTRES INSTITUTIONS. — Avec la donation, la substitution, le majorat, la Précaire, la donation aux églises avec réserves d'usufruit.

I. EFFETS DU HABOUS. *Inaliénabilité et imprescriptibilité.* — Qu'il s'agisse de habous publics ou de habous privés, l'effet nécessaire de l'institution est de frapper la chose sur laquelle elle porte d'une inaliénabilité complète, de la mettre hors du commerce : la vente, l'échange, même la location à long terme de l'objet du habous sont en principe interdits. Cette immobilisation a été jugée indispensable pour sauvegarder les droits des bénéficiaires ultérieurs et la perpétuité de la fondation.

L'inaliénabilité s'étend aux accessoires du fonds : les constructions et plantations effectuées sur un terrain habous sont présumées habous si elles ont été faites par un bénéficiaire ; si elles ont un tiers pour auteur, celui-ci peut à son choix les enlever ou les vendre à l'administrateur du habous.

L'école malékite avait d'abord maintenu dans toute sa force la défense d'aliéner l'objet du habous. Sidi-Khalil interdit la vente ou l'échange de l'immeuble habous même lorsqu'il tombe en ruines. Il ne se départit de cette rigueur que dans deux cas : lorsque l'immeuble doit être exproprié pour cause d'utilité publique, ou lorsque le bénéficiaire devient lui-même indigent, pourvu que le fondateur l'y ait autorisé dans l'acte.

L'école hanafite se montre moins sévère : elle permet l'échange ou l'aliénation à charge de remploi de l'immeuble qui tombe en ruines. Le constituant peut aussi, d'après Abou Yousef et la pratique, vendre ou échanger le fonds habousé, tant que l'institution n'a pas été consacrée par une décision judiciaire. Il lui est même loisible de se réserver dans l'acte la faculté pour lui ou les bénéficiaires d'échanger l'immeuble, même après jugement, contre un autre immeuble de même nature. Le cadi peut enfin, en l'absence de toute stipulation, autoriser l'échange, lorsque la fondation doit retirer de cette substitution un avantage évident.

Les biens habous étant en principe inaliénables, devraient par suite être imprescriptibles. Toutefois, on ne peut pas poser en règle générale que les biens habous soient à l'abri de la prescription. En Algérie, il est vrai, il est de doctrine et de jurisprudence constante que les biens habous ne peuvent être prescrits d'après la loi musulmane, et la Cour de cassation a consacré cette opinion (1). Mais plusieurs docteurs de l'Islam décident que les biens habous sont soumis à une prescription spéciale, beaucoup plus prolongée que pour les immeubles ordinaires. Déjà un statut rendu sous le règne de Soliman I décidait que les biens de mainmorte se prescrivaient au bout de 36 années. En Egypte, les biens habous se prescrivent par 33 ans (2). En Tunisie (3), par une possession prolongée pendant plus de 30 ans.

B. *Dérogation à la loi successorale.* — En outre de cette immobilisation des biens sur lesquel il porte, le habous produit le plus souvent un second effet qui, bien qu'accessoire et ne dérivant pas essentiellement de la nature de l'institution, a pour le fondateur un intérêt prédominant et est d'une importance capitale dans l'économie des peuples musulmans. Il permet au constituant de modifier profondément le système successoral ordinaire, en créant, au profit de ses descendants ou d'étrangers, une dévolution spéciale qui soustrait tout ou partie de ses biens aux règles normales des successions. Tandis que le testateur n'a qu'un pouvoir très limité de disposer de ses biens, celui qui constitue un habous jouit, à quelques restrictions près, de la liberté la plus étendue pour désigner les bénéficiaires intermédiaires, fixer l'ordre dans lequel ils seront appelés et déterminer le montant de leurs droits. De plus, les règles suivies en l'absence de stipulations explicites sur ces points, diffèrent sensiblement de celles qui régissent les successions.

(1) Arrêt de cass. du 13 mai 1872. Sautayra et Cherbonneau, op. cit., p. 368.

(2) Adda, op. cit., 3e partie, p. 40.

(3) Tunis, Ire chambre : 27 mai 1895 (J. T. F. T. 95, p. 162), 25 novembre 1895 (J. T. F. T. 96, p. 49).

L'institution du habous touche ainsi à la fois au régime successoral et au régime foncier. Suivant qu'on l'envisage sous l'un ou l'autre aspect, on peut la considérer comme un mode spécial soit de la condition des terres, soit de la dévolution des biens. Aussi est-il indispensable de donner ici quelques notions sommaires sur les principes suivis en matière de succession.

Il semble que jusqu'à Mahomet, dans la société arabe comme dans les autres sociétés primitives (1), les biens aient été attribués exclusivement aux mâles; la femme, destinée à entrer par le mariage dans une famille étrangère, était complètement exclue de la succession. Le Coran lui fit une place plus équitable et, au point de vue légal, tout au au moins, il releva la condition de la femme. Bien que la chose puisse paraître paradoxale, la femme arabe jouit pour l'administration de ses biens d'une capacité plus grande que la femme française : elle peut ester en justice sans l'autorisation de son mari; elle administre ses biens; elle peut valablement les aliéner à titre onéreux et même à titre gratuit, sauf dans ce dernier cas le droit pour le mari de faire annuler ces dispositions par le juge s'il y a lieu (2). Enfin, le paiement des dettes du mari, même contractées pour les besoins du ménage, ne peut être poursuivi sur les biens personnels de la femme.

Cette protection que le Prophète voulut assurer aux femmes se retrouve en matière successorale, la législation leur accorde une situation privilégiée : ce sont des réservataires à portion fixe, mais en même temps, par un souvenir de leur incapacité antique, le montant de leurs droits héréditaires est, à degré égal, inférieur de moitié à ceux

---

(1) Sur l'exclusion des femmes de l'héritage, V. de Laveleye. *De la propriété et de ses formes primitives*, p. 172-174.

(2) Berge. *De la juridiction française en Tunisie*, p. 90.

des héritiers mâles. Ainsi, la loi arabe distingue deux sortes de successeurs : les uns héritiers *fardh* ou à réserve, les autres *akeb* ou universels.

La première catégorie comprend les femmes, ceux dont la parenté avec le *de cujus* est produite par les femmes et les ascendants que l'on fait rentrer dans cette classe soit à raison de leur faiblesse, soit à raison de l'affection à laquelle ils ont droit de la part de leurs enfants :

Sont donc réservataires :

1° Le conjoint survivant;

2° Les filles du défunt;

3° Les filles de son fils;

4° Les sœurs;

5° Le frère utérin;

6° Le père et la mère;

7° Les aïeuls et aïeules paternels et maternels.

Le droit à la réserve n'est pas absolu, il varie suivant le nombre et la qualité des autres héritiers. Seuls, le conjoint survivant, le père et la mère, sont réservataires dans tous les cas; les autres héritiers à réserve n'exercent leur droit qu'autant que la présence d'autres parents du *de cujus* ne leur enlève pas la qualité de réservataires, ou même toute vocation héréditaire.

1° *Conjoint survivant.* — *a*) Le mari a droit à la moitié de la succession de sa femme, si elle meurt sans postérité; au quart, si elle laisse des enfants.

b) La femme ou les femmes ont droit au quart du patrimoine du *de cujus* dans le premier cas, au huitième dans le second.

2° *Père et mère du défunt.* — *a*) Le père a, dans tous les cas, une réserve d'un sixième sur la succession de son enfant.

b) La mère a droit au tiers des biens de son enfant s'il

décède sans laisser de descendant ou plusieurs frères ou
sœurs, au sixième dans le cas contraire.

3° *Fille.* — Parmi les descendants, les filles seules sont
héritières à réserve : Si le défunt ne laisse qu'une fille,
elle est réservataire pour la moitié de la succession ; si elle
a des sœurs, elles se partagent les deux tiers de la succession. Si elles ont des frères, elles perdent leur qualité de
réservataires et deviennent héritières pures et simples,
elles ont droit alors chacune à la moitié de la part qui
revient à chacun de leur frère.

4° *Fille de fils.* — En droit musulman, la représentation
successorale n'est pas admise ; il est fait exception en faveur
de la petite fille du défunt par son père, elle est même
réservataire de la moitié de la succession si le *de cujus* ne
laisse ni frère, ni autre fils, ni plusieurs filles. Si elle a des
sœurs, leur réserve est en tout des deux tiers, elle s'abaisse
au sixième si le défunt laisse une fille.

5° *Sœurs.* — Parmi les collatéraux, les sœurs et les frères
utérins du *de cujus* sont seuls héritiers à réserve.

a) La sœur germaine est réservataire lorsque le défunt
ne laisse ni fille, ni petite-fille ; elle a droit alors à la moitié
du patrimoine si elle est seule, si elle a des sœurs, elles se
partagent les deux tiers.

b) La sœur sanguine est également réservataire, lorsque
le défunt ne laisse ni fille, ni petite-fille, ni plusieurs sœurs
germaines. Si elle est seule, la réserve est de la moitié, des
deux tiers si elles sont plusieurs, du sixième si elle concourent avec une sœur germaine.

c) La sœur utérine et le frère utérin exercent des droits
égaux : ils ont une réserve du sixième ou du tiers, suivant qu'ils sont uniques ou plusieurs, si le défunt ne laisse
ni père, ni grand-père, ni fils, ni fille, ni petit-fils, ni
petite-fille.

6° *Aïeuls.* — Les aïeuls ne viennent à la succession que si le défunt ne laisse ni père, ni mère. Le grand-père paternel a droit à une réserve du sixième s'il concourt avec un descendant ; du tiers, s'il ne concourt qu'avec des frères ou sœurs du *de cujus*.

L'aïeule paternelle et l'aïeule maternelle, en concours avec un descendant, ont une réserve du sixième qu'elles se partagent si elles viennent toutes les deux ensemble.

Les droits des héritiers ne s'exercent évidemment que sur l'actif net ; ceux qui ont droit à une réserve sont servis par préférence aux autres, en leur faisant toutefois subir une réduction proportionnelle s'il y a lieu, c'est-à-dire, si l'ensemble de leurs parts réunies dépasse l'entier. Puis, le reste de la succession, s'il y a un reste, est dévolu aux héritiers purs et simples dans l'ordre suivant :

    1° Les descendants ;

    2° Les ascendants ;

    3° Les collatéraux.

Les degrés de parenté se comptent comme en droit français ; dans chaque ordre, le plus rapproché exclut le plus éloigné. A degré égal, le parent germain du *de cujus* est préféré au consanguin. On retrouve ici quelque chose d'absolument semblable à ce qui était admis dans la plupart des coutumes de notre ancien droit : le privilège du *double lien*. Dans l'ordre des collatéraux, la ligne descendante l'emporte sur la ligne ascendante : le neveu exclut l'oncle.

La vocation héréditaire s'arrête au sixième degré ; à défaut d'héritiers, la succession est attribuée à l'Etat (Beit el Mal).

Sans aller plus loin, terminons en disant que bien que le Coran soit peu explicite sur ce point, la législation musulmane règle avec un soin minutieux les droits des héritiers et les règles de liquidation et de partage. Les commentateurs se sont ingéniés à prévoir et à résoudre les espèces les plus complexes et ont imaginé, lorsqu'il était nécessaire, d'habiles détours pour concilier avec la logique les principes posés par le Prophète.

D'après la doctrine musulmane, l'ordre successoral ayant été établi par Dieu lui-même, il ne devait pas être permis de pouvoir s'y soustraire à son gré. Aussi, l'individu qui a toute liberté pour disposer de ses biens par acte entre-vifs ne jouit, au point de vue testamentaire, que d'une capacité très restreinte. Quels que soient le nombre et la qualité de ses héritiers, le testateur ne peut, dans tous les cas, disposer que du tiers de ses biens ; en second lieu, il ne peut rien léguer à l'un quelconque de ses héritiers, à moins toutefois que les autres ne ratifient la disposition.

En résumé, s'il y a un testament, les héritiers sont tous réservataires des deux tiers de la succession, l'autre tiers constitue la quotité disponible. Parmi les héritiers, les uns sont des réservataires privilégiés, ce sont ceux qui ont la qualité de fardh ; ils ont droit à une portion préfixe et sont servis par préférence aux autres, ceux-ci ne viennent à la succession que si les premiers n'ont pas épuisé la masse héréditaire.

Le correctif de ces dispositions restrictives en matière successorale est précisément dans la liberté dont jouit le fondateur du habous. Il peut, s'il consent à se dépouiller de son vivant, ou même, s'il adopte le rite hanafite et se réserve l'usufruit du habous sa vie durant, dépasser la quotité disponible, instituer ses héritiers légataires, avantager les uns, exclure les autres, même ceux à réserve, stipuler que la représentation sera admise, attribuer en un mot les biens habousés à qui il veut, suivant un ordre qu'il fixe d'avance, et cela pendant plusieurs générations ;

la volonté du constituant forme en principe la loi du habous.

Cette règle toutefois n'est pas absolue ; craignant à juste titre que les règles relatives aux droits successoraux des femmes ne soient trop facilement violées par l'institution d'un habous, les légistes ont tenu à leur assurer là encore une situation favorisée.

D'après la doctrine malékite, le fondateur ne peut en aucun cas, exclure ses filles du bénéfice du habous, mais il lui est permis d'en exclure ses fils (1). La Jurisprudence de la Cour d'Alger, tout en admettant la première partie de cette théorie (2), n'a pas voulu consacrer la seconde et, sans doute, influencée par l'idée française que les enfants doivent tous avoir des droits égaux, elle a décidé que tous les descendants au premier degré, sans distinction de sexe, devaient être appelés à bénéficier de l'institution (3).

La doctrine hanafite, toujours plus large pour le constituant, lui permet d'exclure ses fils et ses filles. En fait, le constituant a presque toujours soin de stipuler que cette exclusion ne s'étendra pas aux filles indigentes et non mariées (4).

Ces prohibitions ne s'appliquent d'ailleurs pas au-delà du premier degré, et le fondateur est libre d'exclure en tout ou en partie la descendance masculine ou féminine de ses fils ou de ses filles, d'appeler des étrangers à participer au habous.

En pratique, le fondateur prend soin de fixer minutieu-

(1) *Recueil de notions de droit musulman*, par M. Elbachir Ettouati, trad. Abribat, p. 62 et la note.

(2) Alger, 16 décembre 1892, 29 mars 1893, 25 mai 1880, *Rev. algér.*, 1893, 2. 245.

(3) Alger, 1ᵉʳ avril 1865, 25 février 1879, 16 juin 1879, 20 mars 1865.

(4) Alger, 16 décembre 1891. — 24 novembre 1892. *Rev. Alg.*, 1892 2. 50. — V. Abribat, op. cit., p. 70, note 1.

sement, dans l'acte constitutif, les règles qui déterminent l'ordre dans lequel les dévolutaires seront appelés et la part qui devra leur être attribuée. Mais, quelles qu'aient été les précautions prises, des difficultés ne manquent pas de se produire au bout de quelques générations dans l'interprétation de la volonté du fondateur, et des situations qu'il n'avait pas prévues se présentent par suite de l'extension des ayants droit. Aussi les auteurs arabes s'occupent-ils très longuement de poser les règles d'interprétation et de résoudre les questions embarrassantes qui peuvent se produire. Nous ne les suivrons pas dans cette étude trop technique et quelque peu aride. On la trouvera d'ailleurs très complètement exposée dans l'ouvrage de M. Clavel, et nous nous contenterons de résumer ces principes en quelques lignes.

Le juge chargé d'interpréter un acte de habous doit avant tout s'en tenir au sens grammatical des mots employés. Suivant la conjonction qui sert dans l'acte constitutif à relier entre eux les divers bénéficiaires, la participation au habous est simultanée ou successive. La particule *ouaou* (et) indique que les dévolutaires sont appelés tous ensemble au bénéfice de l'institution ; par suite ceux qui existent actuellement ont un droit qui s'exerce dès l'ouverture du habous, ceux qui ne sont pas encore nés y accèdent dès le moment de leur naissance. Le terme *thouma* (puis) indique la succession, il signifie que le constituant n'a entendu faire venir les bénéficiaires que les uns après les autres. Si le habous est établi par exemple en faveur « de ses enfants, puis des enfants de ses enfants », embrassant ainsi toute la postérité du fondateur, il sera attribué aux descendants du premier degré, et les droits de ceux qui mourront viendront accroître ceux des survivants. Puis, quand la descendance au premier degré sera éteinte, la seconde génération sera appelée et les descendants du troisième degré ne viendront que lorsqu'il ne restera plus dans aucune branche de descendant du second degré.

En l'absence de clauses suffisamment explicites, on suit les règles suivantes : au premier degré la dévolution a lieu par têtes, par branches aux degrés subséquents.

Pas plus qu'en matière de succession, la représentation n'est admise, il faut une clause expresse dans l'acte constitutif.

Au contraire, les femmes ont des droits égaux à ceux des hommes, tandis que d'après la loi successorale le montant de leurs droits est en principe de la moitié d'une part virile.

Enfin, il est admis par la majorité des auteurs que les parents consanguins ou utérins ont les mêmes droits que les germains (1).

Lorsque la série des dévolutaires intermédiaires est épuisée, le bénéfice de l'institution revient soit aux pauvres, soit à l'établissement public désigné comme bénéficiaire final. Néanmoins, s'il existe encore des descendants du constituant qui se trouvent dans l'indigence, les revenus du habous doivent leur être attribués par préférence à tous autres ; car, dit le Prophète : « Dieu n'admet pas l'aumône quand on a un parent qui est dans le besoin ». Les plus pauvres sont servis les premiers, les femmes sont également appelées, et même à degré égal elles sont préférées aux hommes.

Il peut arriver aussi que le bénéficiaire final soit appelé à profiter pour partie du habous avant l'extinction de tous

---

(1) Sautayra et Cherbonneau, op. cit., p. 384. Contra, Adda et Élias Ghaliounghi, op. cit., 2e partie, p. 44, n° 101.

les dévolutaires intermédiaires. Si, par exemple, le constituant établit un habous en faveur de ses enfants, en les
désignant nominativement, et dispose que l'institution
devra ensuite revenir aux pauvres, à la mort de l'un des
enfants sa part profite aux pauvres et non à ses frères (1).
De même, lorsque le habous est constitué en faveur de
certaines personnes, et après elles au profit des neveux du
constituant et ensuite des pauvres, si quelques-unes de
ces personnes viennent à mourir, leurs droits passent aux
pauvres jusqu'au décès de leurs co-bénéficiaires, époque à
laquelle les revenus sont donnés aux neveux.

II. Mode de jouissance des dévolutaires. — Le constituant est également libre de fixer la destination que doit
recevoir l'objet du habous. Tantôt, il n'a eu en vue que
l'usage direct de la chose par le bénéficiaire, tantôt, le
profit que celui-ci peut en retirer par les revenus que la
chose est susceptible de produire. Le premier cas se présente
fréquemment lorsque l'institution est faite immédiatement
au bénéfice d'une œuvre pie : c'est soit un immeuble que
le fondateur veut consacrer à servir de mosquée, de cou-
vent, d'hôtellerie, soit une piscine, un pont, une fontaine
qu'il construit dans l'intérêt public, des livres qui serviront
à former une bibliothèque, etc., ou même, lorsque des
dévolutaires intermédiaires sont désignés, une maison sur
laquelle ils auront un droit d'habitation. La volonté du
fondateur doit toujours être littéralement exécutée : celui
qui a un droit d'habitation sur une maison ne peut la
louer, et réciproquement celui qui a droit aux loyers ne

---

(1) La règle serait différente et la part du prémourant viendrait
accroître celle de ses frères si le constituant avait disposé d'une
façon générale « en faveur de ses enfants » sans désignation nomi-
nale. Dans ce cas, aucune désignation spéciale n'étant faite, tant qu'il
y a des enfants, les revenus du habous doivent leur être attribués.
Helal, cité par Adda, op. cit., 2, p. 95, nᵒˢ 184, 185.

peut venir habiter la maison. S'il n'a pas été stipulé en quoi consisterait le droit du dévolutaire on décide qu'il a le droit de louer, mais non d'habiter (1).

Le plus souvent, les droits des bénéficiaires s'exercent sur les revenus produits par le fonds habousé. Ils en ont la jouissance viagère. Mais il n'eût pas été sans danger de les laisser en possession de ce fonds. La gestion en commun n'eût guère été pratique, pour peu que les ayants droit fussent nombreux et il importait, d'autre part, de sauvegarder contre une exploitation trop avide les intérêts des dévolutaires futurs et du bénéficiaire final. Aussi des précautions ont-elles été prises pour prévenir les abus de jouissance.

En théorie, les dévolutaires intermédiaires doivent être tenus complètement à l'écart de l'administration du habous: ils ne peuvent ni l'exploiter eux-mêmes, ni consentir des baux, ils ont même besoin de l'autorisation du cadi pour revendiquer en justice les fruits qui leur sont dus.

L'administration appartient soit au fondateur lui-même, s'il s'est réservé ce droit dans l'acte constitutif, soit à l'intendant qu'il a désigné et qu'il est libre de révoquer à son gré. A sa mort, le choix de l'administrateur appartient au cadi, à moins que le fondateur n'en ait disposé autrement, qu'il ait attribué par exemple ce droit à son exécuteur testamentaire. Toutefois en Algérie et en Tunisie ces règles sont tombées en désuétude, le plus souvent les bénéficiaires administrent par eux-mêmes.

Le cadi a dans tous les cas un droit de contrôle et de surveillance générale, il peut critiquer les actes de l'administrateur et le destituer, s'il commet quelque faute grave.

---

(1) Ebn-Abdine, cité par Adda, op. cit. 2ᵉ p., p. 165. La pratique s'est, il est vrai, départie de cette rigueur, mais alors le bénéficiaire est présumé agir en vertu d'une autorisation tacite du cadi.

Il a seul pouvoir d'autoriser certaines mesures qui touchent
à l'intégrité de la fondation, comme la vente à charge de
remploi. D'une façon générale, le cadi est le représentant
des dévolutaires futurs, il doit veiller à ce que leurs droits
ne soient pas mis en péril par l'imprévoyance ou la cupidité
des bénéficiaires actuels. Quant au dévolutaire final, qui
doit recueillir en dernier lieu les revenus de la fondation,
la défense de ses intérêts est dans la plupart des pays
musulmans confiée à une administration spéciale, chargée
de la gestion effective des habous publics, et investie en
outre d'un pouvoir de haute surveillance sur tous les autres.
C'est, en Turquie, l'Evcaf (1) ; en Egypte, le ministère des
Wakfs ; en Tunisie, la Djemaïa, dont nous étudierons plus
loin le fonctionnement.

Cette préoccupation constante de conserver les droits des
dévolutaires futurs se retrouve dans les règles de l'administration des biens habous :

1º Les locations à long terme sont en principe interdites ;
dans des pays où la propriété repose sur des bases assez
fragiles, et où un acte de notoriété suffit généralement pour
suppléer à un titre authentique constatant les droits de
l'occupant, il était à craindre que les locataires de biens
habous n'arrivassent à se faire passer au bout de quelque
temps pour de légitimes propriétaires ; d'autre part, la
brièveté des baux permettait d'augmenter fréquemment
le montant des loyers et de faire profiter ainsi les bénéficiaires des plus-values possibles. En conséquence, les maisons ne peuvent être louées pour plus d'un an, les terrains
pour plus de trois ans ; le bail peut d'ailleurs être consenti
au profit d'un des bénéficiaires.

2º Sur les revenus du habous, l'administrateur prélève

d'abord les sommes nécessaires à l'entretien et à la réparation du fonds. L'objet du habous doit être maintenu dans l'état où il se trouvait au moment de la constitution, l'administrateur doit donc se borner aux réparations nécessaires, sinon il pourrait être tenu d'en supporter personnellement le montant.

Le locataire a droit au remboursement des réparations qu'il a faites lorsqu'elles profitent au habous. S'il s'agit de constructions ou de plantations, l'administrateur a le choix ou de lui en payer la valeur ou de les lui laisser enlever.

Les frais d'entretien et d'administration du habous étant payés, le reste des revenus est ensuite distribué entre les divers ayants droit, chacun suivant sa part et portion. Mais il peut arriver que le produit du fonds soit insuffisant pour faire face à de grosses réparations indispensables : c'est une maison qui tombe en ruines, un domaine qu'il faut reconstituer. On ne pouvait compter sur un locataire à court terme pour entreprendre ces travaux onéreux, et force fut d'autoriser dans ces cas des baux à longue échéance pour permettre au preneur d'amortir ses dépenses, le cadi restant juge de l'opportunité de cette concession.

Ce fut la brèche par où l'on tourna la prohibition des locations à longue durée ainsi que l'interdiction d'aliéner qui plaçait ces biens hors du commerce. Les biens habous tout en restant théoriquement inaliénables, purent faire l'objet des contrats de rente perpétuelle qui existaient en Algérie au moment de la conquête, sous le nom d'*Ana* et que nous voyons encore aujourd'hui pratiqués en Egypte sous le nom de *Hekre,* sous celui d'*Enzel* en Tunisie. Tant qu'il continue à servir la rente, le preneur à tous les droits d'un propriétaire : il peut même disposer du fonds, le nouvel acquéreur restant tenu de payer la rente qui suit ainsi l'immeuble en quelques mains qu'il passe. Les droits des bénéficiaires s'exercent sur les arrérages qui sont répartis entre eux par les soins de l'administrateur. Mais l'inaliénabilité qui frappe l'objet du habous ne s'étend pas aux revenus qu'il produit et il n'y a aucun obstacle à ce que le bénéficiaire cède sa part dans les revenus du habous ou à ce que ses créanciers la saisissent.

En résumé, la situation du bénéficiaire d'un habous se rapproche de très près de celle d'un usufruitier dans notre droit ; toutefois, l'assimilation n'est pas absolue. Le bénéficiaire du habous doit en effet supporter toutes les charges du fonds sans distinguer entre les réparations d'entretien et celles que notre loi appelle les grosses réparations. De plus, il ne fournit pas de caution, mais en principe, il ne peut administrer par lui-même. Enfin, son droit est plus étendu, il s'exerce non seulement sur les fruits, mais sur tous les produits de la chose, c'est un droit de jouissance.

Comme le droit de l'usufruitier, celui du bénéficiaire s'éteint par la mort ou le non usage. Dans le premier cas, ses héritiers peuvent réclamer les loyers et arrérages jusqu'au jour du décès, mais ils n'ont aucun droit sur ceux qui sont dûs postérieurement et qui appartiennent aux dévolutaires subséquents. D'autre part, les droits des bénéficiaires de habous ne sont pas à l'abri de la prescription.

En général, les arrérages se prescrivent par cinq ans ; le droit au bénéfice du habous se prescrit lui-même suivant les règles ordinaires (1). Il n'y avait pas lieu, en effet, d'accorder au bénéficiaire négligent une prescription spéciale, car la perte de son droit ne préjudicie nullement à l'institution elle-même. Par suite, le dévolutaire capable, habitant près du lieu où est situé le habous, qui néglige

_____

(1) Dix ans, d'après le rite malékite ; quinze ans, d'après le rite hanafite. Piollet. *Du régime de la propriété foncière en Tunisie*, p. 63.

pendant dix ou quinze ans de revendiquer son droit à participer au bénéfice de la fondation, est au bout de ce temps déchu de tout droit.

En cas d'absence, la part de celui qui a disparu est dévolue aux ayants droit suivants lorsque ses contemporains, habitant la ville qu'il a quittée, sont décédés, ou, d'après certains auteurs, au bout de quatre-vingt-dix ans (1).

IV. — EXTINCTION DU HABOUS. — Bien qu'étant perpétuel de sa nature, le habous est cependant soumis à certaines causes de caducité. En dehors de la prescription spéciale de longue durée à laquelle il est soumis, il peut s'éteindre, soit à la suite de l'annulation prononcée par le cadi, soit par l'impossibilité matérielle d'exécuter la volonté du fondateur, par suite de la détérioration totale de l'objet sur lequel il porte. Nous retrouvons ici les habituelles divergences entre les deux grands docteurs hanafites : Mohamed prétendait que si l'objet du habous devenait impropre à l'usage auquel il était affecté, il devait être vendu, pour le prix recevoir une destination semblable ; Abou-Yousef enseignait au contraire que l'institution devait tomber et l'objet du habous revenir au constituant ou à ses héritiers.

V. — COMPARAISON AVEC D'AUTRES INSTITUTIONS. — « Le habous, écrivait, en 1875, M. Robe, n'a pas son similaire dans nos Codes ; ce n'est ni un testament, ni une donation, ni même une substitution proprement dite ». Cette proposition qu'ont reproduite à l'envie la plupart des auteurs qui ont étudié le habous, notamment M. Clavel, mérite d'être examinée. Après avoir exposé sommairement les principes essentiels du habous, nous sommes maintenant en mesure d'apprécier la justesse de cette formule.

(1) Adda et Elias Ghaliounghi, op. cit., n° 367.

Evidemment, le habous ne se confond avec aucune autre institution, soit du droit musulman, soit du droit français, il a son individualité propre. Mais on ne peut s'empêcher de reconnaître qu'il se rapproche par bien des points d'autres modes de disposition, qu'il produit notamment des effets assez semblables à la substitution et qu'il est plus facile de noter les ressemblances que de signaler les différences qui séparent le habous des substitutions prohibées de notre ancien droit.

Tout d'abord, le habous est un acte de libéralité, c'est une disposition à titre gratuit comme la donation et le testament. En vain, pour soutenir le contraire, a-t-on pu dire que celui qui établit un habous le fait en vue d'obtenir de Dieu des récompenses futures, « qu'il y a presque un contrat bilatéral fait par le constituant avec Dieu ». Cela ne change en rien le caractère de l'institution. C'est une règle élémentaire que, pour savoir si un acte est à titre gratuit ou à titre onéreux, il faut rechercher si celui qui donne reçoit en échange un avantage matériel équivalent. Celui qui fait une donation pense bien pouvoir compter sur la reconnaissance de celui qu'il gratifie, peut-être même calcule-t-il qu'un jour celui-ci la lui prouvera d'une manière effective. Dira-t-on qu'une pareille donation ne serait pas faite à titre gratuit ? L'espoir d'obtenir des compensations ultérieures n'est que le mobile, ce n'est pas la cause du contrat. D'autre part, n'est-ce pas pousser un peu loin le symbolisme que de voir, comme M. Clavel, dans le habous « un véritable contrat *do ut des* » par lequel Dieu s'engagerait à fournir au fondateur, dans une autre vie, les jouissances réservées aux élus ! — Est-il bien vrai de dire que cette idée est conforme à la conception religieuse des musulmans ? N'y a-t-il pas plutôt quelque impiété à prétendre faire figurer ainsi Dieu dans un contrat et quelque inconvenance à enlever dans tous les cas au habous, son caractère désintéressé, pour le réduire à un calcul en somme assez mesquin.

Le habous, d'après M. Clavel, diffère encore de la donation du droit musulman en ce qu'une des conditions essentielles à la validité de la donation est le dessaisissement actuel du donateur. Le constituant d'un wakf, ajoute-t-il, peut parfaitement se réserver la jouissance viagère. — Il est facile de répondre à cela que cette faculté n'est que l'effet d'une tolérance admise seulement par Abou-Yousef et la pratique hanafite, par suite d'une exception aux véritables principes maintenus par l'école malékite. La dispense de dessaisissement n'est donc pas un caractère essentiel du habous, elle ne peut servir à le différencier de la donation.

En droit musulman, dit-on encore la donation est essentiellement révocable, tandis qu'en principe le habous est irrévocable. Cela est vrai pour le rite hanafite ; mais, d'après la doctrine malékite, la donation comme le habous est irrévocable (1). Or, nous avons vu que le rite hanafite autorise précisément le fondateur à se réserver la faculté de revenir sur sa constitution de habous. On ne peut donc pas dire qu'il y ait là une différence essentielle entre la donation et le habous. D'ailleurs, pour s'en tenir aux termes de la proposition de M. Robe, c'est à la donation du droit français qu'il faut comparer le habous. Or, on

---

(1) Sautayra et Cherbonneau, op. cit., t. II, p. 363. La donation aumônière, c'est-à-dire faite en vue d'une récompense future, est toujours irrévocable.

Même chez les hanafites il est exagéré de dire que la révocation est de l'essence de la donation ordinaire. La loi religieuse blâme l'usage qu'on fait de ce droit, et la loi civile a créé des exceptions assez nombreuses pour que le donataire puisse presque toujours empêcher la révocation d'avoir lieu. — Sautayra et Cherbonneau *ibid*, p. 365.

sait que si le Code civil exige le dessaisissement du donateur, il ne lui interdit pas de se réserver l'usufruit de la chose donnée pendant sa vie. De plus, la donation en droit français est toujours irrévocable.

Cependant le habous n'est pas une donation ; il en diffère parce que le bien donné est inaliénable, et parce que, le plus souvent, lorsqu'il s'agit de habous privé, le fondateur règle la transmission de ce bien pendant une série de générations.

A ce point de vue, c'est de la substitution, telle qu'elle existait dans notre ancien droit, que le habous se rapproche le plus.

Par la substitution, le donateur ou le testateur transmettait tout ou partie de ses biens à une personne (le grevé) avec charge de le conserver et de le rendre à sa mort à une autre personne (l'appelé). C'était la substitution simple. Mais, le plus souvent, elle était *graduelle*, c'est-à-dire que l'appelé était lui-même grevé de restitution au profit d'un autre appelé, et ainsi de suite, sans qu'il y ait eu d'autres limites que la fantaisie du disposant. Celui-ci arrivait donc à régler le sort des biens substitués d'une façon indéfinie, en désignant l'ordre dans lequel ils seraient transmis. « C'est, dit M. Baudry-Lacantinerie, cet ordre successif, *ordo successivus*, parallèle à celui de la loi, contraire à celui de la loi, qui a toujours formé et qui forme encore le trait le plus caractéristique de la substitution fidéi-commissaire prohibée (1). » On ne peut s'empêcher de reconnaître que les habous privés présentent un trait analogue. Le bien habousé est soustrait pendant une série de générations à la dévolution normale fixée par la loi et dévolu suivant l'ordre fixé par le fondateur.

_____

(1) Baudry-Lacantinerie. *Donations et testaments*. t. II, p. 470 et suiv.

Les substitutions furent très fréquentes dans notre ancien droit; elles permettaient au père de famille d'assurer la conservation de son patrimoine et de déroger à la loi successorale pour créer une situation privilégiée aux aînés. De même pour les Arabes, le habous permet de maintenir leurs biens dans leurs familles et de se soustraire aux règles des successions en exhérédant les femmes.

Deux ordonnances, au xvıᵉ siècle, en France, essayèrent de réagir contre les abus produits par les substitutions; elles ne furent pas observées, et ce n'est qu'en 1789 que disparurent les substitutions. Napoléon Iᵉʳ en rétablissant les majorats par le décret du 30 mars 1806, rétablit dans une certaine mesure la faculté de substituer ses biens. Mais il eut soin d'entourer ces fondations de certaines garanties. On sait que sous le premier empire, les majorats pouvaient être soit de *propre mouvement*, c'est-à-dire créés et octroyés par l'Empereur, comme dotation de certains titres de noblesse, soit *sur demande*, c'est-à-dire dus à l'initiative d'un particulier désireux de constituer un de ces biens en majorat. Dans ce dernier cas, le postulant devait obtenir l'autorisation de l'Empereur et justifier de services rendus à l'Etat. Les lois des 12 mars 1835 et 7 mai 1849 abolirent définitivement les majorats et les substitutions, sauf les cas prévus par les articles 1048 et 1049 du Code civil.

C'est souvent une question difficile que de savoir si une disposition contient une substitution prohibée. L'ingéniosité des disposants sait employer mille combinaisons pour éluder les règles posées par l'article 896 du Code civil. On est d'accord pour reconnaître qu'il y a substitution prohibée lorsqu'il y a le concours des trois éléments suivants : la double libéralité, la charge de conserver et de rendre, l'ordre successif. Or, nous avons vu que ce dernier caractère ne fait pas défaut aux habous privés. En second lieu, on pourrait à la rigueur décider que la défense d'aliéner équivaut, jusqu'à un certain point, à la charge de conserver et de rendre. Enfin, la double libéralité paraît bien exister dans le habous : le fondateur gratifie non seulement le premier dévolutaire, mais tous les bénéficiaires successifs.

Le habous ressemble donc de très près à la substitution fidéi-commissaire. Mais il n'est pas impossible de signaler des différences. M. Clavel l'a fait avec beaucoup de perspicacité. Néanmoins, nous ne dirons pas comme lui que dans la substitution, à la différence du habous, la transmission de la chose ne s'opère que par voie successive du patrimoine de l'institué (grevé) dans celui du substitué (appelé). Cela n'est pas exact d'après la doctrine généralement enseignée. « En ce qui concerne les biens compris dans la substitution, l'appelé, dit encore Baudry-Lacantinerie (1), n'est nullement l'ayant cause du grevé, mais bien l'ayant cause du disposant. C'est de ce dernier qu'il tient ses droits et non du grevé qui ne lui transmet rien, qui n'est qu'un simple intermédiaire au moyen duquel le disposant adresse à l'appelé les biens dont il entend le gratifier. C'est donc à titre de donataire ou de légataire du disposant et non d'héritier du grevé que l'appelé recueillera dans la succession du grevé les biens compris dans la substitution. » Mais le habous diffère de la substitution, parce que dans l'un il y a transfert de la jouissance, de la propriété dans l'autre. Or, on admet qu'il n'y aurait pas substitution dans la disposition qui établirait deux usufruits successifs : je donne l'usufruit de tel immeuble à Pierre et à sa mort à Paul. « Il y a bien ici deux dispositions successives, mais elles n'ont pas pour objet le même bien : chacune porte sur un usufruit distinct. Comment

---

(1) Baudry-Lacantinerie. *Donations et testaments*, t. II, p. 473.

le premier usufruitier pourrait-il être considéré comme chargé de conserver son droit pour le rendre à sa mort, puisque son droit meurt avec lui ? (1)»

Rappelons cependant que l'on ne peut assimiler en tous points le droit des dévolutaires du habous à l'usufruit du droit romain et du droit français. Nous avons vu que les docteurs musulmans ne se sont pas préoccupés beaucoup de déterminer la nature du droit du dévolutaire, qui, d'une façon générale, est un droit de jouissance. Tout ce que l'on peut dire, c'est que le dévolutaire ne peut aliéner l'objet du habous, tandis que le grevé peut aliéner l'objet de la substitution. Seulement, en fait, la différence s'atténue singulièrement : les aliénations consenties par le grevé ne sont pas opposables à l'appelé, qui peut les faire résoudre au moment où son droit entre en vigueur. Le grevé trouvera donc bien difficilement un acquéreur qui veuille traiter avec lui dans ces conditions.

A cet égard, le habous se rapproche encore davantage des majorats. Les biens constitués en majorat sont inaliénables et les ayants droit successifs, comme les dévolutaires du habous, n'en ont que la jouissance viagère. Comme dans le habous, l'appelé « exerce un droit dont il ne peut être dépouillé par la volonté du titulaire qui l'a précédé. Il ne continue pas la personne de ce titulaire, il n'est pas son héritier, *celui à qui il succède ne possédait pas à titre de propriétaire, il détenait comme simple usufruitier* un bien qu'il était tenu de conserver et de rendre intégralement » (2). La ressemblance est donc frappante, et elle est intéressante à constater. Toutefois, si la nature du droit des dévolutaires est à peu près identique dans les deux cas, l'ordre dans

---

(1) Baudry-Lacantinerie. *Donations et testaments*, t. II, p. 473 et suiv.
(2) Dalloz, *Répertoire*, v°. Majorat, p. 617.

lequel ils sont appelés diffère sensiblement. Tandis que les majorats se transmettaient d'aîné en aîné, sans que la participation fût jamais simultanée, la seule règle suivie pour la dévolution du habous est la volonté du fondateur, et le nombre des bénéficiaires appelés à se partager les revenus de sa fondation est souvent fort étendu : il va croissant à mesure que les générations se multiplient. De plus, les habous privés, comme les majorats, ont pour effet de maintenir les biens dans les familles. Mais le majorat n'était établi qu'en faveur d'une catégorie de descendants, les aînés. Il était fondé surtout en vue de conserver la splendeur d'un nom, c'était une institution aristocratique. Le fondateur d'un habous a pour but de conserver ses biens à sa postérité, c'est une institution familiale.

C'est aussi et surtout, à la différence du majorat, une institution religieuse faite en dernière analyse au profit d'une œuvre pieuse. Par là, le habous rappelle beaucoup la precaria de notre ancien droit.

La precaria était le type de la tenure des terres de l'Église au Moyen-Age. D'une façon générale, c'était la concession en usufruit d'un bien dépendant du patrimoine ecclésiastique. Les formes de cette concession étaient très variables. On les range ordinairement en trois groupes :

La *precaria data*, par laquelle l'Église concédait l'usufruit d'un bien lui appartenant déjà.

La *precaria oblata*, par laquelle un particulier faisait l'abandon d'une terre à l'Église, qui lui en rétrocédait l'usufruit.

La *precaria remuneratoria*, qui différait de la précédente en ce que l'usufruit rétrocédé par l'Église en retour de la libéralité qui lui était faite, comprenait non seulement les biens donnés, mais aussi quelques autres terres.

Cette classification n'a d'ailleurs rien d'absolu. Dans

chacun de ces groupes on rencontre des modes très différents de précaire.

Dans la precaria oblata, comme dans le habous, le fondateur donnait à un établissement ecclésiastique, abbaye
ou monastère, la propriété d'un bien et en conservait la
jouissance pendant sa vie. Il pouvait aussi indiquer qu'à sa
mort la jouissance de ce bien passerait aux personnes qu'il
aurait désignées. Parmi les innombrables chartes de précaire qui nous sont parvenues, nous voyons que cet usufruit est attribué tantôt à la femme du donateur ou à ses
enfants (1), tantôt à un de ses héritiers (2), tantôt à un
tiers (3). Parfois le fondateur réservait la jouissance de la
précaire à tous ses descendants : « *post meum vero obitum
eumdem runcanlen* (friché) *habeat nepos meus Cotesman et
eundem censum persolvat, simili modo faciat ejus tota pro-
creatio ab eo legitime genita usque ad ultimam progeniem et
census predictus a domo Dei predicta nulla modo deficiat* » (4),
telle est la stipulation que nous trouvons dans une precaria du ixe siècle.

Toutefois, à la différence du habous, le précariste devait
le plus souvent servir, même au cas de precaria oblata, un
cens modique. Il ne faut d'ailleurs voir dans cette obligation non pas un loyer, mais bien un signe destiné à marquer le droit de l'Eglise bénéficiaire.

En outre, la precaria implique rétrocession par l'établissement religieux gratifié de l'usufruit du bien qui lui est
abandonné. Théoriquement, la donation ne créait aucun
droit au profit du donateur, et ce n'est que postérieurement, par un acte séparé, que l'Eglise lui rendait en pré-

---

(1) *Cartulaire de l'abbaye de Cluny*, t. IV, n° 2827, p. 31.
(2) *Ibid.*, 2950.
(3) *Cartulaire de Saint-Vincent-de-Mâcon*, p. 29, n° 35 ; p. 120, n° 184.
(4) Laboulaye, *Histoire de la propriété foncière en Occident*, p. 297.

caire les biens donnés. Mais très souvent aussi ces deux actes
se confondaient. La precaria oblata se confondait presque
alors avec une dation faite à l'Eglise avec réserve d'usufruit.

Au Moyen âge, on rencontre fréquemment des exemples
de ces donations. Il est curieux de constater que, comme
dans le habous, le donateur prend toujours soin de faire
ressortir le caractère pieux et charitable de l'acte qu'il
accomplit. C'est pour obéir aux préceptes de l'Evangile et
effacer la multitude de ses péchés qu'il se dépouille ainsi.
Puis il a soin d'indiquer que la jouissance de ces biens lui
sera réservée pendant sa vie, et qu'après sa mort elle passera à certains bénéficiaires, en attendant que l'Eglise entre
en possession à son tour. Enfin, l'acte se termine tantôt par
la menace d'une amende, tantôt par une malédiction terrible
contre celui qui osera aller contre la volonté du donateur.
En voici un exemple tiré du formulaire de Goldast (1) :

(1) « In Dei nomine. Perpetrandum est unicuique quod Evangelica
vox admonet dicens; Date elemosynam et ecce omnia munda sunt
vobis. Ego Sigifridus cogitavi vitam futuram et œternam retribu-
tionem, ut aliquid de mancipiis meis, his nominibus Pechildis et
Liubwar et Zeizaloh ad ecclesiam, quæ est constructa in villa Fishingas
in honore S. Petri ceterorumque sanctorum, ubi vir venerabilis
Vuolfphoto Prœsbyter esse cognoscitur, tradere volo : quod ita et
feci, in ea videlicet ratione; quamdiu ego vixero, eadem mancipia
habeam, censum prosolvam denarios VI, inquisque anno XI, kalend.
octobris, id est ad dedicationem prœfatœ ecclesiæ, et filius noster
Hratpoto similiter faciat, ejusque posteritas legitima. Post disces-
sum legitimæ posteritatis ad jam dictam ecclesiam revertant perpe-
tualiter possidenda. Si quis vero, quod fieri minime credo, si ego
ipse aut ullus de heredibus ac proheredibus meis, vel quislibet ulla
opposita persona qui contra hanc traditionem venire aut inrumpere
conaverit, coagente sicci multa componat auri uncias III, argenti
pondus V, coactus exsolvat : et quod repetit nihil evindicet, sed
prœsens traditio omnique tempore firma permaneat cum stipulatione
subnexa. Actum Chirihaim villa publice. Sig. † Sighifridi qui hanc
traditionem fieri vel adfirmare rogavit, sig. † Palduino, sig. † Cris-
soni, sig. † Gheirberti, sig. Gheirlcih, etc. Ego in Dei nomine Hrat-
bertus Conzl. scripsi et subscripsi. Notavi VIII. Idus Avril anno VI
regnante Domno Hludovico imperatore, et sub Erchangario comite. »
— Canciani. *Barbarum leges antiquæ.*, vol. secund. Formulæ Gol-
dastinæ, p. 446, LXXXI, Venise 1783.

« Au nom de Dieu. Rappelons-nous les avertisssements
« que nous donne la voix de l'Evangile : Faites l'aumône
« et tous vos péchés vous seront remis. Pensant à la vie
« future et aux récompenses éternelles, moi, Sighifrid, j'ai
« voulu donner une partie de mes domaines, ceux qui sont
« appelés Pechildis, Liubwar et Zeizaloh, à l'église cons-
« truite dans la *villa* de Fishingas en l'honneur de saint
« Pierre et des autres saints, à la tête de laquelle se trouve
« un homme vénérable, le prêtre Vuolphoto. Ainsi ai-je
« fait. Toutefois, j'y mets cette condition que tant que je
« vivrai j'aurais la jouissance de ces biens, sous réserve de
« payer chaque année un cens de six deniers, le onzième
« jour des calendes d'octobre, c'est-à-dire le jour de la fête
« de ladite église. Il en sera de même pour mon fils
« Hratpoto et pour sa postérité légitime. Ces biens, à
« l'extinction de sa descendance légitime, feront retour à
« perpétuité à l'église susdite. Si, par impossible, quel-
« qu'un, moi ou mes héritiers ou quelque autre personne,
« voulait aller à l'encontre de cette donation et en demander
« l'annulation, qu'il soit condamné à payer une amende
« de trois onces d'or et de cinq d'argent; qu'il succombe
« dans sa revendication et que la présente institution, avec
« les conditions que j'y ai mises, demeure à jamais intacte.

« Ainsi fait et passé publiquement dans la *villa* de Chi-
« riaim. Ont signé : Sighifrid, qui veut faire (ou confirmer)
« cette donation, Palduin, Crisson, Gheirbertris, Gheir-
« leih, etc.

« Rédigé par nous Hratbert, le huitième jour des ides
« d'avril, la sixième année du règne de l'empereur Louis,
« Erchangar étant comte. »

***

Le cens, on le voit, est très minime; c'était, comme

dans la plupart des tenures, un cens purement recognitif de propriété.

A cela près, cette charte pourrait passer pour un acte constitutif de habous. Le donateur poursuit le même but que le fondateur d'un habous. Sous le couvert d'une donation pieuse, il veut assurer à ses descendants la jouissance paisible de ses biens après sa mort. Il ne stipule pas l'inaliénabilité, c'eût été inutile : à cette époque, la règle d'inaliénabilité du patrimoine ecclésiastique est absolue (1). Donner ses biens à l'Eglise, c'est donc les mettre à l'abri de toute aliénation ultérieure. L'Eglise apparaissait alors comme la seule force stable, et c'est tout naturellement vers elle qu'on allait chercher protection et assurance contre les exactions et les confiscations.

D'autre part, nulle doute que les donations à l'Eglise n'aient servi fréquemment à tenir lieu de testament. A l'époque franque, la notion de la liberté testamentaire commence à peine à se dégager. La faculté de pouvoir disposer de ses biens pour après sa mort apparaît comme exhorbitante. Souvent le donateur chargeait l'Eglise de remettre ses biens à ceux qu'il désignait. D'autre part, il n'est pas surprenant que l'Eglise mît à profit le crédit dont elle jouissait auprès des fidèles et que, pour s'attirer les libéralités, elle ne leur fit entrevoir la nécessité d'effacer leurs péchés et de mériter les récompenses éternelles par des donations faites au profit des monastères.

---

(1) Nullus sub Romana ditione constitutæ ecclesiæ vel sinodochiæ, vel monasterium rectores, earum rem immobilem nequaquam liceat alienare, id est agrum, domum, mancipium, panes civiles, neque creditori obligare. (Alienatio enim est venditio, donatio, permutatio, emphyteuseos perpetum contractus) omnes omnino convenit ut se ab hujuscemodi, alienatione abstineant. Tabellio vero qui talia instrumenta conscripserit, perpetus exilio tradatur. Magistratus vero judices, qui talia instrumenta consenserint, et dignitatem et facultates amittant. (Capitul. additiones, Cancian., t. III, op. cit. p. 379, LVI.)

Ainsi, pour des motifs analogues, la précaire jouit des mêmes faveurs que le habous; elle était née sous l'empire des mêmes circonstances, elle correspondait aux mêmes besoins économiques.

Sans doute, au point de vue juridique, il serait puéril de tirer quelque argument de ce rapprochement; mais, au point de vue économique, il nous montre que les institutions sociales ne sont pas le produit des législateurs, que comme tout organisme, elles naissent et se développent lorsqu'il se trouve un milieu favorable. Voilà pourquoi dans deux civilisations absolument distinctes nous trouvons les mêmes types de propriété à des époques différentes, suivant le chemin qu'elles ont parcouru dans la voie de l'évolution.

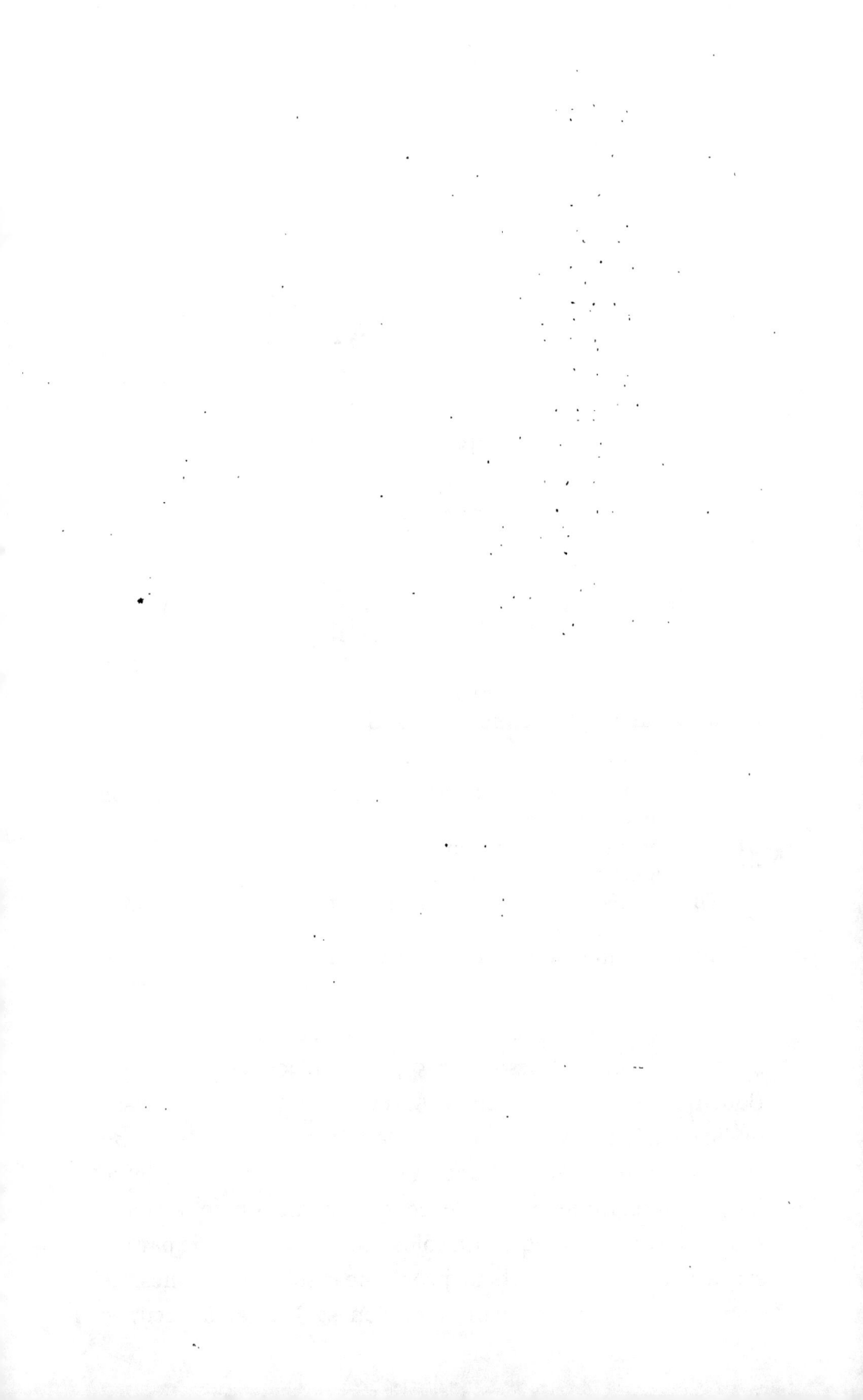

DEUXIÈME PARTIE

LE HABOUS EN ALGÉRIE

CHAPITRE PREMIER

État général des habous au moment de la conquête

I. Incertitudes en ce qui concerne le régime foncier de L'Algérie. — Lorsque le 5 juillet 1830, le général de Bourmont entra vainqueur à Alger, il était loin de penser que ce glorieux coup de main allait être le prélude d'une conquête difficile mais fructueuse et qu'il venait de jeter les premiers fondements de ce qui serait un jour notre grande colonie d'Afrique. La colonisation de l'Algérie paraissait à beaucoup d'esprits un problème insoluble. Les hésitations furent longues avant que l'on se décidât à occuper complètement le pays et surtout à y fonder un établissement durable. Cinq ans après, alors que la question de l'occupation totale était encore vivement discutée, le gouvernement français, pour obtenir du parlement les crédits nécessaires à la continuation de l'expédition, ne faisait appel qu'à l'honneur national : « L'abandon d'Alger, disait M. Guizot le 20 mai 1835 à la Chambre des députés, serait un affaiblissement notable de la considération et de la puissance morale de la France. L'importance croissante de la Méditerranée commande à la France de faire de nouveaux efforts pour conserver son rang, de ne rien faire surtout qui puisse affaiblir sa puissance et sa considération sur mer ». Et il se hâtait d'ajouter : « Quand à l'extension de l'agriculture et de la colonisation, sachons nous en remettre à l'avenir, ne rien presser, attendre les faits et n'y prêter que la portion d'aide et de secours qui conviendra aux intérêts nationaux de la mère-patrie ».

Cette prudence en matière de colonisation, qu'accusait déjà bien nettement une décision ministérielle de 1832 s'opposant, jusqu'à nouvel ordre, à l'immigration de tout Européen, ne justifiant pas de moyens d'existence suffisants, s'explique aisément. Nous nous trouvions en présence d'une population belliqueuse, fortement attachée à ses institutions. Il eut été imprudent de la déposséder et de la refouler dans l'intérieur, chimérique de songer à se l'assimiler de longtemps. D'autre part le régime de la propriété foncière s'écartait trop de nos conceptions juridiques pour que nous le laissions subsister, il eut paru d'ailleurs étrange de soumettre ainsi les nouveaux colons à la loi du vaincu. Mais, avant de donner à la propriété une constitution plus en harmonie avec nos idées économiques, il importait de connaître avec certitude la condition des terres d'après la loi musulmane.

II. Différents types de propriété. — Cette étude ne s'est pas faite en un jour, ni sans tâtonnements.

On s'accorde généralement aujourd'hui à reconnaître qu'au moment de la conquête, l'Algérie offrait plusieurs types de propriétés :

1.° Les terres formant le domaine privé du sultan ou terres du beylick et provenant de la conquête ou des confiscations ;

2° Les terres concédées à certaines tribus à charge de service militaire (Blad-El-Maghzen), sortes de colonies militaires fondées par les Turcs au moment de leur établissement dans le pays ;

3° Des terres *arch* possédées de temps immémorial par les tribus ;

4° Des biens melk appartenant aux individus en pleine propriété ;

5° Les biens habous.

La théorie de la terre *arch* qui a servi de base au sénatusconsulte de 1863, a été fort contestée. D'après le système admis par le gouvernement français, les tribus avaient sur les terres qu'elles occupaient, un droit collectif de jouissance, mais leur possession était précaire, l'Etat restant nu-propriétaire du sol. La plupart des auteurs, MM. Robe, Alf Dain, Mercier, ont soutenu, au contraire, que la distinction des terres arch et des terres melk est absolument arbitraire. « La terre que nous qualifions *arch*, dit M. Robe. (*Les lois de ta Propriété immobilière en Algérie*, p. 34), était simplement une terre dans la possession des collectivités, de grandes indivisions. — Lors de la discussion de la loi du 16 février 1897 devant le Sénat, M. Cambon, gouverneur général, a soutenu le bien fondé de cette division, « ce qui distingue, a-t-il dit, la terre melk, c'est que, lorsque son propriétaire vient à mourir, elle passe directement aux mains des héritiers, comme la propriété française. »

« Ce qui distingue la terre arch, au contraire, c'est qu'elle appartient à la djimaa (tribu), qui en a la disposition. La terre arch, quand le possesseur vient à décéder, fait retour à la djimaa... qui en fait l'attribution à un nouveau possesseur... presque toujours le fils du possesseur précédent (1). » Quoiqu'il en soit de la valeur théorique de la distinction de la terre arch et de la terre melk, le législateur a cru nécessaire de la conserver encore pour ne pas bouleverser complètement l'édifice des lois antérieures.

En règle générale, par suite de la constitution patriarcale de la famille, de la polygamie et de la loi successorale qui assure aux femmes une part dans la succession de leur conjoint, la terre était possédée le plus généralement à titre indivis, par des centaines, quelquefois des milliers de cohéritiers.

La confusion résultant d'une pareille diversité était encore accrue par l'impossibilité où l'on se trouvait de vérifier la nature et l'étendue des droits des occupants : les titres de propriété manquaient ou n'offraient aucune garantie d'authenticité. La spéculation s'en mêlait et le nouveau colon, pressé d'acquérir, pénétré des principes simplistes qui régissent la propriété en France, achetait au hasard sans pouvoir vérifier les droits d'un vendeur peu scrupuleux. L'administration elle-même n'échappa pas à ces écueils ; bien des terres furent concédées ou vendues sans que leur origine et leur nature eussent été suffisamment définies. Un grand nombre de biens furent ainsi acquis sans précaution, et jusqu'en 1873, de nombreuses

---

(1) Sénat, séance du 15 février 1894. *Journal Officiel*, 16 février 1894. p. 131.

revendications se produisirent de la part des anciens propriétaires.

III. — LE HABOUS ET LE CONTRAT D'ANA. — En ce qui
concerne les biens habous, qui seuls doivent nous occuper
ici, il ne semble pas que leur caractère spécial ait été
méconnu à l'origine. Ils avaient pris un développement
considérable et, d'après MM. Sautayra et Cherbonneau, ils
comprenaient « la majeure partie des immeubles situés
dans les villes et les terrains urbains ». La plupart faisaient
l'objet de contrats de location perpétuelle connus sous le
nom d'*ana* qui permettaient de tourner la règle de l'inaliénabilité. Comme l'enzel tunisien, avec lequel il se confond d'ailleurs, le contrat d'ana, d'abord réservé aux biens
habous, avait pris par la suite une grande extension et
était devenu applicable même aux biens melk, si bien
qu'en 1830, les rentes d'ana constituaient une des charges
les plus fréquentes sur les immeubles (2). Nous trouvons
dans le « tableau des Etablissements français en Algérie »,
publié en 1838, en même temps qu'une théorie assez
exacte du habous, l'exposé de cette situation :

« Les biens, dans leurs rapports avec les dispositions
« dont ils peuvent être l'objet, se divisent en melk et en
« habous.

« Les biens melk sont les propriétés libres et franches
« dont le possesseur peut disposer à sa volonté.

« Les biens habous sont ceux dont un particulier, réser-
« vant la jouissance pour lui-même, sa postérité directe ou
« quelques-uns de ses parents, dans un ordre déterminé,
« donnait la nue-propriété actuelle à un établissement de
« piété, de charité, ou d'utilité publique.

« C'était une véritable substitution, par l'effet de laquelle

---

(1) Sautayra et Cherbonneau, op. cit., n° 890, p. 375.
(2) Robe. *Origine de la propriété immobilière en Algérie*, p. 58.

« l'institution appelée entrait en partage du *domaine direct*,
« en attendant que le *domaine utile* lui advint, exerçant
« dès à présent une partie des droits de la propriété qui
« était emprisonnée, engagée dans le sens original du mot
« habous.

« L'institution du habous avait lieu le plus souvent en
« faveur de la Mecque et Médine, des mosquées, etc....

« Ces sortes de substitution s'étaient multipliées à un tel
« point qu'elles comprenaient la plus grande partie des
« maisons et des jardins et s'étendaient déjà beaucoup
« dans la campagne.

« Le habous est de sa nature *inaliénable*, mais si l'im-
« meuble dépérissait entre les mains de l'usufruitier sans
« qu'il put faire les dépenses exigées, la vente ou plutôt
« l'aliénation avec un titre spécial, était décidée et auto-
« risée par une délibération du midjelès ; le contrat de
« vente qui intervenait alors au profit d'un tiers, portait
« le nom d'*ana* ; il emportait obligation pour l'acquéreur
« de faire les réparations exigées et de payer à perpétuité
« une rente annuelle qui prenait la place de l'immeuble
« dans les transmissions successives dont il pouvait devenir
« l'objet et continuait de grever la propriété dans quel-
« que mains qu'elle résidât.

« Lorsqu'après la conquête, les Européens commen-
« cèrent à prétendre à la propriété du sol, les indigènes,
« incertains de l'avenir, se montrèrent encore plus em-
« pressés de vendre.

« Les capitaux manquaient, mais l'aliénation à charge
« de rente étant pour les biens substitués dans les usages
« du pays, on étendit ce mode de fixation du prix aux
« immeubles de toute espèce. L'Européen acheta impru-
« demment ce qui ne pouvait être vendu, souvent ce qui
« n'existait pas, et de personnes dont les qualités et les

« droits étaient fort contestables. Les agents des fonda-
« tions et des corporations, les cadis qui rédigeaient les
« actes, le midjelès lui-même, tantôt par son assentiment,
« tantôt par son silence, concoururent à entretetenir
« l'erreur de l'étranger, ignorant la loi musulmane, et la
« première année vit la consommation d'une foule de
« ventes illégales ».

IV. — Théorie de Worms. — Sans doute, cet exposé
sommaire n'avait pas la prétention de présenter une théorie complète, mais il donnait une notion suffisamment
précise de l'institution du habous. Toutefois, ces idées
étaient loin d'être partagées par tous les auteurs, et le
Dr Worms en a fait dans ses « *Recherches sur la constitution
de la propriété dans les pays musulmans* », une critique
quelque peu acerbe. Il a prétendu que d'une part les
habous proprement dits, constitués par des particuliers,
étaient très rares en Algérie, que d'autre part les rentes
d'ana n'avaient aucune espèce de relation avec le habous.
Il ajoutait que l'interdiction d'aliéner les biens habous
étant absolue et ne souffrant aucune dérogation, ces biens
ne pouvaient faire l'objet de baux à rente perpétuelle qui,
d'ailleurs, étaient inconnus dans la législation musulmane.

Pour expliquer l'origine de ces rentes d'ana qui gre-
vaient en fait la plupart des immeubles, Worms proposait
une théorie toute différente basée sur la constitution de
la propriété dans le régime foncier arabe.

D'après la loi musulmane, les terres se divisent en deux
catégories :

1° *Les terres mortes* ou incultes qui n'ont fait l'objet
d'aucune appropriation.

2° *Les terres de culture* qui ont été défrichées et mises en
valeur.

Lorsqu'une terre morte reçoit certaines améliorations qui la rendent productive, telles que l'aménagement d'une source, la construction d'une maison, la plantation d'arbres, elle cesse d'être terre morte, elle est vivifiée, elle devient terre de culture et appartient désormais à l'auteur des travaux.

A cette première distinction vient s'en superposer une autre qui dérive de l'origine des propriétés.

Dans les régions où l'islamisme s'est établi sans violence et dont les habitants se sont soumis par traité, les terres qu'ils occupaient ne furent soumises qu'à un impôt unique, la *zekha*, la dîme ; elles restèrent la propriété intégrale des anciens possesseurs. Ce furent les terres de dîme ou de *solah*.

Dans les pays, au contraire, où la domination musulmane s'est imposée par la violence et dont les habitants refusèrent de se soumettre, les territoires conquis furent frappés du kharradj ou contribution de guerre bien plus élevée que la zekha. Ce furent les terres d'*Anaoua*. Ces terres, dit Sidi Khelil au chapitre de la Guerre sainte, « par le seul fait de la conquête, se trouvent habousées (frappées de sequestre au profit de la communauté de l'Islam) sans que l'assentiment des combattants soit nécessaire, non plus que la ratification du prince (1) ».

D'après Worms, l'Algérie est tout entière une terre de tribut conquise par l'invasion islamique. Or, la loi prescrit, dit-il, au conquérant musulman de faire habous dans l'intérêt de la communauté, non seulement les terres de grande culture, mais tous les immeubles à l'exception des terres ruinées (mortes). Ces habous doivent être destinés à l'usage des vainqueurs ou donnés en location à charge

---

(1) V. Mercier. *La propriété dans le Maghreb*, journal asiatique, 1891, juillet, août, p. 73, 93.

d'entretien. Quand ils sont tombés en ruines, le habous périt avec eux et les terres deviennent mortes.

Quiconque revivifie une terre morte en devient de droit le propriétaire. Cette revivification n'est permise que moyennant une autorisation du souverain et, en général, le paiement d'une redevance. Si l'immeuble ou la plantation établie sur le sol périt et n'est pas réédifié, le sol rentre dans la classe des terrains morts retourne à la disposition de l'Etat. Worms est ainsi amené à conclure qu'en Algérie il faut distinguer la propriété réelle et franche de la construction, de la possession conditionnelle et censitaire du terrain sur lequel elle est édifiée, le propriétaire n'ayant sur le sol qu'un droit subordonné à la durée de la construction qu'il a élevée. Le fonds qui supportait un édifice cesse, après la destruction de cet édifice, d'être la chose du propriétaire ou de l'usufruitier, à moins que celui-ci ne le rétablisse dans un délai très court.

L'institution du habous aurait permis précisément aux particuliers d'éviter cette déchéance et de conserver les biens dans leur famille. Non pas que le caractère pieux du habous les préserve des confiscations (la confiscation, selon Worms, n'ayant jamais existé dans la société musulmane), mais, parce que chaque année l'administrateur de l'immeuble habousé doit économiser et mettre en réserve une partie des revenus pour faire face aux réparations nécessaires à sa conservation, afin de lui assurer la plus grande durée possible.

Quand, malgré cette précaution, l'immeuble tombe en ruines, l'institution devient caduque et le terrain redevient libre. Mais dans aucun cas l'objet du habous ne peut faire l'objet d'un bail à rente perpétuelle.

Dans cette théorie l'ana ne serait autre chose que la redevance annuelle attachée à la concession du sol :

lorsqu'une terre est restée ainsi inoccupée pendant une durée de trois ans, le souverain peut en concéder à nouveau l'usufruit à charge de construire et moyennant un cens qui en Algérie portait le nom d'ana et en Égypte celui de hekre.

Ainsi l'administration française s'est méprise complètement en prenant l'ana pour un contrat de rente perpétuelle permettant de tourner la prohibition d'aliéner les biens habous. Et Worms pense que si elle s'est trompée aussi grossièrement et aussi longtemps, c'est qu'elle a été induite en erreur par les indigènes qui, au moment de la conquête de l'Algérie, expliquèrent à leur façon leur régime foncier, et, sans oser toutefois aller jusqu'à se faire passer pour propriétaires incommutables du sol, imaginèrent ce prétendu mode de tenure à rente perpétuelle des biens habous. —

Cette doctrine, qui fait déjà pressentir la théorie de la terre arch, ne semble guère fondée. Elle exagère singulièrement le droit de l'État musulman sur les terres conquises. Pendant longtemps on a cru, il est vrai, que le sol appartenait à Dieu, représenté par l'Imam, qui le distribuait à son gré, ou, que la conquête avait opéré expropriation au profit de la communauté de l'Islam. On reconnaît aujourd'hui que les textes du Coran dont on avait cru pouvoir tirer argument ne posent pas un principe juridique et ne font que rendre un hommage à Dieu.

Il est vrai que la terre de conquête est frappée de habous, mais les auteurs arabes sont loin d'être fixés sur la portée de ce terme ainsi employé. Ils s'accordent généralement pour déclarer que cette expression n'est pas prise ici dans son acception stricte et qu'elle signifie seulement que la terre conquise ne doit pas être distribuée entre les vainqueurs comme le reste du butin et qu'elle doit demeurer impartagée (1).

Worms, trompé par la similitude de termes, attribue à ce habous les mêmes effets qu'à l'institution pieuse de ce nom et il aboutit à cette conclusion, manifestement exagérée, que « le territoire de grande culture en Algérie est wakf ou habous, c'est-à-dire constitue, comme dans tous les autres États musulmans, un fonds inaliénable dont l'État seul peut disposer, mais uniquement par concession à titre d'usufruit. »

En réalité, d'après M. Mercier, qui a publié à ce sujet une remarquable étude, dans les pays d'anaoua ou de conquête, les terres de culture sont frappées de séquestre et demeurent impartagées, elles ne peuvent faire l'objet d'une concession du prince en toute propriété ; elles restent cependant en la jouissance de leurs possesseurs, et ne peuvent en droit être recueillies par leurs héritiers. Mais, en fait, il n'apparaît pas que ces principes aient été suivis, et il est certain que, dans la pratique, les habitants conservèrent la jouissance et la disposition de leurs propriétés foncières. D'autre part, en se soumettant et en devenant musulman, l'anaoui devient propriétaire incommutable de la terre qu'il possède et il est affranchi des redevances qui lui avaient été imposées.

De plus, il n'est pas démontré que l'Algérie tout entière ait été conquise par les armes et ait constitué une terre d'anaoua. La conquête arabe et l'islamisation des Berbères s'effectua sans grande difficulté. Le territoire soumis, avant d'être rattaché au kalifat de l'Ifrikia, porta d'abord le nom caractéristique de Soliah. Sans doute, à plusieurs reprises, la paix fut troublée par les soulèvements locaux

(1) Mercier, *Journal asiatique*, 1894 loc. cit.

et les incursions des peuplades voisines, et Worms en cite, d'après les historiens arabes, de nombreux exemples. Mais le peu d'importance de ces entreprises montre qu'en réalité il ne s'agissait pas de véritables expéditions militaires, capables d'influer d'une façon efficace sur le régime foncier général de l'Algérie. Les grandes invasions des tribus nomades des Hilal et des Solaïm, qui précipitèrent sur l'Algérie et la Tunisie plus de 200.000 hommes, se produisirent bien plus tard, dans la seconde moitié du XIe siècle, alors que depuis longtemps l'Afrique du Nord était convertie à l'islamisme. Les nouveaux arrivants se trouvèrent en face de populations déjà musulmanes qu'ils refoulèrent dans les massifs montagneux de la Kabylie. D'autre part, ils ne constituaient pas d'État, et, s'ils s'emparèrent des terres pour servir de terres de parcours, ce fut à leur profit exclusif (1).

De même, au XVIe siècle, les Turcs, en imposant leur domination, ne s'établissaient pas en pays infidèle et la terre conquise ne pouvait être considérée comme terre de tribut. Néanmoins des contributions de guerre furent imposées aux tribus qui résistèrent, leurs terres purent être séquestrées et réunies au domaine public pour faire ensuite l'objet de concessions à charge de redevance ou de service militaire, ou bien la jouissance leur en fut laissée contre le paiement du kharadj. Mais la plus grande partie du sol fut laissée aux indigènes en pleine propriété, et, à notre arrivée, les biens melk constituaient la grande

(1) L'Algérie et la Tunisie, envahies une première fois par les Arabes à la fin du VIIe siècle, reconnurent d'abord la suprématie des souverains de Bagdad ; au Xe siècle, elles furent rattachées au califat de l'Ifrikia par les princes Fatimites du Caire. En 972, la dynastie locale des Zëirites s'affranchit de leur autorité pour reconnaître la souveraineté des Ommiades d'Espagne, elle fut détrônée par les Almohades, auxquels succédèrent une foule de dynasties indépendantes, jusqu'au moment de la conquête turque.

majorité du territoire. Ils s'augmentaient d'ailleurs des
terres vivifiées. La vivification des terres mortes crée, en
effet, un droit de propriété absolue, qui subsiste même
après que les traces de l'occupation ont disparu : le terrain
ne retombe dans la catégorie des terres mortes que
lorsque tout vestige d'appropriation s'est effacé depuis fort
longtemps, certains auteurs prétendant même qu'une
terre, une fois vivifiée, reste toujours propriété privée (1).

La théorie de Worms, d'après laquelle les habous ont été
constitués par les indigènes sur le sol kharadj de l'Algérie
pour assurer la conservation de leurs droits, est d'autant
moins admissible que la constitution de habous est légale-
ment impossible sur la terre de kharadj. Une des conditions essentielles à la validité de l'institution, c'est que le
fondateur soit propriétaire incommutable de la chose à
habouser, or le concessionnaire n'a pas sur la terre de
kharadj un droit de pleine propriété, il ne peut la constituer habous. « Le wakf fait par quelqu'un d'un terrain qui
lui a été concédé par le sultan est nul si le terrain dépend
du Beit-El-Mal » (2). Il faudrait admettre alors, comme
semble le faire Worms, que les habous, en Algérie, n'ont
jamais pu porter que sur les constructions, à l'exclusion
des terrains qui les supportent. Or, il n'est même pas
admis par tous les auteurs qu'une pareille institution soit
valable (3). « La constitution en wakouf d'un édifice, dit
M. de Nauphal (4), emporte, *ipso facto*, celle du terrain sur
lequel cet édifice est élevé. »

En fait, dans les espèces que les tribunaux algériens et
tunisiens ont eu à examiner, la constition de habous porte

(1) Zeys, op. cit., t. II, p. 172.
(2) Adda, op. cit., 1re partie, p. 27.
(3) *Ibid.*, p. 29.
(4) De Nauphal, op. cit., p. 148.

presque toujours sur la totalité de l'immeuble ou sur des terrains nus.

Que dire enfin de la singulière hypothèse proposée par Worms pour expliquer la nature et l'origine de l'ana, hypothèse qui se trouve en contradiction absolue avec les renseignements recueillis sur place au moment de la conquête ? Ne paraît-il pas étrange que les indigènes aient imaginé ainsi de toutes pièces un système aussi bien ordonné et aient réussi à se faire passer à nos yeux pour locataires perpétuels des biens habous, alors qu'ils n'auraient été en réalité que des concessionnaires précaires ? N'eût-il pas été plus simple et plus avantageux pour eux de se déclarer seuls propriétaires, au lieu d'inventer ce mode compliqué de tenure qui leur attribuait des droits moindres.

Si Worms, au lieu de se baser uniquement sur les concessions territoriales pratiquées en Turquie, avait arrêté ses regards sur les pays voisins de l'Algérie, l'Egypte et la Tunisie, il aurait vu que là aussi les biens habous faisaient l'objet des locations perpétuelles. En Egypte, c'était le contrat de hekre dont Lancret faisait déjà mention, il y a un siècle, dans la « Description de l'Egypte », publiée après l'expédition de Bonaparte ; en Tunisie, le contrat d'enzel.

Lorsque le protectorat français s'établit en Tunisie, il nous fut possible d'étudier l'enzel d'après des documents indiscutables, car notre occupation n'avait rien bouleversé et nous pûmes voir fonctionner sous nos yeux les institutions locales. Ce fut l'occasion de vérifier l'exactitude de la conception première de l'ana : elle était en tous points conforme aux principes de l'enzel tunisien, il y avait identité entre les deux institutions. Les tribunaux algériens avaient donc eu raison de persister à voir dans l'ana un mode de quasi-aliénation des biens habous.

Par suite de cette similitude, l'étude de ce contrat se confond avec celle de l'enzel que nous ferons plus loin et qui mérite davantage de nous arrêter. Tandis qu'en effet le contrat d'enzel a conservé en Tunisie une importance considérable, l'ana en Algérie a perdu depuis longtemps tout intérêt.

Il est vrai que, dans les premières années qui suivirent la conquête d'Alger, les baux à rente perpétuelle prirent, sous l'empire de la spéculation, une extension exagérée. Séduits par la perspective de devenir quasi-propriétaires sans avoir de capital à débourser, les acquéreurs se présentaient en masse. Or, le taux de l'intérêt était alors fort élevé comme dans tous les pays neufs ; la rente d'ana, représentant l'intérêt du prix d'acquisition, était elle-même fort lourde ; mais, tandis que l'abondance des capitaux devait par la suite ramener l'intérêt à un taux plus modéré, la rente d'ana restait invariable, et la terre ainsi acquise demeurait à perpétuité grevée d'une charge écrasante.

IV. Modifications apportées au habous en Algérie. — Aussi l'ordonnance du 1er octobre 1844 décidait, dans son article 11, que « toute rente perpétuelle constituée ou à constituer, pour prix de vente ou de concession d'un immeuble ou pour cession d'un droit immobilier au profit des particuliers, des corporations ou du domaine est essentiellement rachetable, nonobstant toutes coutumes ou stipulations contraires. » De plus, l'article 3 de la même ordonnance supprimait l'inaliénabilité du habous à l'égard des Européens. Le décret du 30 octobre 1858 étendit l'application de cet article aux transactions passées ou à venir de Musulman à Musulman et de Musulman à Israëlite. Désormais, les biens habous rentraient dans le commerce, ils pouvaient être aliénés suivant les formes du droit

7

commun. Le contrat d'ana perdait son caractère propre, il emportait, aux termes de l'article 2 de l'ordonnance, transmission définitive et irrévocable de la propriété et constituait par suite une véritable vente dont le capital de la rente était le prix et les arrérages les intérêts, rente essentiellement rachetable par l'acquéreur.

Quoi qu'il en soit, en occupant l'Algérie nous avons trouvé une grande partie du sol immobilisé ; d'après M. Zeys, les cinq dixièmes des terres étaient constitués habous. Une pareille situation était trop préjudiciable au développement de la nouvelle colonie pour qu'on n'y portât pas remède. La convention du 5 juillet 1830 « entre le général en chef de l'armée française et Son Altesse le Dey d'Alger » garantissait bien « la liberté des habitants de toutes les classes, leur religion, leurs propriétés et leurs industries » ; mais il eût été dangereux de laisser aux établissements religieux musulmans la possession et la libre administration d'un patrimoine considérable. Ils n'auraient pas manqué de se servir de ces richesses, auxquelles la colonisation allait donner une valeur plus grande, pour faire échec à notre domination et à notre influence. De plus, l'institution du habous se trouvait en désaccord avec nos principes économiques : elle constituait une charge occulte et un obstacle à la libre circulation des biens dans un pays dont le développement était lié à la facilité et à la sécurité des transactions immobilières. En débarquant sur cette terre nouvelle nous retrouvions les mêmes entraves qui, pendant de longs siècles, ont pesé sur la propriété foncière en France : nous y retrouvions des biens de mainmorte religieuse ou de famille.

La législation française en Algérie devait profondément modifier cet état de chose ; la nature du habous fut complètement bouleversée, et c'est une question discutée que de

savoir si l'institution elle-même a survécu à ces transforma-
tions. Pour la plupart des auteurs, le habous en Algérie a
été comme tout droit réel aboli par la loi de 1873 et ce
nous appelons actuellement de ce nom n'est qu'un produit
hybride, aussi peu fondé en droit musulman qu'en droit
français. D'autres, au contraire, admettent avec la jurisprudence que la loi de 1873 n'a pas eu une portée aussi
radicale et que le habous subsiste encore en tant que
moyen légal pour l'Arabe d'assurer à ses biens une dévolution spéciale.

Nous exposerons d'abord, suivant en cela l'ordre chro-
nologique, la situation faite en Algérie aux biens habous
après la conquête par l'effet des mesures relatives au
séquestre. Dans un autre chapitre, nous étudierons les
modifications que la loi française a fait subir à l'institution
elle-même.

CHAPITRE II.

Lois qui ont édicté le séquestre de certains biens habous.

I. — HABOUS PUBLICS. RÉUNION AU DOMAINE DES BIENS DES ETABLISSEMENTS RELIGIEUX MUSULMANS. — Aussitôt que le Gouvernement Français eut substitué son autorité à celle du Dey d'Alger, il s'empressa de réunir au Domaine non seulement les biens du Beylick, mais aussi les biens des mosquées et corporations religieuses. Deux mois après la capitulation, l'arrêté du 8 septembre 1830 décrétait par son article 1er que : « toutes les maisons, magasins, boutiques, jardins, terrains, locaux et autres établissements quelconques, occupés précédemment par le Dey, les beys et les Turcs sortis du territoire de la régence d'Alger ou gérés pour leur compte, ainsi que ceux affectés à quelque titre que ce soit à la Mecque et Médine, rentrent dans le domaine public et sont régis à son profit. »

Cette absorption des biens dévolus aux Villes saintes souleva de vives réclamations auxquelles le gouvernement crut d'abord prudent de céder : un paragraphe rectificatif décida que ces biens seraient gérés par des administrateurs musulmans au choix et sous la surveillance du gouvernement français. (1)

Cette tolérance ne fut pas de longue durée, l'arrêté du 7 décembre 1830, consacra la réunion au Domaine et la remise effective aux autorités françaises des biens religieux. L'art. 1er porte que « toutes les maisons, magasins, boutiques, jardins, terrains, locaux et établissements quelconques dont les revenus sont affectés à quelque titre que ce soit, à la Mecque et Médine, aux mosquées, ou ayant d'autres affectations spéciales, seront à l'avenir régis, loués ou affermés par l'Administration des domaines qui en touchera les revenus et en rendra compte à qui de droit. » L'article 4 dispose en conséquence que « les muphtis, cadis, ulémas et autres préposés juqu'alors à la gestion desdits biens, remettront, dans le délai de trois jours à dater de la publication de l'arrêté, au directeur des Domaines, les titres et actes des propriétés, les livres, registres et documents qui concernent leur gestion et l'état nominatif des locataires, sur lesquels ils indiqueront le montant du loyer annuel et l'époque du dernier paiement ». Ils devaient adresser en même temps (art. 5) au directeur des Domaines un état motivé des dépenses que nécessitent l'entretien et le service des mosquées, les œuvres de charité et autres frais auxquels ils sont dans l'usage de subvenir à l'aide des revenus de ces biens. Les fonds reconnus nécessaires devaient leur être remis chaque mois d'avance et à partir du premier janvier suivant pour en être par eux disposé conformément au but des diverses affectations. Ces dispositions se trouvent

(1) Tilloy. Répertoire V° habous n° 87.

reproduites dans les arrêtés du 10 juin 1831. (1) 1er octobre 1840, 4 novembre 1840, 4 juin 1843 (2), 3 octobre 1848 (3). Enfin la loi du 16 juin 1851 sur la constitution de la propriété en Algérie ratifiait ces mesures en décidant (art. 4 § 2) que : « rentrent dans le Domaine privé de l'Etat les biens et droits mobiliers et immobiliers provenant du beylick et de tous autres réunis au Domaine par des arrêtés ou ordonnances rendus antérieurement ».

Mais cette mainmise n'était pas une spoliation : le gouvernement français prenait à sa charge de pourvoir aux besoins auxquels les revenus des biens habous étaient affectés, et les mêmes textes qui opéraient réunion de ces biens au Domaine disposaient que ces dépenses seraient supportées par l'administration française. L'arrêté ministériel du 23 mars 1843, art 6, stipulait que les dépenses afférentes au personnel religieux, à l'entretien des mosquées et des marabouts, aux frais du culte, aux pensions ou secours accordés à quelque titre que ce soit aux lettrés de la reli-

(1) Arrêté du 10 juin 1831. Art. 1. Tous les biens immeubles de quelque nature qu'ils soient appartenant au dey, aux beys et aux Turcs sortis du territoire de la régence d'Alger sont mis dès aujourd'hui sous le séquestre et ils appartiendront à l'administration des domaines.

Art. 2. Les individus de toutes nations, détenteurs locataires ou gérants desdits biens sont tenus de faire dans le délai de huit jours à dater de la publication du présent arrêté une déclaration indiquant la nature, la situation, la consistance des domaines dont ils ont la jouissance, le montant du revenu ou du loyer qu'ils touchent et l'époque du dernier paiement.

(2) Arrêté 4 juin 1843 art. 1. Les immeubles dont les revenus étaient affectés à quelque titre et sous quelque dénomination que ce soit à la grande mosquée d'Alger et au personnel de cet établissement sont et demeurent réunis au domaine colonial.

(3) Arrêté du 3 octobre 1848. Art. 1. Les immeubles appartenant aux mosquées, marabouts, zaouïas et en général à tous les établissements religieux musulmans, qui sont encore exceptionnellement régis par les oukils, seront réunis au domaines qui les administrera conformément aux règlements.

gion musulmane, aux mekaouïs, andalous, etc., ainsi qu'aux pensions de toute nature, secours et aumônes, seraient portées au budget de l'intérieur pour être acquittées conformément aux règles ordinaires sur les crédits coloniaux ouverts à cette direction. Cette disposition se retrouve également dans l'art. 3 de l'arrêté du 4 juin 1843.

Ainsi l'Etat français prenait à sa charge les dépenses du culte, de l'instruction publique, de la justice musulmane ; par une juste réciprocité il s'attribuait le bénéfice des dotations faites dans ce but. Ces dépenses figurent encore à notre budget : en 1897, les crédits accordés à cet effet se montaient à un total de près de 500.000 francs ainsi répartis :

Personnel du culte musulman 222.430
Matériel du culte. 75.000
Construction et entretien des édifices
du culte musulman 100.000
Instruction publique musulmane. . 88.950 (1)

Les dépenses de l'assistance publique musulmane à laquelle de nombreux habous étaient affectés furent également ment inscrites dans le budget de l'Algérie. L'ordonnance du 17 janvier 1845 (art. 18, tableau 1) fit figurer parmi les dépenses du budget local un crédit destiné à venir en aide à ceux que les revenus des habous soulageaient autrefois. Cette dépense fut ensuite portée sur les budgets provinciaux (décret du 27 octobre 1858), et enfin sur celui de l'Etat (décret du 23 décembre 1874). L'article 14 8° de ce décret décidait que « les crédits inscrits annuellement au budget des dépenses sur les ressources spéciales pour le service de l'assistance coloniale hospitalière auraient à pourvoir à l'assistance des indigènes musulmans qui rece-

(1) *Journal officiel français* du 30 mars 1897.

vaient des secours ou des subsides sur les biens habous des
anciennes fondations charitables ». La loi du 18 juillet 1892
art. 18 a supprimé le budget sur ressources spéciales, mais les
dépenses de l'assistance publique musulmane n'en figurent
pas moins au budget général, sous la même rubrique que
les dépenses d'assistance publique en Algérie.

Ainsi l'Etat français s'est substitué aux établissements
religieux ou de bienfaisance d'Algérie, ou plutôt, il est
devenu leur représentant légal. « A la différence de ce qui
« existe pour les cultes catholique, protestant ou israélite,
« écrit M. Tilloy, *(Répertoire de législation et de jurispru-
« dence Algérienne*, v° Cultes n° 54), les mosquées, les zaouïas,
« et en général, les établissements religieux musulmans,
« n'ont ni personnalité civile, ni patrimoine propre. Ils ne
« vivent pas par eux-mêmes mais par l'Etat, qui, devenu titu-
« laire de leur ancien patrimoine, a pris charge par voie de
« conséquence, de pourvoir aux dépenses de leur entretien
« matériel et du traitement de leur personnel, en un mot,
« de tous les frais du culte.» — Cette substitution a eu pour
effet de faire rentrer dans le domaine les biens constitués
habous au profit de ces établissements, lorsque la série des
dévolutaires intermédiaires étant épuisée, le droit du bénéficiaire final vient à s'ouvrir (1).

Il faut toutefois faire exception à ce principe en ce qui
concerne les établissements religieux, en pays mzabite.

Lors de l'annexion du Mzab, en 1882, le gouvernement

(1) Fuzier-Hermann. *Répertoire du Droit français*, v° *Algérie.*
n° 3872. « La réunion au domaine de l'Etat des *biens des corporations religieuses en Algérie* a eu pour effet non seulement d'investir
l'Etat de la propriété des habous que ces communautés possédaient
déjà, mais aussi du droit de recueillir les biens dont elles étaient
éventuellement dévolutaires. » Voir arrêt de la Cour d'Alger,
28 février 1887. *Rev. Alg*. 1887, 2ᵉ p. p. 232. « Le décès sans postérité
du dernier dévolutaire donne donc ouverture au droit de propriété
de l'Etat substitué aux mosquées et aux villes saintes. Fuzier-Hermann. *Ibid*. n° 3874.

général, déclara que les biens et revenus des mosquées hadites seraient considérés comme biens de fabrique et soumis en principe à la législation qui régit en France ces sortes de biens (1).

De même, le bureau de bienfaisance musulman créé par le décret du 5 décembre 1857, a été reconnu, par ce décret, établissement d'utilité publique et autorisé, par suite, à recevoir des dons et legs consentis selon la forme musulmane (2).

A ces restrictions près, le droit du Domaine est demeuré intact, c'est à lui qu'il appartient de recueillir les libéra- ltés faites aux profits des établissements religieux d'Algérie.

II. Effet de la substitution de l'Etat Français aux Villes Saintes. — La question s'est toutefois posée de savoir qu'elle avait été l'influence de la conquête française sur les habous dont l'attribution définitive avait été faite par le fondateur au profit de la Mecque et Médine *(Harameine)*.

Il n'a pu y avoir de difficultés pour les biens habous, qui, en 1830, étaient déjà entrés définitivement dans le patrimoine des deux Villes, par suite de l'extinction des dévolutaires intermédiaires. Les arrêtés de 1830, 1831 et la loi de 1851, en opéraient la réunion au Domaine et, quelque scrupule que l'on puisse avoir sur l'équité du procédé, cette prise de possession n'en a pas moins été accomplie en vertu d'un texte formel. Mais on s'est demandé si ces dispositions législatives n'avaient pas eu pour effet de frapper de caducité les habous constitués au profit des deux Villes antérieurement à 1830, mais dont la consolidation de l'usufruit et de la nue-propriété n'était pas encore opérée à cette époque,

---

(1) Meyer, *Annales de l'Ecole des sciences politiques 1886.* p. 294.
(2) Becquet. *Dictionnaire du Droit administratif v° Algérie.* p. 167.

et de rendre impossible pour l'avenir, toute constitution de habous de cette nature.

Cette opinion a été soutenue par un des auteurs les plus compétents en la matière, M. Clavel. Envisageant la question au point de vue du droit musulman pur, il soutient que si en Algérie, les habous constitués en faveur de telle mosquée déterminée, des zaouïas, des cimetières musulmans et de toutes œuvres religieuses, charitables ou d'utilité publique, continuent à être valables, ceux constitués, soit avant, soit après la conquête au profit des Villes Saintes sont atteints d'une nullité absolue aux termes de la loi musulmane (1).

Examinons d'abord la situation en ce qui concerne les habous institués au profit des Villes Saintes, avant la conquête.

« Tous les wakfs dit M. Clavel, faits au profit des Villes saintes antérieurement aux arrêtés de 1830 et 1831, sont devenus caducs par le seul fait de ces actes législatifs. » De cette caducité, il donne deux raisons : la première, c'est qu'il y a eu, par suite de ces dispositions, impossibilité de remplir le but qui avait guidé le constituant et d'attribuer l'immeuble habousé au dévolutaire final qu'il avait désigné ; la seconde, c'est que l'institution a perdu son caractère pieux, puisque le bien habousé est destiné à devenir, à l'extinction des bénéficiaires intermédiaires, la propriété de l'Etat français, c'est-à-dire d'une collectivité d'infidèles.

M. Clavel ne nous dit pas quel est l'effet de cette caducité. Il constate que l'Etat français est devenu « par suite d'une mainmise qui ressemble fort à une spoliation le dévolutaire définitif des habous établis au profit des Villes saintes »; et il ajoute presque aussitôt, « que le but pieux ne pouvant plus être rempli cela suffit à entraîner la caducité de l'institution ».

(1) *Clavel*, op. cit. t. 11, n° 378, 379 et t. 1, p. 120.

Faut-il en conclure que l'immeuble perdant désormais son caractère de habous, devrait rentrer, conformément à la loi musulmane, dans le patrimoine du constituant ou de ses héritiers. Ou bien doit-on décider que, l'immeuble devrait être réuni immédiatement au Domaine en vertu des arrêtés de 1830 et de la loi du 16 juin 1851, sans attendre l'extinction de la série de bénéficiaires intermédiaires ?

La Cour de Cassation a décidé dans son arrêt du 9 Juillet, 1878 (1). que l'Etat avait été investi par l'effet de ces dispositions législatives du droit de recueillir les habous constitués au profit des Villes saintes à l'extinction des dévolutaires intermédiaires. Cet arrêt fait en outre allusion à un jugement du cadi du 1er mars 1869, qui, à propos d'une demande en revendication de biens habous, avait eu à statuer sur l'intervention de l'oukil Bit-El-Mal, qui réclamait au nom de l'Etat des biens litigieux attribués par le fondateur à la Mecque et à Médine ; le cadi avait repoussé cette demande, non comme mal fondée en droit, mais comme prématurée, et il avait décidé que les biens ne reviendraient à l'Etat qu'à l'extinction des *akeb* du fondateur. Il admettait donc implicitement le droit de l'Etat sur ces biens.

Ainsi non seulement la jurisprudence française, mais la jurisprudence arabe s'accordent à reconnaître les droits de l'Etat substitué aux Villes saintes.

Cette dernière théorie nous paraît plus exacte. Ce n'est pas dans les principes du droit musulman pur qu'il faut chercher à déterminer la situation créée par les arrêtés de 1830-31. Ces décisions ont eu pour but d'attribuer à l'État français tous les droits que les Villes saintes pouvaient avoir sur des immeubles situés en Algérie. Or

(1) *Sirey*, 79. 1 p. p. 312.

l'institution du habous a pour effet, comme nous l'avons vu plus haut, et comme l'enseigne M. Clavel lui-même, de procurer immédiatement au dévolutaire final un droit de nue-propriété sur l'objet du habous. Les Villes saintes avaient donc, au moment de la conquête, un droit actuel de nue-propriété et un droit de jouissance ultérieure sur les biens habousés à leur profit. Les arrêtés de 1830 ont fait passer ces droits à l'État français. C'était, à côté de la confiscation immédiate des biens dont elles avaient la pleine propriété, une sorte de confiscation éloignée. Autrement il paraîtrait étrange que ces textes, en attribuant au Domaine les droits des Villes saintes, aient eu précisément pour effet de faire subir à ces droits une réduction. Il ne paraît pas probable que le législateur ait entendu laisser de côté les droits de nue-propriété que ces villes avaient en Algérie sur certains biens.

Dira-t-on que l'institution devenant caduque, les biens habousés devaient revenir, non plus aux héritiers du constituant, mais à l'État français immédiatement ? Cette solution, d'ailleurs contraire aux principes de la loi musulmane, aurait pour résultat de méconnaître bien davantage la volonté du fondateur, qui a voulu non seulement faire œuvre pie, mais aussi assurer à certains de ses biens une dévolution spéciale au profit de certaines personnes. La volonté du fondateur se trouverait donc deux fois violée.

De plus, au point de vue musulman pur, on peut douter que cette substitution du Domaine aux Villes saintes ait entraîné la caducité des habous dont elles étaient dévolutaires finales. Sans doute, le habous disparaît et s'annule lorsqu'il devient impossible d'exécuter l'intention du constituant. Mais il faut que cette impossibilité soit radicale, que l'objet sur lequel porte le habous ait, par exemple, été complètement détruit. « Tant que la volonté du fondateur, dit plus loin M. Clavel lui-même, peut être accomplie, même dans une certaine mesure, elle doit l'être » (1). Il cite l'opinion d'auteurs d'après lesquels si les matériaux, provenant de la destruction d'un édifice constitué habous, ne peuvent servir à le reconstruire, ils doivent être employés à quelque œuvre de même nature et restent habous. Sidi-Khelil dit également à ce propos : « Lorsque le habous a été constitué pour un pont et qu'il n'y a plus à compter que le pont sera reconstruit ou réparé, le produit du habous doit être affecté à un usage semblable à celui auquel le constituant l'avait destiné. » Ainsi, au cas d'impossibilité d'accomplir exactement la volonté du fondateur, il suffit, pour la validité de l'institution, que les revenus reçoivent une destination analogue. Or, les habous contitués en faveur des Harameine sont destinés à l'entretien des mosquées des deux Villes. Par l'effet des arrêtés de 1830-31, leurs revenus devront, à l'extinction des dévolutaires intermédiaires, revenir au Domaine, qui en disposera comme des revenus des habous institués en faveur des établissements religieux d'Algérie. Ils auront donc à subir le même sort ; ils feront retour à l'État, qui, en échange, a pris à sa charge les dépenses du culte musulman, sans se préoccuper de l'affectation spéciale des revenus à telle mosquée. Si on admet que cet engagement général de l'État français est suffisant pour maintenir les constitutions de habous faites au profit de telle œuvre pie d'Algérie, spécialement déterminée par le constituant, ne pourrait-on pas soutenir qu'il suffit aussi à valider les constitutions faites en faveur des mosquées de la Mecque et Médine ? Dans les deux cas,

(1) Clavel, op. cit., t. II, p. 267. — Voir aussi Sautayra et Cherbonneau, op. cit., t. II, p. 396.

l'intention particulière du fondateur n'est pas remplie, il y a une égale violation de sa volonté; d'autre part, la compensation accordée est sensiblement équivalente : les mosquées d'Algérie n'ont pas été indemnisées individuellement et suivant l'importance des fondations à elles faites ; le dédommagement a profité à l'exercice général du culte musulman. L'établissement religieux que le fondateur avait eu en vue de doter n'en retire donc pour lui-même aucun profit, qu'il se trouve situé à la Mecque ou en Algérie. Les biens qui leur étaient consacrés n'ont pas cependant été absolument détournés de leur destination, puisque le droit que s'est attribué l'État français de les recueillir un jour a eu sa contre-partie dans l'engagement pris par lui de subvenir aux frais du culte. Les sommes affectées chaque année à cet usage sont censées correspondre non pas seulement à la valeur des biens consacrés aux mosquées d'Algérie, mais aussi à celle des biens consacrés aux Villes. Ceux-ci concourent donc de la même manière au même but religieux : l'exercice de la religion musulmane.

Y a-t-il en second lieu disparition du caractère pieux du habous, comme le soutient M. Clavel, parce que le habous est d'ores et déjà destiné à devenir plus tard la propriété des infidèles? Si oui, il faut forcément admettre la même solution pour les habous institués en faveur des établissements religieux d'Algérie. Comme nous l'avons vu plus haut, ceux-ci n'ont pas de personnalité morale; ils sont, par suite, incapables de posséder et de recevoir des libéralités. C'est à l'État français que devront revenir les dotations qui leur sont faites. Il faudrait donc pour être logique arriver à cette conclusion que, d'une façon générale, le habous a été supprimé en Algérie dès 1830, puisque dans la plupart des cas c'est l'Etat substitué aux mosquées, zaouïas, etc., qui doit recueillir le bénéfice du habous. M. Clavel

admet néanmoins que les habous constitués antérieurement à la conquête au profit d'œuvres religieuses, charitables, ou d'utilité publique d'Algérie continuent à substituer. Pourquoi en serait-il autrement des habous qui
avaient été institués en faveur de la Mecque et de Médine,
les uns et les autres devant être recueillis par l'Etat ?

La loi musulmane ne nous paraît pas si rigoureuse.
Pour pouvoir profiter des avantages attachés aux habous,
le fondateur doit en attribuer le bénéfice à quelque œuvre
pie. On ne saurait sans injustice lui faire supporter la conséquence d'une désaffectation qu'il ne pouvait prévoir et
qui provient non d'un accident naturel comme la ruine de
l'objet du habous, mais du fait de l'homme (1). Sans doute,
il est vrai que l'institution devient caduque, lorsque l'œuvre
pie à laquelle le bien habousé devait définitivement revenir, cesse d'exister. Mais tel n'est pas ici le cas. L'impossibilité pour les mosquées de la Mecque et Médine d'entrer
ultérieurement en jouissance du bien habousé à leur
profit n'est pas absolue, elle tient à une cause contingente,
qui peut cesser : l'occupation française. Le droit des Villes
saintes subsiste virtuellement, seulement il ne peut s'exercer, il a été sequestré, confisqué par le conquérant. Or,
les auteurs musulmans, et M. Clavel avec eux, admettent
que si le souverain s'empare arbitrairement d'un bien
constitué habous, l'institution ne tombe pas et que le habous
persiste aux yeux de la loi musulmane envers et contre
tous ? (2) Ne peut-on pas à plus forte raison appliquer cette
solution au cas où la confiscation n'est que partielle et ne
porte que sur le droit de nue-propriété du bénéficiaire
final ? Ne doit-on pas décider, par suite, que le habous

(1) Tilloy. *Répertoire*. V°. Habous n° 71.
(2) Clavel, op. cit., t. II, p. 268. (V. *Rev. de législation et de jurisprudence musulmane*, 1ʳᵉ année, p. 299.)

constitué au profit des mosquées de la Mecque et Médine continue à s'exécuter nonobstant la substitution de l'Etat français aux villes saintes ? —

On pourrait peut être avoir plus d'hésitations sur le point de savoir si la conquête française n'a pas au moins rendu impossible pour l'avenir toute constitution de habous faite en faveur des Villes saintes, comme bénéficiaires finales. M. Clavel soutient que de pareilles institutions sont viciées d'une nullité originelle, absolue, qui doit les faire considérer comme inexistantes, car elles manquent d'un élément essentiel : l'intention pieuse chez le constituant. Le fondateur sait. dit-il, que les Villes saintes ne seront jamais appelées et que le bien habousé reviendra un jour à l'Etat français. Il stipule donc en réalité au profit d'un Etat ennemi, c'est-à-dire d'un bénéficiaire qu'il sait incapable de recevoir. Cet acte ne saurait donc être considéré comme dicté par un sentiment de piété; par suite, il est inexistant.

Nous ne croyons par l'argument irréfutable. Il ne s'agit au fond que de déterminer si le fondateur a eu, au moment de la constitution, le désir de faire œuvre pie. Dans cette recherche on ne saurait être trop prudent, et il serait téméraire de conclure *a priori* de l'impossibilité pour les Villes saintes de recueillir la libéralité, au défaut de l'intention pieuse chez le constituant. Il n'est pas démontré qu'en instituant ce habous celui-ci n'ait pas agi de bonne foi et n'ai pas voulu véritablement en attribuer le bénéfice aux mosquées de la Mecque et de Médine, à l'extinction des dévolutaires intermédiaires. En fondant un habous, le musulman stipule pour un avenir fort éloigné. Il ne croit pas à l'asservissement définitif de son pays, et il peut toujours avoir l'espérance qu'au moment où s'ouvrira le droit des Villes saintes, bénéficiaires finales, l'islamisme aura triomphé, et que l'obstacle que l'étranger apporte actuellement à la réalisation de ses dispositions pieuses aura disparu.

Ajoutez à cela que pendant de longs siècles la désignation des villes saintes, comme derniers dévolutaires, a été non seulement admise mais recommandée, qu'elle est entrée ainsi tellement dans les mœurs, qu'en continuant aujourd'hui cette tradition, le constituant ne fait que suivre une coutume constante et qu'il peut être fondé à croire qu'il fait encore œuvre pie et institue un habous valable, malgré l'empêchement apporté actuellement à son exécution par l'occupation française.

Le raisonnement de M. Clavel a d'ailleurs le tort de trop prouver. Il ne serait pas besoin de le pousser beaucoup pour démontrer que les arrêtés de 1830 ont rendu *ipso facto* toute constitution de habous impossible en Algérie. Ce n'est jamais, en effet, l'établissement religieux désigné qui recueillera la libéralité, mais bien l'Etat français, par suite il est facile de faire le même reproche au constituant dans tous les cas, et de lui objecter qu'en définitive il sait bien que la fondation doit profiter à une « collectivité d'infidèles. »

Tout se réduit, en somme, à une question d'intention, c'est au juge, saisi d'une instance en validité de habous : à décider si le fondateur a été animé d'une intention pieuse ou s'il a entendu seulement soustraire ses biens à la dévolution successorale. Mais nous ne croyons pas qu'un habous constitué après la conquête, avec attribution finale aux Villes saintes, soit par cela seul inexistant. C'est aussi l'opinion de la cour d'Alger qui, par arrêt du 20 mars 1867, a décidé : « que les décrets qui ont transporté au domaine de l'Etat la possession des immeubles dévolus à la Mecque ou à Médine ou à des établissements pieux en vertu de

8

constitution de habous, ne sauraient avoir pour effet d'invalider les habous postérieurs à ces dispositions législatives et de les faire considérer par cela seul comme contenant des legs ou donations déguisés (1). »

La réunion au Domaine des biens habous dépendant des établissements religieux ou d'utilité publique, loin de les dénaturer complètement, a eu pour effet de leur conserver, dans une certaine mesure leur caractère propre et de les placer à l'abri des atteintes que les lois postérieures devaient porter aux habous particuliers. Les immeubles habous réunis au Domaine participent, en effet, à la protection spéciale que notre législation accorde aux dépendances de la domanialité publique.

A la suite de ventes ou de concessions, le Domaine s'est dessaisi, d'ailleurs, d'une grande partie de ces biens, et il n'en subsiste plus aujourd'hui qu'une faible partie. En 1892, M. Burdeau, rapporteur de la commission du budget, le constatait en ces termes : « Les biens habous appartenant à l'Etat se composent de 4.768 parcelles d'une contenance totale de 5.150 hectares, la meilleure partie formée d'immeubles urbains. Le génie les détient presque tous et les a réunis à son énorme domaine ; un tiers, formé d'immeubles, reste libre et rapporte à l'Etat 71.782 francs (2). »

III. Séquestre portant sur des habous privés. — La mainmise de l'Etat français sur les immeubles habous ne s'est pas limitée aux biens des établissements religieux. Il est arrivé que des habous ont été confisqués alors qu'ils étaient encore aux mains des dévolutaires intermédiaires.

A diverses reprises, à la suite des ordonnances du 1er dé-

---

(1) Cité par Sautayra et Cherbonneau, op. cit., t. II, p. 379.
(2) Rapport de M. Burdeau, au nom de la commission du budget chargée d'examiner le projet de loi portant fixation du budget de l'exercice 1892.

cembre 1840, 31 octobre 1845, des terres appartenant aux indigènes, qui avaient commis des actes d'hostilité à l'égard de la France, furent soumises au séquestre. Il s'en trouva dans le nombre qui étaient frappées de habous. Quel allait être le sort de ces dernières, lorsque l'ancien possesseur obtenait soit la mainlevée du séquestre, suivant les formalités édictées par les articles 25 et suivants de l'ordonnance de 1845, soit la remise à titre gracieux, conformément à l'article 32?

D'après la loi musulmane, le séquestre, qui est un fait de violence, ne saurait emporter la nullité du habous et l'institution doit continuer à produire ses effets sitôt que l'obstacle qui s'opposait à l'exécution de la volonté du fondateur a disparu. D'autre part, on pouvait soutenir que la confiscation ayant porté sur la propriété intégrale de l'immeuble, l'incorporation du Domaine avait eu pour effet de purger tous les droits réels qui auraient pu le frapper, et que par suite l'aliénation faite par l'Etat constituait un titre primordial, formant pour l'avenir le point de départ de la propriété (1).

La jurisprudence a fort heureusement concilié ces deux idées. Elle a décidé que, si la rétrocession faite par l'Etat impliquait reconnaissance des droits antérieurs du propriétaire, le bien reprenait dans son patrimoine la condition juridique qu'il avait avant le séquestre, par suite le habous dont il était grevé devait recouvrer ses effets. La mainlevée du séquestre, accordée suivant la procédure organisée par la loi de 1845, opérait en réalité la restitution des possesseurs dans leurs anciens droits, elle faisait donc revivre les habous précédemment constitués. Il fut également

(1) *Rev. alg.*, 1885, II, p. 103, V. note sous l'arrêt du 3 décembre 1884.

décidé que, si l'ancien possesseur recevait en compensation un autre immeuble ou même une somme d'argent, il y avait transfert du habous sur le nouvel immeuble concédé ou acheté en remploi (1). Cette solution n'était nullement contraire à l'esprit de la loi musulmane qui tient à assurer le plus possible la perpétuité de l'institution et autorise parfois l'échange de l'immeuble habousé.

Mais, par contre, il était jugé que, si la concession faite par l'Etat français avait lieu à titre purement gracieux, elle constituait une donation en pleine propriété, et que le bénéficiaire recevait l'immeuble tel qu'il se trouvait dans le Domaine, c'est-à-dire affranchi de toutes les charges antérieures. Par suite la remise effectuée par le souverain, en vertu de l'article 32 de l'ordonnance, formait un titre nouveau et les habous antérieurement constitués se trouvaient définitivement éteints (2).

(1) Fuzier Hermann. V° Algérie, n° 4140.

(2) Alger, 3 décembre 1884. R. A. 1885, II, p. 103. — Alger, 20 mars 1889. R. A. 1890, II p. 216.

Sautayra et Cherbonneau, op. cit., t. II, p. 417, n° 958.

CHAPITRE III.

Modifications apportées à l'institution du habous antérieurement à la loi du 10 juillet 1873.

I. — Lois qui ont réglementé l'institution du habous en Algérie après 1830.

II. — Portée des dispositions qui ont édicté la validité des aliénations de habous.

 A. *Théorie de M. Robe* : Le droit de propriété a été attribué aux dévolutaires.

 B. *Deuxième système* : Par l'effet de la vente, l'institution devient caduque et le prix doit revenir aux héritiers du constituant.

 C. *Troisième système* : L'institution reste intacte et le droit des dévolutaires continue à s'exercer sur le prix de vente.

I. — Lois qui ont réglementé l'institution du habous en Algérie après 1830. — A mesure que la domination française s'affermissait en Algérie, la nécessité d'assurer à la propriété une base plus sûre devenait de plus en plus impérieuse. La terre, après la conquête, était devenue l'objet d'une spéculation effrénée. Les acheteurs, pressés de revendre, ne se préoccupaient pas de vérifier les droits de leur vendeur. « On achetait, dit M. Robe(1), quelquefois sans avoir vu l'immeuble, avec une indication de limites imaginaires, sur la production d'un simple acte de notoriété, dressé par un cadi, et portant la déclaration de

(1) Robe, *Origine de la propriété immobilière en Algérie*, p. 64-65.

quelques témoins qui attestaient que l'immeuble était la propriété du vendeur. L'indigène ne croyait pas à notre établissement en Algérie; il était convaincu que nous ne tarderions pas à être chassés de la patrie musulmane; aussi il vendait avec un entraînement égal à celui que l'Européen apportait à acheter... Il vendait le bien habous, le bien des mineurs et des absents, le bien des femmes, celui du Domaine; il vendait tout ce qu'on lui demandait. »

Les spéculateurs, peu soucieux de courir les chances d'éviction, se retiraient à temps, et le naïf colon restait seul en butte aux nombreuses revendications formées par les ayants droit. Nos tribunaux se trouvaient dans l'obligation d'accueillir ces demandes, car la Capitulation du 5 juillet 1830 avait assuré aux indigènes le maintien de leur statut réel. Ceux-ci avaient donc conservé tous les droits qu'ils avaient sur la terre et les biens, qu'ils vendaient aux Européens, entraient dans le patrimoine de ceux-ci grevés de toutes les charges constituées antérieurement. On comprend les craintes que les détenteurs d'immeubles pouvaient avoir sur la sécurité de leurs acquisitions. La rigueur des principes devait conduire notamment à décider que, les biens habous étant inaliénables en droit musulman, les ventes de ces biens consenties à des Européens étaient nulles et rescindables.

C'est pour remédier à cette situation précaire et rassurer les acquéreurs que l'article 3 du titre Ier de l'ordonnance du 1er octobre 1844 décida : « *qu'aucun acte translatif de propriété d'immeuble, consenti par un indigène au profit d'un Européen ne pourrait être attaqué par le motif que les immeubles étaient inaliénables aux termes de la loi musulmane* ».

Ce texte, ainsi que l'article 17 de la loi du 16 juin 1851, l'article 1 du décret du 30 octobre 1856 et les articles 1 et 7 de la loi du 26 juillet 1873, sont les seuls actes législatifs qui ont réglémenté en Algérie l'institution du habous. Sur leur interprétation, les auteurs sont partagés, la jurisprudence ne se montre guère fixée davantage, et l'accord ne semble pas près d'être fait de sitôt. Tout a été dit à ce sujet, et il ne semble guère possible d'ajouter aux arguments déjà produits. Aussi nous bornerons-nous à exposer les divers systèmes en présence, les raisons qu'ils invoquent et les critiques qu'on leur oppose.

Pour bien poser la question, il importe tout d'abord de faire connaître la teneur de ces dispositions législatives.

L'article 17 de la loi du 16 juin 1851 ne fait que répéter la prescription de l'ordonnance du 1er octobre 1844. Il est ainsi conçu : « *Aucun acte translatif de la propriété d'un immeuble appartenant à un musulman ne pourra être attaqué pour cause d'inaliénabilité fondée sur la loi musulmane...* »

Cette disposition a été étendue aux aliénations faites entre indigènes par l'article 1er du décret du 30 octobre 1858, qui s'exprime ainsi : « *Sont applicables aux transactions passées et à venir de musulman à musulman et de musulman à israélite, les dispositions de l'article 3 de l'ordonnance du 1er octobre 1844 et de l'article 17 de la loi du 17 juin 1851 sur la propriété en Algérie, portant qu'aucun acte translatif de propriété d'immeuble, consenti par un indigène au profit d'un Européen, ne pourra être attaqué par le motif que les immeubles étaient inaliénables aux termes de la loi musulmane.* »

Enfin, la loi du 26 juillet 1873 dispose : « Article 1er « — *L'établissement de la propriété immobilière en Algérie, sa « conservation et la transmission contractuelle des immeubles « et droits immobiliers, quels que soient les propriétaires, « sont régis par la loi française.*

« *En conséquence, sont abolis tous droits réels, servitudes ou*

« *causes de résolutions quelconques, fondés sur le droit musul-*
« *man ou kabyle, qui seraient contraires à la loi française.*

« *Le droit réel de cheffaâ ne pourra être opposé aux acqué-*
« *reurs qu'à titre de retrait successoral par les parents succes-*
« *sibles d'après le droit musulman, et sous les conditions*
« *prescrites par l'article 841 du Code civil.* »

« Article 7. — *Il n'est point dérogé par la présente loi au*
« *statut personnel, ni aux règles de succession des indigènes*
« *entre eux.* »

Avant d'en venir à l'étude de la loi de 1873, nous étudierons d'abord la portée des dispositions édictées par l'article 3 de l'ordonnance du 1er octobre 1844 et l'article 1er du décret du 30 octobre 1858.

Sur ce premier point, le désaccord commence.

II. PORTÉE DES DISPOSITIONS QUI ONT ÉDICTÉ LA VALIDITÉ DES ALIÉNATIONS DE HABOUS. — A. *Théorie de M. Robe.* — Dans son ouvrage sur les lois de la propriété immobilière en Algérie (1), M. Robe enseigne que l'ordonnance de 1844, la loi du 16 juin 1851 et le décret du 30 octobre 1858, ont eu pour résultat de valider les aliénations de biens habous non seulement à l'égard de l'acquéreur ou des tiers, mais aussi à l'égard des vendeurs. « Par l'effet de ces textes, dit il, le droit de vendre le bien habousé a été concédé au « bénéficiaire du habous, et par suite le droit de propriété « a été implicitement reconnu au profit de ce dernier. » La conséquence, c'est que les dévolutaires ultérieurs, aussi bien que le constituant ou ses héritiers, perdent tout droit sur le prix de vente de l'immeuble, qui reste acquis au bénéficiaire qui a vendu l'immeuble. M. Robe cite en ce sens trois arrêts de la Cour d'Alger, des 26 décembre 1855, 18 novembre 1861 et 23 mars 1863. Il aurait également pu

---

(1) *Les lois de la propriété immobilière en Algérie*, p. 110-114.

citer des arrêts de la même Cour, en date des 31 décembre
1845, 10 février 1873, 29 novembre 1876, 25 mai 1881,
8 mai 1882 (1).

M. Robe invoque d'abord l'intention du législateur. La
validité de l'aliénation des biens habous a été instituée,
dit-il, non dans l'intérêt de l'acquéreur, qui sait toujours
qu'en achetant un habous il achète un immeuble inaliénable et ne mérite pas d'être protégé, mais dans le but de
restreindre autant que possible le domaine mainmortable.
Or, ce but ne serait pas atteint si le bénéficiaire se trouvait
dépouillé par la vente qu'il fait, jamais un dévolutaire ne
s'aviserait de faire un pareil acte.

En réalité, il ne paraît pas que l'ordonnance de 1844 se
soit préoccupée de réduire le domaine mainmortable; elle
n'a eu d'autre but que de consolider les acquisitions faites
par les Européens. Le rapport au roi, qui précède l'ordonnance et que nous trouvons reproduit dans un autre
ouvrage de M. Robe (2), est très explicite à cet égard :

« L'un des plus grands obstacles que puisse rencontrer
« la colonisation, écrivait le maréchal Soult, rapporteur
« de l'ordonnance, naît de l'incertitude et de l'instabilité
« de la propriété. Aussi, l'ordonnance que j'ai l'honneur de
« soumettre ici à la sanction de V. M. a-t-elle pour objet
« essentiel de faire cesser les situations douteuses, d'épurer,
« de fixer ou de garantir les droits immobiliers. L'habitude
« qu'ont les indigènes de vivre dans l'indivision, le nombre
« infini de propriétaires d'un même immeuble qui résulte de
« cette indivision, le manque d'état civil chez les Arabes, le
« mystère qui entoure la famille musulmane, font que les
« acquéreurs européens ont été parfois induits en erreur

(1) V. Tilloy. *Répertoire*. V°. Habous, n° 99.
(2) Robe. *Origine de la propriété immobilière en Algérie*, p. 71.

« sur la véritable qualité de leur vendeur ; il est juste et
« urgent de régulariser leurs acquisitions. *Les immeubles*
« *en Algérie sont généralement grevés de habous, c'est-à-dire*
« *de substitutions. Des craintes, exagérées d'ailleurs, se sont*
« *élevées sur la légitimité des ventes de biens substitués. Pour*
« *lever tous les doutes, il y a lieu de les valider formellement.....*»

Et M. Robe ajoute dans le même ouvrage : « Tout l'es-
« prit de la loi est dans ce rapport, et les dispositions de
« cette loi peuvent se résumer ainsi : protection aux acqué-
« reurs européens contre certaines revendications qui ré-
« sulteraient du mystère impénétrable de la famille mu-
« sulmane : sécurité assurée dans le passé et l'avenir pour
« les acquisitions portant sur les terres habous, sur les
« terres inaliénables d'après la loi de l'Islam.... (1) ».

Ainsi, il n'est nullement question, ni dans l'ordonnance,
ni dans le rapport qui l'a précédée, de diminuer le domaine mainmortable. L'Algérie, en 1844, offrait encore
assez de terres à la colonisation, sans compter que ce domaine mainmortable avait déjà été considérablement réduit
par la confiscation des biens dépendant des établissements
religieux musulmans. Ce qu'il importait avant tout, c'était
de garantir et de fixer les droits immobiliers, c'est seulement ce qu'a voulu faire l'ordonnance de 1844.

D'autre part, l'article 17 de la loi du 16 juin 1851 est la
répétition textuelle de l'article 3 de l'ordonnance de 1844.
De même, l'article 1 du décret du 30 octobre 1858 reproduit identiquement cette disposition, seulement il en étend
l'application aux transactions entre indigènes. On ne peut
donc soutenir que ces textes aient entendu aggraver la
portée de l'article 3 de l'ordonnance de 1844, qu'ils aient
eu pour effet d'attribuer au dévolutaire qui vend un habous
la qualité de propriétaire.

(1) Robe. *Origine de la propriété en Algérie*, p. 73.

Enfin, est-il vrai de dire avec M. Robe que celui qui achetait un immeuble habous ne méritait aucune protection par ce motif qu'il ne pouvait ignorer qu'il achetait un immeuble inaliénable ? Cette réflexion ne se concilie guère avec le commentaire précité, dont M. Robe faisait suivre le rapport de l'ordonnance de 1844, et qui nous paraît exprimer des idées plus exactes. Si quelqu'un était digne d'intérêt, c'était bien l'acquéreur d'un habous qui ignorait presque toujours les vices de son acquisition. Comment aurait-il pu se renseigner ? Le vendeur avait bien soin de dissimuler la véritable situation juridique de l'immeuble. Et cela lui était d'autant plus facile qu'en général, les bénéficiaires des habous privés en Algérie possèdent et administrent par eux-mêmes. Aucun signe extérieur, aucun acte public ne pouvait le plus souvent révéler la qualité du vendeur qui offrait toutes les apparences d'un propriétaire. Dans la plupart des cas, l'acquéreur était de bonne foi et c'est cette situation qui a appelé l'attention du législateur de 1844.

Le second argument, invoqué par M. Robe, ne se différencie guère du premier. « On ne peut pas concevoir, « dit-il, une vente valable sans un droit préexistant de « propriété au profit du vendeur, que ce droit résulte de « titres, ou d'une fiction, ou d'une déclaration de la loi. « Or, c'est précisément ce droit que le législateur algérien « a reconnu ou déclaré, dans la pensée et dans le but que « nous savons. Il a voulu que l'usufruit soit converti en « propriété. »

On le voit, il s'agit toujours de savoir si l'ordonnance de 1844 a voulu consolider la nue-propriété et l'usufruit sur la tête du bénéficiaire vendeur, et telle ne paraît pas avoir été l'intention du législateur. D'autre part, il n'est pas impossible de concevoir une vente valable, bien que consentie par un vendeur non propriétaire. Le droit français nous offre même un exemple de cette situation dans l'application de la règle « *en fait de meubles, possession vaut titre* », (art. 2279 du C. C.) : la vente d'un meuble *a non domino* est valable vis à vis de l'acquéreur de bonne foi, sauf le cas de perte ou de vol. Ainsi lorsque le propriétaire s'est volontairement dessaisi de la possession de la chose en la remettant entre les mains d'un tiers, locataire, dépositaire ou emprunteur, et que celui-ci l'aliène comme sienne et la livre à un acquéreur de bonne foi, ce dernier en devient propriétaire quoique le vendeur n'ait pas eu le droit d'aliéner. Cette règle est, dans notre droit, spéciale aux meubles, c'est une exception aux principes généraux qui se justifie en équité : il est facile à celui qui acquiert un immeuble de vérifier les droits du vendeur, tandis qu'il est impossible à celui qui achète un meuble de contrôler les droits de son vendeur. Mais elle n'en constitue pas moins un exemple d'une vente valable au profit de l'acheteur seulement. Bien plus, la situation de cet acheteur, ne se trouve pas sans une certaine analogie avec celle de l'acquéreur d'un bien habous après 1830, ce dernier en effet était le plus souvent dans l'impossibilité de connaître la valeur de son acquisition. A ce titre ne méritait-il pas de la part du législateur la même protection que l'acheteur de bonne foi d'un meuble ? Le vendeur au contraire était indigne de toute faveur. Comme le vendeur de l'article 2279, c'était un détenteur infidèle. Et l'ordonnance de 1844, n'a pas plus accordé aux bénéficiaires intermédiaires le droit de vendre le bien habous, que l'article 2279 ne l'a donné au possesseur de meubles.

M. Robe objecte encore que « si la vente était considérée « comme non avenue à l'égard du bénéficiaire ven- « deur, il en résulterait non pas une dévolution au

« profit de l'héritier : mais bien que le habous serait pré-
« sumé comme existant toujours, comme continuant ou
« persévérant sur le prix ; et alors la jouissance du dévo-
« lutaire persisterait non plus à titre immobilier, mais à
« titre mobilier, résultat qui paraîtrait certainement
« bizarre et qui créerait une situation en dehors des prévi-
« sions du législateur algérien et du législateur musul-
« man. » Ce résultat nous semble au contraire tout à fait
conforme au caractère du habous : « le principe indiscuté,
dit à ce propos M. Clavel, est celui-ci : toute somme d'argent représentant d'un wakf aliéné est wakf. » En effet
dans le rite hanafite une somme d'argent peut être substituée au bien habousé (1), soit lorsque la jouissance du
habous devient impossible, soit même lorsque cette substitution est simplement avantageuse pour l'institution. Le
rite malékite plus sévère autorise néanmoins la vente à
charge de remploi de l'immeuble habous, au cas d'expropriation pour cause d'utilité publique. Dans ces conditions,
la jouissance des dévolutaires se continue bien sur le prix,
en attendant que l'emploi des fonds ait été effectué, et
qu'un autre immeuble ait été substitué au premier.

M. Clavel fait en outre remarquer à l'encontre du système
de M. Robe qu'une simple ordonnance n'aurait pu, même
si elle l'eût voulu, enlever aux indigènes les droits de propriété formellement garantis par la capitulation de 1830.
Nous ne reprendrons pas cet argument auquel il est trop
facile de répondre. En 1844, le pouvoir législatif était exercé
en Algérie comme dans la plupart de nos colonies par des
ordonnances royales disposant souverainement ; l'ordonnance de 1844 aurait donc pu au même titre qu'une loi
modifier les droits de propriété des indigènes, nonobstant

(1) Adda op. cit. p. 22 n° 37.

la capitulation de 1830, comme plus tard devait le faire la loi du 26 juillet 1873.

C'est avec beaucoup plus de raison que le même auteur fait ressortir l'anomalie des conséquences du système de M. Robe, d'après lequel l'ordonnance de 1844 a eu pour effet de consolider la nue-propriété et l'usufruit du habous sur la tête du bénéficiaire vendeur. Cette ordonnance ne s'appliquait, en effet, qu'aux transactions passées entre indigènes et Européens, il faudrait donc admettre que le bénéficiaire d'un bien habous devenait, par l'effet de l'ordonnance de 1844, propriétaire vis à vis des Européens, tout en restant usufruitier dans ses rapports avec les indigènes. Il paraît difficile de soutenir que la loi ait voulu créer une situation juridique aussi étrange.

B. — *Deuxième système.* — Parallèlement à la théorie de M. Robe, s'est développée une seconde opinion qui a pour elle une jurisprudence non moins imposante. Il a été jugé à plusieurs reprises que la vente d'un bien habous, accomplie en suite de l'ordonnance de 1844 et du décret de 1858, avait pour effet de rendre l'institution caduque au point de vue musulman et de faire rentrer, par suite, le prix de vente dans le patrimoine du constituant ou de ses héritiers. C'est ce qui a été décidé notamment par des arrêts de la Cour d'Alger en date du 5 juin 1861 (1), 29 mars 1887, 25 novembre 1889 (2), 23 mars 1892 (3), 14 juin 1891 (4).

Ces décisions se fondent sur ce que la validité de l'institution est subordonnée à l'exécution de la volonté du fondateur. Celui-ci a entendu attribuer au bien qu'il a habousé un caractère inaliénable. L'aliénation consentie par un

(1) Robe, 1861, p. 278.
(2) *Rev. alg.*, 1890, 2, 57.
(3) *Rev. alg.*, 1892, 2, 323.
(4) *Rev. alg.*, 1891, 2, 411.

bénéficiaire méconnait donc cette volonté, par suite, l'institution devient nulle. Or, la loi musulmane prescrit qu'au cas
de nullité du habous, le fonds doit faire retour au constituant
ou à ses héritiers. Il est vrai que la loi française est venue
déclarer l'acheteur légitime propriétaire, ce sera donc la
valeur représentative du fonds, c'est-à-dire le prix de
vente, qui devra rentrer dans l'hérédité du fondateur.

« Attendu, dit l'arrêt de la Cour d'Alger du 25 no-
« vembre 1889, que la faculté de habouser tout ou partie
« de ses biens est subordonnée à des règles précises et
« rigoureuses qui lient le constituant aussi bien que les
« dévolutaires ; que la violation de ces prescriptions essen-
« tielles entraîne la nullité du habous. Attendu que parmi
« ces règles se trouve celle qui astreint les dévolutaires à
« conserver les biens habousés et à les transmettre, selon
« l'ordre établi par le fondateur ; qu'ils ne peuvent éluder
« à leur gré cette étroite obligation ; qu'ils n'ont point la
« liberté de profiter des avantages du habous et d'en répu-
« dier les charges correspondantes ; qu'ils n'ont pas davan-
« tage le pouvoir de supprimer, à leur bénéfice exclusif,
« les droits consacrés par le constituant en faveur des
« autres dévolutaires ; qu'en violant par l'aliénation des
« biens habousés la condition expresse qui leur est impo-
« sée, ils méconnaissent la volonté formelle du fondateur
« et détruisent le caractère de la fondation qui devient
« caduque et comme non avenue ; qu'ils se trouvent ainsi
« placés par leur propre fait dans la situation où ils se
« trouveraient si le habous n'avait jamais existé... ».

Ainsi, le seul argument invoqué pour établir la nullité
de l'institution est la violation de la volonté du fondateur,

M. Robe, qui critiquait ce système, pensait détruire
cette argumentation en objectant que « l'on ne comprendrait pas que l'immeuble pût être attribué à l'héritier,

alors que le constituant, par le fait de l'institution d'un établissement pieux comme dernier dévolutaire, l'a soustrait et a voulu le soustraire pour toujours (le wakf étant perpétuel) à son hérédité (1) ». Sa réponse n'est guère décisive, eu égard surtout au système qu'il soutient : il est certain que dans l'une et l'autre théorie, la volonté du fondateur est également violée et que celui-ci n'a pas plus voulu attribuer la pleine propriété du habous au dévolutaire qui vendrait, que soustraire définitivement ce bien à son hérédité. Le système de M. Robe est de plus en contradiction avec les principes du droit musulman : lorsque l'institution devient caduque, le bien habousé doit faire retour aux héritiers du constituant. De ces deux systèmes qui enseignent que l'aliénation de l'immeuble a pour effet d'annuler la fondation, le second est certainement plus logique en attribuant le prix de vente au patrimoine du fondateur.

Mais est-il vrai de dire que l'aliénation de l'objet du habous emporte, en droit musulman, la caducité de l'institution ? Le droit musulman interdit en principe les aliénations de biens habous, la conséquence logique c'est que tout acte accompli contrairement à cette prohibition doit être considéré comme nul. On ne saurait raisonnablement prétendre que cette nullité s'applique, non à la vente illégale, mais à l'institution elle-même. Ce serait une singulière protection que la loi aurait accordée au habous ! Elle annulerait l'institution parce qu'il y a été porté atteinte et elle ratifierait une vente illicite ! C'est précisément parce que l'aliénation de l'immeuble habous est nulle en droit musulman que l'ordonnance de 1844 et le décret de 1858 ont décidé qu'aucune transmission d'immeuble ne pour-

---

(1) Robe. *Les lois de la propriété immobilière*, p. 113.

rait être attaquée pour cause d'inaliénabilité. Si cette aliénation avait eu pour effet de rendre *ipso facto* l'institution caduque, ces dispositions auraient été parfaitement inutiles, puisque l'acheteur n'aurait pas eu à redouter de se voir opposer la nullité de la vente.

Pourquoi d'ailleurs décider que l'institution devient caduque ? — Parce que la volonté du fondateur ne peut plus être exécutée ? Mais en réalité, cette impossibilité n'a rien d'absolu, et la volonté du fondateur sera mieux respectée en décidant, qu'en cas de vente du fonds la jouissance des dévolutaires portera sur le prix de vente, qu'en annulant purement et simplement la fondation.

L'inaliénabilité du habous n'est que la garantie édictée pour assurer la perpétuité de l'institution. Il ne faut pas que cette garantie se retourne contre elle. L'existence du habous n'est pas subordonnée à l'inaliénabilité de l'objet sur lequel il porte.

C'est par application de ce principe que l'on a admis l'échange ou la vente à charge de remploi des immeubles habous dans certains cas, notamment en matière d'expropriation pour cause d'utilité publique. Dans cette dernière hypothèse, l'aliénation bien que valable, n'a pas pour effet de rendre l'institution caduque, seulement le habous change d'objet, il se transporte de l'immeuble exproprié sur l'indemnité qui le représente. La loi française de 1844 a généralisé ces cas, elle a édicté, dans un intérêt général, la validité des acquisitions de biens habous. Si le fonds est aliéné, la volonté de fondateur en reçoit bien quelque atteinte, mais peut-on dire qu'elle ne peut plus désormais être exécutée ? La situation est la même que si l'immeuble était exproprié pour cause d'utilité publique. N'est-il pas logique de décider en conséquence que le habous ne fait que changer d'objet : le prix de vente est substitué dès lors au bien vendu et la jouissance des dévolutaires devra se continuer sur ce prix.

C. — *Troisième système.* — Nous concluons donc que l'ordonnance de 1844, pas plus que le décret de 1858, n'ont entendu consolider sur la tête des bénéficiaires, l'usufruit et la nue-propriété. Les expressions employées par le législateur sont suffisamment explicites: il n'a eu en vue que l'intérêt des acquéreurs. Vis à vis de ses co-dévolutaires le bénéficiaire reste toujours tenu : il n'a, sur le prix de l'immeuble vendu, qu'un droit d'usufruit.

Cette opinion s'appuie sur une jurisprudence importante et elle peut invoquer, elle aussi, de nombreuses décisions de la Cour d'Alger, notamment du 5 juin 1861, du 22 décembre 1885 (1), 1ᵉʳ février 1896 (2).

La Cour de Cassation, semble toutefois pencher en faveur, de l'opinion qui admet que les immeubles acquis avec des fonds provenant de la vente d'un immeuble habous, perdent eux-mêmes le caractère de habous. Un arrêt du 1ᵉʳ mars 1899, a admis le pourvoi formé contre un arrêt de la Cour d'Alger du 11 mars 1897 (3): la Cour d'Alger avait refusé d'ordonner la licitation d'immeubles dépendant d'une succession musulmane, lesdits immeubles ayant été acquis en remplacement de biens habous. La Chambre civile de la Cour de Cassation, va donc avoir prochainement à se prononcer sur la question du remploi et de l'échange des biens habous en Algérie.

_____

(1) *Rev. alg.* *1886, 2.* 40.
(2) *Rev. alg. 1896, 2.* 47.
(3) *Rev. alg. 1897, 2.* 252.

CHAPITRE IV.

Etude de la Loi du 26 juillet 1873 (Art. 1 et 7)

1. Exposé de la question. — Ainsi, la jurisprudence est loin d'être fixée sur la portée des dispositions de l'ordonnance de 1844 et de la loi de 1858. Tour à tour, elle a adopté les trois systèmes que nous venons d'exposer. Mais sur le fond même du débat, sur la question de la survivance du habous, elle n'a jamais varié. Elle a toujours décidé que la loi du 26 juillet 1873 n'avait rien ajouté à ces textes et avait maintenu en principe l'institution elle-même. Comme on le voit par la date récente des derniers arrêts cités, les tribunaux, à l'heure actuelle, se posent toujours la question dans les mêmes termes qu'au lendemain de l'ordonnance de 1844 : pour eux, la situation n'a pas changé, le habous subsiste encore, et la seule difficulté qui se présente est de déterminer les effets de l'aliénation de biens haboussés.

Aussitôt après la promulgation de la loi de 1873, la jurisprudence prenait position sur ce point dans un arrêt dé la Cour d'Alger du 23 mars 1874, et depuis elle ne s'est jamais départie de cette manière de voir. A plusieurs reprises elle a formulé expressément son opinion. (Cour d'Alger, 2 mars 1875 — 24 novembre 1875 — 2 avril 1878 — 1ᵉʳ mai 1879.) Cette doctrine est, en outre, implicitement contenue dans toutes les décisions qui ont été rendues postérieurement à 1873 et qui supposent nécessairement qu'aucune loi n'a encore aboli le habous en Algérie.

La Cour de cassation elle-même a consacré cette doctrine dans deux arrêts du 9 juillet 1878 (1) et du 4 avril 1882 (2).

Cette théorie a soulevé de vives critiques. Une opinion absolument contraire a été soutenue par M. Robe. Dans le commentaire de la loi de 1873, paru peu de temps après, ce savant auteur enseignait que l'article 1 de cette loi avait radicalement supprimé l'institution du habous. Cette théorie, bien qu'elle n'ait été encore sanctionnée par aucune décision de jurisprudence, a rallié une grande partie des suffrages dans la doctrine.

Sur cette question capitale de la survivance du habous en Algérie nous nous trouvons donc en présence de deux systèmes irréductibles, soutenus de part et d'autre avec une égale autorité, et que nous allons essayer d'exposer aussi complètement que possible.

Toute la controverse roule sur l'interprétation des articles 1 et 7 de la loi du 26 juillet 1873. Comme nous l'avons vu plus haut, l'article 1 porte que « l'établissement de la propriété immobilière en Algérie, sa conservation et la transmission contractuelle des immeubles et droits immobiliers, quels que soient les propriétaires, sont régis par la loi française » ; il ajoute qu'en conséquence « sont abolis tous droits réels, servitudes ou causes de résolution quel-

---

(1) Sirey, 79, I, 312.
(2) Dalloz, 83, I, 404.

conque fondés sur le droit musulman qui seraient contraires à la loi française ». L'article 7 dispose que la loi ne déroge pas au statut personnel et aux règles de succession des indigènes entre eux.

Quel est de ces deux articles celui qui doit désormais régir le habous? L'article 7, déclare la jurisprudence. — l'article 1er, répliquent M. Robe et ses partisans.

II. Système de la jurisprudence. — La première théorie a été maintes fois formulée dans les décisions des tribunaux d'Algérie, elle a été énoncée de la façon la plus formelle dans l'arrêt de la Cour de cassation du 4 avril 1882 : « Attendu, dit la Cour suprême, que l'article 1er de
« la loi du 26 juillet 1873, en déclarant régie par la loi
« française toute transmission contractuelle de biens im-
« meubles et de droits immobiliers et en prononçant
« comme conséquence l'abolition de tous droits réels fon-
« dés sur le droit musulman qui seraient contraires à la
« loi française, n'a point compris dans ses prescriptions
« les transmissions par voie de succession ; qu'il est en effet
« formellement exprimé dans l'article 7 de la même loi qu'il
« n'est pas dérogé au statut personnel, ni aux règles de
« succession des indigènes entre eux ; que l'article 7 ne
« distingue pas entre les successions dévolues en confor-
« mité des dispositions de la loi et celles dont la dévolution
« s'opère par la volonté de l'homme ;

« Attendu que l'institution du habous, qui n'était à
« l'origine qu'un mode de disposer dans un but religieux
« d'une partie ou de la totalité des biens d'une succession
« n'a point perdu le caractère d'une transmission à titre
« successoral et est demeurée régie par les principes que le
« droit musulman a consacrés ;

« Que si les lois et décrets, antérieurs à la loi du 26 juillet
« 1873 ont dérogé au principe d'inaliénabilité que le droit

« musulman attachait aux biens constitués habous et ont
« remis ces biens dans le commerce, ces dispositions légis-
« latives, faites pour assurer la liberté et la sécurité des
« transactions aux regards des tiers, n'ont, quant à la
« transmission qui s'opère de dévolutaire à dévolutaire, en
« l'absence de tous droits reconnus à des étrangers, porté
« aucune atteinte à l'ordre successoral établi par le fonda-
« teur et aux droits des personnes appelées à en recueillir
« le bénéfice. »

L'argumentation est simple, elle se résume en cette
unique proposition : le habous est un mode spécial de
transmission des biens *post mortem*, il crée une dévolution
successorale spéciale, par suite il rentre dans la sphère
d'application de l'article 7, et à ce titre il a été maintenu
en Algérie.

Les auteurs qui soutiennent ce système lui donnent une
expression plus complète. MM. Sautayra et Cherbonneau
admettent avec M. Robe que l'ordonnance de 1844 et la
loi de 1858 avaient déjà supprimé d'une façon absolue l'inaliénabilité du habous. Au moment, disent-ils, où la loi de
1873 est intervenue, il ne subsistait donc plus en tant que
charge grevant la propriété, en tant que droit réel ; par
suite, il se trouvait en dehors des prévisions de l'article 1er
de cette loi. Depuis 1858, le habous n'avait plus qu'un seul
effet, celui de transmettre certains biens suivant une loi
spéciale de dévolution faite par le fondateur, il se rattachait donc aux règles des successions indigènes que l'article 7 prenait soin de réserver formellement.

Baudry-Lacantinerie reprend le même raisonnement (1):
« En 1873, dit-il, le habous ne constituait plus qu'un mode
« de dévolution *mortis causâ*, spécial à certains biens, et à

---

(1) Baudry-Lacantinerie, *Des Donations et testaments*, t. II, p. 623.

« ce titre étroitement lié au système successoral musul-
« man. Or, loin de proscrire ce système successoral, la loi
« de 1873 le rappelle et le confirme, puisque, dans son
« article 7, elle maintient de la façon la plus formelle aux
« indigènes musulmans le bénéfice de leur loi successorale.
« Qu'est-ce à dire, sinon que depuis la loi du 26 juillet
« 1873, comme dans la législation antérieure, le habous
« est resté ce qu'il était, c'est-à-dire une succession réglée
« par la volonté de l'homme. »

Ce raisonnement admet comme démontré que les dispositions législatives antérieures à la loi de 1873 ont profondément modifié la nature du habous et ont aboli la règle
d'inaliénabilité *erga omnes*. Mais cette idée n'est pas le
point de départ obligé de tous les partisans de cette théorie. Les arrêts qui consacrent la doctrine, plus exacte,
selon nous, d'après laquelle l'ordonnance de 1844 et la loi
de 1858 ont maintenu, pour les dévolutaires, la défense
d'aliéner et n'ont eu d'autre effet que de sauvegarder les
intérêts des tiers acquéreurs, aboutissent néanmoins à la
même conclusion. Ils décident que la loi de 1873 n'a pas
modifié cette situation. A l'appui de cette opinion, ils
reproduisent le même argument en se retranchant derrière
l'article 7, et ils soutiennent que le habous réglant la dévolution de certains biens, non seulement pendant la vie,
mais encore après la mort du constituant, pendant une
série de générations, rentre, à n'en pas douter, dans les
règles des successions.

III. Théorie de M. Robe et de M. Clavel. — M. Robe
enseigne, au contraire, que le habous constitue un droit
réel grevant l'immeuble du chef de la loi musulmane et
que, comme tel, il a été aboli d'une façon définitive par
l'article 1er de la loi du 26 juillet 1873.

Dans la première édition de son ouvrage sur les lois de

la propriété immobilière, M. Robe soutenait même que
cette suppression était générale, qu'elle s'étendait aux
immeubles que la loi de 1873 laissait en dehors de sa
sphère d'application.

On sait, en effet, que les articles 1 et 2 de cette loi consacrent une distinction importante (1). L'article 1 pose, il
est vrai, un principe qui peut paraître absolu : « L'établissement de la propriété immobilière en Algérie, sa
conservation et la transmission contractuelle des immeubles et droits immobiliers, quels que soient les propriétaires, sont régis par la loi française. »

Mais l'article suivant apporte immédiatement une restriction en déterminant quels sont les immeubles auxquels
la loi française s'appliquera :

Article 2 : « Les lois françaises, et notamment celles du
« 23 mars 1855 sur la transcription, seront appliquées aux
« transactions immobilières :

« 1° A partir de la promulgation de la présente loi pour
« les conventions qui interviendront entre individus régis
« par des statuts différents ;

« 2° A partir de la même époque, pour les conventions
« entre musulmans relatives à des immeubles situés dans
« les territoires qui ont été soumis à l'application de
« l'ordonnance royale du 21 juillet 1846 et dans ceux où la
« propriété a été constituée par voie de cantonnement ;

« 3° Au fur et à mesure de la délivrance des titres de
« propriété pour les conventions relatives aux immeubles
« désignés à l'article 3 ci-après. »

De la combinaison de ces deux articles, on a conclu que
la loi nouvelle distinguait :

    a) Les immeubles français ;

    b) Les immeubles musulmans.

(1) Robe. *Les lois de la propriété immobilière*, p. 3.

Les premiers sont ceux qui sont possédés en vertu d'un titre français, titre administratif, notarié ou judiciaire. Ils sont désormais régis par la loi française, en quelques mains qu'ils passent.

Les seconds sont ceux qui sont possédés par des indigènes dont la propriété ne repose sur aucun titre français. Ils restent soumis à la loi musulmane jusqu'au jour de leur francisation.

Or, l'abolition des droits réels d'origine musulmane n'est que la conséquence de l'application de notre statut réel aux immeubles francisés. Une fois devenue française, la terre ne peut plus être grevée de charges résultant d'une loi étrangère. Mais, réciproquement, tant qu'un immeuble reste soumis à la loi musulmane, il peut faire l'objet de tous les droits réels fondés sur cette loi. Si donc le habous est un de ces droits que la loi de 1873 a abolis, cette suppression ne peut, dans tous les cas, s'étendre aux constitutions de habous sur des terrains musulmans.

Ce point ne paraît pas contestable, la distinction des immeubles francisés et des immeubles musulmans est unanimement admise. La question de savoir si le habous a été supprimé ne saurait se poser que pour les biens auxquels la loi française devient applicable, pour les biens francisés. Aussi, dans une édition plus récente, M. Robe semble avoir abandonné tout ce que sa théorie pouvait avoir d'excessif. Il admet que le habous peut encore être établi sur des immeubles musulmans, et il exprime même l'espérance que sa théorie, ainsi réduite, sera accueillie par la jurisprudence, qui, dit-il, n'a pas encore eu l'occasion de statuer sur la constitution habous d'immeubles du statut français. Mais il ne paraît pas que la jurisprudence soit entrée dans cette voie. Lorsque la question s'est posée de savoir si un habous pouvait porter sur un

immeuble francisé, elle n'a pas hésité à admettre l'affirmative. (Tribunal de Constantine, 22 janvier 1895, *Rev.
alg.*, 1897, 2ᵉ p., p. 53. — Alger, 11 mars 1897, *Rev. alg.*,
1897, 2ᵉ p., p. 232.)

M. Robe pose la question à peu près en ces termes : Le
habous constitue-t-il un droit réel grevant l'immeuble du
chef de la loi musulmane ? Si tel est son caractère, il ne
peut peser sur les biens francisés, pas plus que le cheffaâ
et le tsenia. Le droit créé par le habous constitue un droit
réel comme celui créé par la vente et le bail. C'est même
un acte de transmission contractuelle, car la stipulation du
habous doit être acceptée par le premier institué ; bien
plus, il est nécessaire que celui-ci entre en possession des
biens habousés. Si le rite hanafite n'exige pas expressément cette condition, c'est parce qu'aux termes de ce rite,
le premier institué est le constituant lui-même, ce qui,
bien loin d'exclure les conditions de l'acceptation, ne fait
que l'affirmer davantage (1).

Il n'est pas douteux, en effet, que le droit transmis aux
dévolutaires par l'effet du habous est un droit réel, d'usufruit suivant les uns, de pleine propriété suivant les
autres. Mais cette constatation n'est pas suffisante à elle
seule pour permettre de décider que ce mode de transmission a été aboli par la loi du 26 juillet 1873 (2). Le droit
de l'héritier ou du légataire est aussi un droit réel. Or,
l'article 7 réserve formellement aux indigènes le bénéfice
de leur loi successorale, par suite l'héritier ou le légataire
d'une succession musulmane acquièrent bien un droit
réel fondé sur la loi musulmane. On pourrait objecter que
l'article 7 ne déroge pas à l'article 1 de la loi de 1873, qu'il
ne vise pas la transmission des immeubles et se borne à

---

(1) Robe, *Les lois de la propriété immobilière*, p. 30-22.
(2) Tribunal d'Alger. 8 avril 1875. — Robe. op. cit., p. 71-73.

conserver aux indigènes le droit de faire régler encore,
conformément à leurs lois, l'*ordre* de leurs successions ?
Mais cette observation permet seulement de conclure que
l'on doit suivre, dans les opérations de liquidation et de
partage successoraux, les formes prescrites par la législation française. Il n'en est pas moins vrai que c'est la loi
musulmane qui détermine la qualité d'héritier ou de légataire, le droit réel attaché à cette qualité a donc son fondement dans la loi musulmane et il subsiste en vertu de
l'article 7. La question est précisément de savoir si le
habous est une dépendance des successions et si le droit
transmis au dévolutaire a été conservé par l'article 7 au
même titre que celui conféré à l'héritier ou au légataire.

Plus loin, M. Robe modifie quelque peu son argumentation. Prenant alors le mot droit réel dans le sens plus
restreint de charge grevant un immeuble, il s'exprime
ainsi : « Le droit attaché à l'acte de habous étant évidem-
« ment du domaine de la loi musulmane, un droit originel
« incompatible avec la loi française, il s'ensuit que, comme
« le cheffaâ, il tombe sous l'application dudit article 1er et
« ne peut continuer à grever les immeubles qui deviennent
« français, ni être établis sur eux, postérieurement à leur
« francisation. On ne saurait, en effet, concevoir qu'un
« immeuble, dominé par le statut réel français, puisse être
« grevé du droit particulier *sui generis* que confère l'insti-
« tution du habous, concurremment avec une hypothèque
« du Code civil (1). »

L'argument est assez impressionnant, si l'on admet
l'opinion d'après laquelle l'interdiction d'aliéner les biens
habous subsistait encore en Algérie en 1873. On peut
toutefois s'étonner de le trouver sous la plume de M. Robe.

(1) Robe, *Les lois de la propriété immobilière.* p. 23.

N'enseigne-t-il pas autre part que, « d'après l'ordonnance
« du 1er octobre 1844, la loi du 16 juin 1855 et le décret du
« 30 octobre 1858, le droit de vendre le bien habousé a été
« concédé au bénéficiaire du habous, et que, par suite, le
« droit de propriété a été implicitement reconnu au profit
« de ce dernier? »

On est alors en droit de se demander quel est, dans ces
conditions, ce droit *sui generis*, résultant du habous, qui
grève l'immeuble aux mains du dévolutaire et porte
obstacle au fonctionnement de l'hypothèque. L'immeuble,
d'après ce système, devient aliénable et saisissable, le
dévolutaire a donc sur lui un droit de pleine propriété,
susceptible par suite de servir d'assiette à une constitution
d'hypothèque. Mais, en admettant même, comme nous
l'avons fait, que l'ordonnance de 1844 et la loi de 1858
n'aient pas donné au dévolutaire le droit de vendre
l'immeuble habousé, l'argument ne porte pas davantage.
Depuis l'ordonnance de 1844, il n'est plus exact de dire, en
effet, que le habous constitue une charge grevant l'immeuble.
L'interdiction d'aliéner les habous, n'est plus qu'une
incapacité personnelle au dévolutaire, puisqu'elle ne peut
jamais être opposée aux tiers acquéreurs.

Arrivant à l'argument de la jurisprudence, M. Robe y
répond en quelques lignes : « On objecte il est vrai, dit-il,
« que le habous fait partie de l'ordre successoral, réservé
« aux indigènes par l'article 7, et que ce n'est qu'une
« institution testamentaire portant sur une quotité dispo-
« nible spéciale. Nous avons répondu à cette objection. Le
« habous, qui, pour être valable, doit avoir un but pieux et
« constituer un don fait à Dieu est bien éloigné du testa-
« ment, dont le but tout terrestre est de donner à des per-
« sonnes que l'on affectionne. Différence absolue dans le
« caractère, dans le but, dans les conditions de constitution
« et dans la capacité. »

On pourrait souhaiter une réfutation plus complète. Sans doute, le habous se distingue du testament. Seulement de ce que habous n'est pas un testament, s'ensuit-il nécessairement, qu'il ne coexiste pas comme mode spécial de transmission des biens *post mortem* ? S'ensuit-il surtout, que le législateur de 1873, à tort ou à raison, ne l'ait pas considéré comme tel et n'ait pas entendu le conserver à ce titre, lorsqu'il a édicté qu'il n'était point dérogé aux *règles de succession* des indigènes ?

Il importe de fixer, dès maintenant, le sens de cette expression. Si par succession, il faut entendre seulement la dévolution ab intestat ou testamentaire des biens d'une personne, nous croyons que la question ne peut faire de doute, le habous échappe à cette définition, ce n'est pas un testament. Mais en réalité, la matière des successions est beaucoup plus étendue. Si nous nous en rapportons à M. Robe lui-même, elle comprend encore les donations entre-vifs. Il ne formule pas expressément ce principe, mais il ressort clairement de maints passages de son commentaire de la loi du 26 juillet 1873. C'est ainsi qu'ayant à rechercher dans quelles formes doivent être passés les actes, qui constatent les transmissions et les dévolutions immobilières, après avoir déclaré que l'on doit se conformer à la loi auquel est soumis l'immeuble, objet du contrat, il s'exprime ainsi : « Il n'y a pas d'exception à cette règle de « compétence en *matière de transmission héréditaire*. Par « suite, les testaments et *donations*, portant sur des « immeubles régis par la loi française, devront être faits « dans les formes et conditions de la loi française. »
« La capacité du testateur, du donateur, ainsi que la quo-« tité disponible sont appréciées d'après le statut personnel « musulman, *puisqu'il s'agit là de l'ordre successoral*, mais « il en est autrement de la forme de l'acte (1) ».

(1) Robe *Les lois de la Propriété Immobilière*, p. 9, 67.

Et plus loin : « Nous devons donc conclure que la dona-
« tion et le testament, *qui sont des moyens de transmission*
« *héréditaire*, ne peuvent résulter d'actes de cadis ou de
« témoignages, si l'hérédité est composée d'immeubles
« régis par la loi française. »

Si donc, les donations musulmanes font partie des règles
des successions, elles rentrent dans la disposition de
l'article 7. Par suite, le habous a été maintenu en tant
qu'il constitue un mode spécial de donation. Comme la
donation c'est un contrat à titre gratuit portant translation
de propriété.

Pour M. Robe, il en diffère parce qu'il consiste en un don
fait à Dieu et qu'il n'a pas pour but de gratifier certaines
personnes. A ce compte, le système de la jurisprudence
serait mieux fondé à tirer argument de cette remarque.
C'est, en effet, par respect pour les traditions religieuses et
de famille des musulmans, qu'à été inscrite dans la loi de
1873 l'exception de l'article 7 ; or le habous, à n'en pas
douter, a son fondement dans ces traditions éminemment
respectables. De plus il n'est peut-être pas tout à fait exact
de soutenir que le fondateur du habous n'a pas l'intention
de faire une libéralité à certaines personnes. C'est là, au
contraire, le but qu'il se propose le plus ordinairement, et
en fait, l'intention pieuse, n'est le plus souvent que l'accessoire obligé de la constitution.

M. Robe ajoute enfin un dernier argument : « Si le
« habous pouvait, dit-il, être établi sur des biens régis par
« la loi française, l'acte constitutif devrait être rédigé par
« un notaire, puisque le cadi est absolument sans pouvoir
« pour rédiger des actes concernant des immeubles français,
« que ces immeubles fassent ou non partie d'une hérédité
« à liquider. Voyez-vous l'intervention de l'officier public
« français, pour dresser un acte dont l'objet est un don

« fait à Dieu ? Est-ce que cette intervention a été prévue
« par la loi musulmane organique du habous. Est-ce que
« cette intervention, certainement condamnée par le législa-
« teur musulman, ne serait pas suffisante pour rendre l'acte
« nul et le habous sans effet (1) » ?

Ainsi il ne s'agit plus de l'abolition expresse du habous
par l'article 1er de la loi de 1873, mais seulement de sa suppression indirecte résultant de l'impossibilité pour le fondateur d'observer les formalités prescrites par la loi musulmane. Remarquons tout d'abord que cette observation
ne s'applique qu'aux constitutions de habous postérieures
à la loi de 1873 ; elle ne peut avoir de portée en ce qui
concerne les habous constitués antérieuement. De plus, en
admettant que cette loi ait entendu imposer l'intervention
d'un officier public français pour toute transmission d'immeubles francisés, cela rend-il désormais les constitutions
de habous impossibles ? S'il est exact que la loi française
ait voulu faire une telle violence aux mœurs et aux idées
des indigènes, force leur est de soumettre. Mais il n'est ni
logique, ni équitable d'aggraver ces dispositions. Il serait
profondément injuste, après avoir mis les indigènes dans
l'impossibilité de se conformer sur ce point à leur loi
nationale, de venir leur en faire un grief, et, au nom de
cette loi que nous même avons profondément modifiée,
prétendre leur enlever le bénéfice des concessions que la
loi de 1873 pourrait leur avoir laissées.

Au reste, pour apprécier le caractère pieux d'un habous,
ce n'est pas à la forme de l'acte constitutif qu'il faut s'attacher. Le rite malékite n'impose, nous l'avons vu, aucune
forme sacramentelle, il admet l'institution de habous, par
simple parole. Ce qui importe, c'est que l'intention pieuse

_____

(1) Robe. *Les lois de la Propriété Immobilière*, p. 24.

du fondateur apparaisse manifeste. Le notaire, en suppo-
sant que son ministère soit nécessaire, ne ferait que constater cette intention. Son intervention n'aurait pour but,
que d'assurer à l'acte une authenticité plus grande à notre
point de vue, peut-on dire qu'elle constitue une souillure
qui entraine la nullité de l'institution elle-même ?

Il y a plus, nous croyons que les cadis ont conservé en
Algérie le droit de dresser les actes de habous. L'article 58
du décret du 17 avril 1889 dispose que les actes publics
entre musulmans sont reçus, suivant le choix des parties,
par les cadis ou notaires français. « Cette disposition, écrit
« M. Pouyanne (1), est trop absolue dans ces termes : en
« la corrigeant par l'article 1er (2) du même décret, on voit
« qu'il y a d'abord certains actes pour lesquels les notaires
« français sont seuls compétents. Ce sont les actes de pure
« loi française. Une hypothèque, même sur un immeuble
« non francisé, doit être consentie devant un notaire fran-
« çais. Au contraire, il existe certains actes pour lesquels
« les cadis sont seuls compétents, à l'exclusion des notaires,
« *même sur les immeubles français;* ce sont ceux qui ont un
« caractère religieux, comme les constitutions de habous. »

Ce qui vient corroborer cette manière de voir, c'est le
n° 42 du tarif annexé au même décret, qui attribue au
cadi un droit de dix francs pour chaque acte de constition de habous, ce qui prouve bien que c'est à lui qu'il
appartient de dresser ces actes, sans distinction entre les
immeubles francisés et musulmans.

(1) Pouyanne. *La propriété foncière en Algérie.* p. 283.
(2) Décret du 17 avril 1889. Art. 1er : Les musulmans résidant en
Algérie, non admis à la jouissance des droits de citoyens français,
continueront à être régis, par leurs lois et coutumes, en ce qui
concerne leur statut personnel, leurs successions, ceux de leurs
immeubles dont la propriété n'est pas établie conformément à la
loi du 26 juillet 1873, ou par un titre français administratif, notarié
ou judiciaire.

M. Clavel a reproduit la théorie de M. Robe. Il est même allé plus loin, car, reprenant le système professé en premier lieu par cet auteur, il soutient que la loi du 26 juillet 1873 a aboli d'une façon absolue le habous en Algérie, aussi bien sur les immeubles régis par la loi française, que sur ceux régis par la loi musulmane. « Cette opinion, dit-il, ne nous paraît nullement excessive, en présence du § 1 de l'article 1er ainsi conçu ; « L'établissement de la propriété « en Algérie, sa conservation et la transmission contrac- « tuelle des immeubles et droits immobiliers, quels que « soient les propriétaires, sont régis par la loi française. »

Nous avons déjà réfuté cette manière de voir : malgré son apparente généralité, la loi de 1873 n'est pas applicable à tous les immeubles d'Algérie. L'article 2 vient immédiatement délimiter et restreindre la portée du principe inscrit dans l'article 1er. Il ne soumet à la loi française que les biens reposant sur un titre français et laisse les immeubles musulmans régis par la loi musulmane. On ne peut donc soutenir que la loi de 1873 ait interdit les constitutions de habous sur ces immeubles qui, par définition même, échappent à son action. Il ne peut y avoir de difficulté qu'en ce qui concerne les immeubles francisés, et c'est à ce point de vue seulement que nous nous placerons.

« Toute la question, écrit M. Clavel, se réduit à recher- « cher si le habous fait partie du statut successoral ou du « statut réel immobilier... Nous avons consacré tout notre « premier chapitre à démontrer que le habous fait partie « du statut réel immobilier, qu'il ne touche ni de près ni « de loin au statut personnel ou successoral. » Le corollaire de ce principe c'est que la loi de 1873, en plaçant la propriété en Algérie sous l'empire du statut réel français, a aboli le habous qui fait partie du statut réel musulman (1)

(1) Clavel, op. cit., t. II, p. 276.

Au début de son ouvrage, M. Clavel étudie, en effet, fort longuement la question de savoir si le habous ressortit au statut personnel ou au statut réel. Il ne produit pas moins de douze arguments pour démontrer qu'on doit le rattacher au statut réel. Cette démonstration est, selon ses propres expressions, la clef de toute étude sérieuse sur le habous ; elle lui permet de résoudre ensuite, comme on le voit, toutes les questions qui peuvent se présenter lorsqu'il s'élève quelque difficulté d'interprétation.

Ainsi, c'est à la théorie générale des statuts qu'il faut demander la solution de la question qui nous occupe. On sait combien cette théorie a été critiquée de nos jours et combien de systèmes plus juridiques ont été proposés en échange par les auteurs, notamment par Savigny, Despagnets, Weiss, etc. C'est qu'en effet la distinction des statuts manque de base bien précise : il n'existe pas de critérium absolu permettant de délimiter nettement le domaine du statut réel ou du statut personnel.

Ici la question se complique encore. Au moment où a été rendue la loi de. 1873 on admettait que tout ce qui touche aux successions, aux donations, aux substitutions devait être rattaché au statut réel. Aubry et Rau s'expliquent formellement sur ce point : « On doit, disent-ils, « considérer comme dépendant du statut réel les règles « relatives à la prescription acquisitive, à la dévolution « *ab intestat* des successions régulières ou irrégulières, « ordinaires ou anomales, aux successions testamen- « taires, etc. On doit également considérer comme ren- « trant dans le statut réel les lois qui, par des motifs de « justice ou par des considérations d'économie sociale, « prohibent certains modes de disposition ou restreignent « la faculté de disposer à titre gratuit, soit d'une manière « absolue, soit à l'égard de certaines personnes seulement.

« C'est ainsi que les dispositions qui prohibent les dona-
« tions entre vifs de biens à venir et les substitutions,
« comme aussi les dispositions qui règlent la quotité de
« biens disponibles, soit ordinaire, soit exceptionnelle et
« en particulier celles des articles 762 à 764 et 908 font par-
« tie du statut réel (1). » Demolombe est non moins explicite : « La loi sur la transmission des biens *ab intestat* est
« réelle. Il faut en dire autant sur la réserve et la quotité
« des biens disponibles. Je pense qu'on doit ranger dans
« la catégorie des lois réelles celles qui prohibent les subs-
« titutions..., toutes les lois enfin qui ont pour but la
« transmission, la conservation des biens dans les familles,
« la défense de disposer de tout ou partie de ses biens ou
« d'une certaine espèce de biens au préjudice de certaines
« personnes (2). »

Depuis, il est vrai, ce point de vue tend à se modifier.
La jurisprudence de nos tribunaux en Tunisie décide
notamment que les successions, même immobilières, sont
régies par la loi nationale du *de cujus*, rentrent par conséquent dans le statut personnel. Mais les rédacteurs de la
loi de 1873 n'ont pas entendu s'écarter des principes alors
admis : « Tout ce qui tient aux successions est du statut
réel, écrit M. Robe dans son Commentaire de la loi de
1873 (3), mais il touche par plusieurs côtés aux conditions
de l'état civil. Les lois de succession des musulmans sont
en harmonie avec l'organisation et le caractère de la
famille, avec leurs mœurs et leurs usages ; elles contiennent des règles appropriées à la pluralité des femmes, à la
distinction des enfants; on devait donc les maintenir. » La
conséquence de cette idée se trouve dans un jugement du

(1) Aubry et Rau. *Droit civil français*, t. I, p. 136.
(2) Demolombe. *Cours de code civil*, t. I, p. 86-87, n° 79-83.
(3) Robe, op. cit., t. II, p. 276.

tribunal d'Alger à peu près contemporain de la loi de 1873 que rapporte M. Robe. Ce jugement, en date du 8 avril, 1875, décide que le législateur en maintenant aux indigènes le bénéfice de leur loi successorale n'a pas voulu déroger au principe posé dans l'article 1er, seulement s'il a cru nécessaire d'ajouter à l'article 7 une disposition expresse en ce qui concerne les successions, c'est qu'alors on les rattachait au statut réel. Il y avait lieu de craindre que l'on ne tirât argument de cette théorie pour soutenir que la loi nouvelle enlevait aux indigènes le bénéfice de leur loi successorale.

M. Clavel, pour démontrer que le habous ressortit au statut réel et a été comme tel aboli par la loi de 1873, s'attache surtout à établir qu'il se différencie essentiellement des donations, des substitutions et des testaments. Il oublie qu'au moment où la loi de 1873 a été promulguée ces institutions étaient elles-mêmes rangées dans le statut réel.

De plus, la question de savoir si le habous rentre dans le statut réel ne nous paraît pas comporter de réponse absolue. A raison de la complexité des rapports de droit auxquelles elles donnent lieu, les institutions juridiques, prises dans leur ensemble, ne se présentent pas avec une homogénéité telle qu'on puisse les cataloguer avec cette rigoureuse précision. Elles se composent en réalité de plusieurs dispositions juridiques qui, les unes rentrent dans le statut personnel, les autres dans le statut réel.

La jurisprudence soutient que le habous tel qu'il subsistait en 1873 ne constituait plus qu'une modalité des successions. Il ne suffit pas pour lui répondre d'établir que le habous, d'après la loi musulmane, n'est ni un testament, ni une donation, ni une substitution. Il faudrait démontrer qu'il n'apparaissait pas au législateur comme une forme spéciale de transmission des biens de la famille. Il est, en effet, un point dont on ne tient pas assez compte dans cette discussion, l'intention du législateur. Quand on se reporte aux travaux préparatoires de la loi, on voit qu'il a été à peine parlé du habous. Le rapport de M. Warnier est absolument muet sur ce point. Au cours de la discussion qui s'ouvrit ensuite devant l'Assemblée nationale, une rapide allusion y fut faite par un des orateurs, M. Humbert, qui, faisant l'historique des lois précédentes, se borna à rappeler que la loi du 16 juin 1851 avait profondément modifié le habous. Mais il ne fut à aucun moment question du sort que la loi nouvelle allait faire à cette institution. Ce silence est d'autant plus significatif que l'article 1er fut longuement discuté devant l'Assemblée. La discussion porta principalement sur le droit réel de cheffaâ, mais du habous, qui avait tout au moins autant d'importance, il fut à peine soufflé mot.

N'est-on pas fondé alors à soutenir que si le législateur de 1873 avait entendu abolir une institution aussi répandue et aussi profondément enracinée dans les mœurs, il n'eut pas manqué de s'en expliquer. En réalité, il ne s'est pas même posé la question. A cette époque tout le monde considérait le habous comme une forme spéciale de disposition testamentaire. Nous n'en voulons pour preuve que l'unanimité avec laquelle tous les tribunaux algériens se prononçaient dès le lendemain de la promulgation de la loi. M. Robe lui-même ne s'oubliait-il pas, quelques années plus tard, à écrire, à propos des dérogations apportées au habous par les lois françaises antérieurement à 1873 : « le principe de l'inaliénabilité fut détruit par l'ordonnance de 1844, la loi de 1851, et finalement par le décret du 30 octobre 1858. Désormais le but pieux et la pensée religieuse manquant d'objet, *le habous ne sera plus en réalité qu'une forme de testament* (1). »

(1) Robe. Origine de la propriété immobilière en Algérie, p. 59.

IV. PORTÉE DE LA LOI DE 1873. — En résumé, la loi de 1873 a conservé ce qui touche à la liberté de conscience, à la religion, à la vie intime de la famille indigène. Elle a aboli les règles contraires aux lois françaises relatives au régime foncier.

Faisant l'application de ces idées au habous, il est facile dès lors de déterminer l'étendue des modifications que le législateur de 1873 a fait subir à cette institution. Il l'a maintenue en tant qu'elle se rattache à la constitution familiale et religieuse des indigènes. Il l'a supprimée en tant qu'elle pourrait former un obstacle au fonctionnement des lois françaises qui régissent la propriété.

Or, tel qu'il subsistait en 1873, le habous n'apportait plus aucune entrave à l'application de ces lois. Comme on l'a vu, par l'effet de l'ordonnance de 1844 et du décret du 1858 les immeubles habousés étaient devenus aliénables, au moins à l'égard des tiers. Ils pouvaient donc être hypothéqués, saisis, vendus, en un mot être soumis à toutes les charges et servitudes de notre droit et faire l'objet de tous les contrats reconnus par la loi française. Il est vrai toutefois que les dévolutaires ultérieurs avaient, à notre avis, un recours contre le bénéficiaire qui les avait ainsi frustrés; mais ils ne pouvaient exercer aucune poursuite contre l'immeuble lui-même, objet du habous, et ne pouvaient par suite inquiéter les tiers qui avaient acquis des droits sur cet immeuble. Le habous ainsi transformé n'apparaissait plus au législateur de 1873 que comme un mode spécial de transmission des biens par lequel le fondateur attribuait de son vivant tout ou partie de son patrimoine à certaines personnes suivant un ordre déterminé de dévolution. Cette forme particulière de disposer intéressait au même point que les successions proprement dites l'économie de la famille musulmane et les traditions religieuses.

Sans doute le habous, même envisagé à ce point de vue, n'est pas un testament, car, à la différence du testament, le fondateur se dépouille de son vivant, au moins quant à la nue-propriété, mais c'est le correctif indispensable du testament. Il permet, en effet, d'échapper à ce que la loi successorale a de trop rigoureux, car, autant la faculté de disposer par testament est restreinte, autant la liberté du fondateur de habous reste entière. Si, comme il n'est pas douteux, les lois relatives à la réserve et à la quotité disponible font partie des règles des successions, il faut bien y faire rentrer les dispositions qui ont précisément pour but de modifier dans certains cas cette quotité disponible, c'est-à-dire le habous.

De plus, le habous, considéré comme mode de disposer, se rapproche trop des substitutions de notre ancien droit, qui ont toujours été rattachées aux lois successorales, pour que le législateur de 1873 ait pu, en laissant aux indigènes le bénéfice de leur loi successorale tout entière, les priver de la faculté de substituer leurs biens au moyen du habous.

Le Code civil français a prohibé les substitutions de notre ancien droit pour deux motifs : le premier, c'est que l'ordre successif spécial qu'elles permettaient d'établir était contraire au principe fondamental de notre droit successoral, issu de la Révolution : l'égalité entre les enfants d'un même père. Le législateur de 1873 n'avait pas à s'arrêter à cette considération, puisqu'il réservait aux indigènes leur système de dévolution héréditaire. De plus, les subtitutions étaient contraires au principe de libre circulation des biens qui régit la propriété en France. Par ce point, elles touchaient aux lois du statut réel. Elles avaient, en effet, pour résultat d'immobiliser les biens substitués. Non pas que les grevés se soient toujours fait un scrupule de ne pas chercher à vendre les biens qu'ils étaient chargés de conserver et de rendre, mais ils ne trouvaient pas d'acheteurs, car personne ne se souciait d'acquérir des droits essentiellement résolubles. S'il en eut été ainsi des habous, nul doute que la loi du 26 juillet 1873, qui place la propriété algérienne sous l'empire du statut réel français, n'ait supprimé l'inaliénabilité des biens habousés. Mais déjà l'ordonnance de 1844 et la loi de 1858 avaient disposé que les tiers acquéreurs de biens habous ne pourraient plus être inquiétés et qu'aucune cause de résolution fondée sur le droit musulman ne leur était opposable. Par l'effet de ces textes, ces biens ont été replacés dans le commerce, et, en 1873, il n'existait plus de motif pour supprimer l'institution du habous comme formant un obstacle aux lois qui régissent la propriété en France.

Il eut été inutile et vexatoire de supprimer ainsi radicalement une institution à laquelle les indigènes étaient profondément attachés. L'origine et le caractère religieux du habous, les tempéraments qu'il apportait à la rigueur des lois successorales, édictées par le Coran, expliquent suffisamment l'intérêt qu'il y avait à le conserver sous la forme atténuée qu'il avait en 1873. Telles qu'elles sont inscrites dans le Coran, les règles des successions fixent trop minutieusement la part de chaque héritier, elles ne laissent pas assez de liberté au testateur. Les Arabes ne pouvaient guère s'accommoder de prescriptions aussi étroites. Spontanément naquit et se développa une institution qui fournit aux musulmans, tout en se conformant à la loi religieuse, la faculté de se soustraire à cette réglementation excessive. Ce fut la raison d'être principale du habous, la cause de la faveur dont il jouit de tous temps. Le législateur de 1873 l'a compris, il a maintenu le habous en tant qu'il forme le complément naturel du droit successoral musulman.

Nous croyons donc que la loi du 26 juillet 1873, respec-
tueuse des mœurs et des traditions musulmanes, n'a pas
aboli le habous, qu'elle l'a laissé subsister dans la mesure
où il ne porte pas obstacle aux lois françaises constitutives
de la propriété. Par suite, les indigènes peuvent encore à
l'heure actuelle constituer habous même des immeubles
francisés et déterminer ainsi par avance l'ordre successif
dans lequel ils seront transmis à leurs descendants.

V. État actuel du habous en Algérie. — Ceci dit, il
importe de préciser les conditions suivant lesquelles fonctionne désormais le habous algérien.

Les conditions de capacité requises dans la personne
soit du fondateur, soit des bénéficiaires, n'ont certainement pas été modifiées. Ce sont là, à n'en pas douter,
matières de statut personnel.

En ce qui concerne l'étendue des droits des dévolutaires,
nous retrouvons ici la même difficulté que nous avons
examinée à propos de l'interprétation de l'ordonnance de
1844 et du décret de 1858. Doit-on décider que le dévolutaire, possesseur d'un bien habous, peut l'aliéner au même
titre qu'un propriétaire et s'en attribuer le prix, ou bien
qu'il n'a pas le droit d'en disposer contrairement aux intérêts des bénéficiaires ultérieurs ?

Il faut bien reconnaître que la première opinion peut
reprendre ici son argumentation avec plus de force : le
législateur de 1873, en soumettant les immeubles à la loi
française, a voulu accessoirement restreindre les biens de
mainmorte et empêcher leur reconstitution. Toutefois nous
ne croyons pas que le second système aille forcément à l'encontre de ce résultat, et qu'il ne puisse encore se défendre.

Les bénéficiaires, en effet, ne sont pas propriétaires, ils
n'ont rien que la jouissance. La substitution faite, par le
fondateur du habous, à leur profit, porte, non pas sur la

pleine propriété, mais sur la jouissance seule. Rien ne prouve que le législateur ait voulu transformer aussi radicalement la nature du droit des dévolutaires. Il n'avait pas besoin d'aller jusqu'à attribuer aux dévolutaires un droit de propriété pour enlever à l'institution ses inconvénients économiques et empêcher les biens habousés d'être mis hors du commerce. Il suffisait d'édicter la validité des aliénations de biens habous, c'est ce qu'avait fait la loi de 1858. Le bénéficiaire actuel a bien le droit d'aliéner, mais non de s'approprier le prix. Les dévolutaires ultérieurs conservent un recours contre lui pour le forcer, soit à faire emploi de ce prix, soit à le convertir en un nouvel usufruit. Remarquons, que l'exercice de ce droit ne fait nullement obstacle à la liberté des transactions. D'une part, les tiers qui contractent avec le bénéficiaire acquièrent un droit indiscutable sur l'immeuble et ne peuvent être inquiétés. D'autre part, le bénéficiaire conserve son droit d'usufruit, soit sur le prix de vente, soit sur l'immeuble acquis en remploi, il n'hésitera donc pas à aliéner le bien habous si cette opération lui paraît avantageuse.

Le bénéficiaire qui aliène doit être réputé comme agissant au nom des autres ayants droit. Vis à vis des dévolutaires ultérieurs, c'est un *negotiorum gestor*. Par suite, si ceux-ci estiment que l'aliénation leur est préjudiciable, ils ont qualité pour intervenir et faire défense au bénéficiaire de vendre l'immeuble. C'est ce que la Cour d'Alger, réformant sa jurisprudence (arrêt du 25 novembre 1878), a décidé par un arrêt du 3 novembre 1885. (1)

Mais la vente consommée, il est trop tard, l'acheteur est, par l'effet du contrat, devenu propriétaire incommutable; si le prix a été payé et a été dissipé par le vendeur, les

(1) Tilloy, *Répertoire* v° Habous, n° 94.

dévolutaires se trouvent dépouillés. Ils auraient, toutefois comme dernière ressource, le droit d'intenter une action en dommages-intérêts contre le bénéficiaire infidèle.

Les mêmes règles doivent s'appliquer par analogie en matière de constitution d'hypothèque. Le créancier, à qui une hypothèque a été consentie par le bénéficiaire sur l'immeuble habousé, peut, s'il n'est pas payé, poursuivre, la saisie et la vente de l'immeuble affecté à la sûreté de sa créance. Il est investi d'un droit de préférence et d'un droit de suite auquel ne peuvent faire obstacle les dévolutaires futurs. Mais ceux-ci doivent avoir les mêmes garanties qu'au cas d'aliénation volontaire. Ils peuvent, par suite, croyons-nous, faire défense au bénéficiaire d'hypothèque, le contraindre à faire emploi au profit de l'immeuble des sommes empruntées, au besoin, l'actionner en dommages-intérêts s'il a détourné les fonds à son profit exclusif.

Mais, dans les rapports avec les tiers, les dévolutaires ultérieurs ne peuvent se prévaloir de leurs droits. En réalité, la loi française leur a enlevé les garanties qui leur en assuraient la conservation, ils n'ont plus qu'un droit éventuel de jouissance, subordonné à la bonne foi du bénéficiaire.

En fait d'ailleurs, il ne paraît pas que des abus se soient produits, « les indigènes, dit M. Pouyanne, ont continué « à respecter entre eux autant que cela leur est possible, « cette inaliénabilité qui tient à la loi religieuse, à laquelle « ils sont profondément attachés. Non seulement ils ont « une extrême répugnance à vendre des habous à un Eu- « ropéen, mais encore, lorsqu'un habous a été vendu judi- « ciairement par suite d'une licitation, survenue à la « requête d'un créancier de l'un des co-propriétaires ou « co-bénéficiaires, ceux-ci achètent souvent un autre im-

« meuble destiné à remployer le premier qui a été vendu
« en justice (1) ».

Dans quelle forme le habous doit-il être désormais constitué lorsqu'il porte sur des immeubles soumis à la loi
française ? La loi musulmane n'impose, comme nous l'avons
vu, aucune forme sacramentelle. Mais le habous emporte
transmission au profit des dévolutaires d'un droit réel de
propriété ou d'usufruit. S'il s'agit d'un immeuble francisé, cette transmission devra être constaté par écrit, par
acte du cadi (2), à raison du caractère pieux de l'acte. Cette
solution a l'avantage de ne pas violer ouvertement les
mœurs et les traditions des indigènes.

D'ailleurs, la tendance actuelle paraît être de restituer
aux cadis leurs attributions, lorsque l'ordre public et les
intérêts français ne s'y opposent pas. La loi du 16 février
1897 est venue en effet réformer sur ce point la loi de 1873 ;
elle a décidé dans son article 16 que les transactions entre
indigènes, concernant même des immeubles francisés,
pourront dans les territoires déterminés par arrêté du
Gouverneur général, tant que ces immeubles demeureront
entre les mains des indigènes, avoir lieu par acte du ministère des cadis.

Quelle est la juridiction compétente pour statuer en
matière de habous ? La juridiction française n'a pas hésité
à se saisir de la connaissance de ces litiges, et M. Clavel y
voit une singulière contradiction, un nouvel argument à
l'appui de sa thèse. « Tout ce qui a trait au statut personnel ou successoral des indigènes étant réservé aux cadis,
les tribunaux français ayant toujours renvoyé devant les
magistrats musulmans toutes questions se rapportant à la
dévolution successorale, n'est-il pas évident que cette

---

(1) Pouyanne, op. cit., p. 311.
(2) *Ibid.*, p. 336.

jurisprudence constante depuis plus de soixante ans, qui n'a jamais été contestée et qui attribue aux tribunaux français toute la matière du wakf, est l'argument le plus convaincant qui se puisse donner, et qu'il en ressort clairement que cette matière ne ressortit nullement au statut personnel ou successoral mais bien au statut réel immobilier (1). »

Ce raisonnement repose sur une inexactitude. S'il est exact de dire que les cadis sont compétents pour connaître des questions du statut personnel, il est exagéré de dire qu'ils sont également compétents pour tout ce qui a trait au statut successoral. Dès qu'un immeuble est francisé, il est soumis à la compétence française pour tout ce qui concerne sa transmission héréditaire ou autre. C'est ainsi que c'est à la juridiction française qu'il appartient de connaître de la validité d'un testament fait par un musulman et portant sur un immeuble francisé. C'est elle encore qui est compétente pour trancher les actions en licitation et partage d'immeubles dépendant d'une succession musulmane et régis par la loi française (2).

L'objection de M. Clavel ne porte donc pas, et la jurisprudence algérienne ne fait qu'être logique avec elle-même, en réservant aux tribunaux français la connaissance des questions de habous intéressant des immeubles francisés.

M. Robe va même plus loin : en matière successorale, il admet la compétence du juge français même lorsque l'immeuble est musulman. « Si les contestations ont pour objet la validité d'une donation, d'un *testament* ou d'un habous, ne portant pas bien entendu sur des immeubles

---

(1) Clavel, op. cit., t. I, p. 65.

(2) Dalloz. *Sup. au Rép.* V. Organisation de l'Algérie, p. 789, et l'article de M. Leclerc dans la *Revue algérienne et tunisienne*, 1886, I, p. p. 199.

français, c'est le juge de paix qui est compétent. Au contraire, pour ce qui intéresse le statut personnel, proprement dit. la capacité héréditaire, la filiation, la quotité disponible, le quantum des parts héréditaires, c'est le cadi
qui doit statuer (1) ».

VI. Conclusion. — L'institution du habous en Algérie a
été profondément modifiée et, il faut bien l'avouer, on a
quelque peine à la reconnaître sous l'aspect qu'elle revêt
aujourd'hui. D'une part, la substitution de l'Etat français
aux établissements religieux, dévolutaires définitifs, a porté
atteinte au caractère pieux de l'institution. D'autre part,
en édictant la validité des aliénations consenties par le
bénéficiaire en possesion, le législateur a supprimé en
fait la règle de l'inaliénabilité.

Ces modifications se justifient aisément. Pour attirer en
Algérie les capitaux et le travail français, indispensables
au succès de sa colonisation, il était nécessaire de donner à
la propriété une base assurée, et de faciliter les transactions immobilières. Tout était à faire, et les obstacles à
vaincre étaient considérables : la condition mal définie du
régime foncier arabe, l'absence de titres constatant la
nature des droits des occupants, devaient retarder pendant
longtemps la constitution de la propriété. A l'heure actuelle,
quelle que soit l'importance des résultats, l'œuvre n'est
pas achevée. Faute d'avoir pu s'entendre sur l'adoption
d'une refonte de la loi foncière, on en est réduit aux pallia-
tifs (2). Il importait tout d'abord de supprimer les entraves

(1) Robe. *Les lois de la propriété immobilière en Algérie*, p. 60-73, 224.
(2) On sait que M. Franck Chauveau, au nom de la Commission
d'études algériennes du Sénat, a déposé, le 29 mars 1893, un rapport
qui précédait un projet de loi sur l'introduction en Algérie de l'immatriculation, analogue au système qui fonctionne en Tunisie. Cette
réforme parut trop radicale et on se borna à discuter les modifications à apporter aux lois de 1873 et de 1874 (Séance du 15 et 16 février 1894). Il en résulta un projet de loi qui fut voté devant le

que des institutions locales apportaient à la sécurité et à la
liberté des contrats immobiliers. Il fallait donc rendre au
commerce les terres immobilisées par suite de habous. Il
a suffi pour cela de valider les aliénations de biens habous.
Mais le législateur n'a pas prononcé l'abolition complète
de l'institution. Il l'a respectée en tant qu'elle intéresse le
système successoral, qu'elle permet de créer, comme nos
anciennes substitutions, un mode de dévolution héréditaire spécial. La colonisation n'avait rien à gagner au
bouleversement de la constitution de la famille arabe.

Il ne faut d'ailleurs pas s'exagérer l'importance des modifications apportées par la loi française au habous, croire
qu'elle a accompli une véritable révolution, en proclamant l'aliénabilité des biens sur lesquels il porte. Elle n'a
fait en réalité que précipiter une évolution naturelle.
Quelle que soit la rigidité de législation musulmane, l'autorité qu'elle puise dans son caractère religieux, elle était
impuisante à arrêter indéfiniment le développement du
droit d'un peuple. L'institution du habous n'a pas cessé
de se transformer depuis son origine. Nous avons vu en
effet, combien elle a dévié de son but primitif. Tout d'abord,
elle constituait uniquement une dotation charitable ou
religieuse. L'inaliénabilité des biens qu'elle comprenait en
était la conséquence naturelle, car de tout temps, dans les
sociétés encore peu développées, le patrimoine des établissements ecclésiastiques ou de bienfaisance n'a pu être
aliéné. Peu à peu le but pieux perdit de son importance,

Sénat le 16 février. La Chambre l'adopta à son tour sur le rapport
de M. Pourquery de Boisserin, du 4 juillet 1895 et la loi fut définitivement promulguée le 17 février 1897. Cette loi organise une procédure judiciaire de partage très supérieure à celle qui était usitée
antérieurement, elle facilite la constitution de la propriété par
mesure particulière et volontaire. Mais elle ne peut être considérée
que comme un acheminement à la réforme totale de l'organisation
foncière en Algérie.

l'intention charitable ne fut plus la raison finale de la libéralité, mais seulement la condition indispensable à l'établissement d'un ordre spécial de dévolutaires. Le rite
malékite, en autorisant la constitution des habous temporaires, supprima la nécessité de désigner une œuvre pie,
comme dévolutaire définitif, et enleva en réalité à l'institution son caractère pieux.

De même, la défense d'aliéner les biens habous n'a pas
tardé à recevoir d'importantes dérogations. La loi musulmane en autorise l'échange, la vente à charge de remploi
ou moyennant une rente foncière perpétuelle. Au moment
de la conquête d'Algérie, le contrat d'ana était le mode
normal de disposition de ces biens. Malheureusement, il
devint bientôt un instrument dangereux de spéculation et
pour couper court aux abus, la loi française dut en prononcer l'abolition.

En même temps, pour corriger les inconvénients du
habous, qui reparaissaient par le fait de cette suppression,
elle édicta la validité des aliénations consenties sur des
biens habous. Cette réforme n'était pas prématurée, elle
était en harmonie, non seulement avec les besoins de notre
colonisation, mais avec les tendances des indigènes. Notre
intervention a eu pour résultat, de précipiter le mouve-
vement qui devait amener la disparition d'un obstacle à
la libre circulation des biens, partant à la mise en valeur
du sol.

Nous ne pouvons donc nous associer aux conclusions de
M. Mercier qui, constatant avec raison que le habous,
depuis longtemps détourné de son but réel, ne sert plus
au musulman, qu'à tourner les dispositions de la loi successorale, semble désireux de le voir disparaître : « sous le
« manteau de la doctrine d'Abou-Yousef, l'institution,
« dit-il, est devenue une hypocrite supercherie, au moyen

« de laquelle, l'intérêt des pauvres et de la religion a été
« sacrifié à l'intérêt particulier. L'ingéniosité des fonda-
« teurs a su l'employer à divers buts ; mais le principal,
« celui qui détermine les dix-neuf vingtièmes des habous,
« est d'échapper aux règles de la loi successorale, fixées par
« le Coran, d'écarter les conjoints et les femmes de l'héré-
« dité, et d'avantager des personnes, en écartant les autres
« de la succession. »

« C'est plus qu'une iniquité, c'est un sacrilège, une viola-
« tion de la loi musulmane (1). »

Nous avouons ne pas partager cette indignation. C'est
précisément parce que l'institution du habous n'est pas
une création arbitraire du législateur, mais une institution
spontanée, adaptée au milieu dans lequel elle a pris naissance, qu'elle nous paraît devoir être conservée. La force
avec laquelle elle s'est imposée montre que, sous cette nouvelle forme, elle correspondait bien aux besoins et aux
aspirations des musulmans, gênés par les prescriptions trop
étroites du Coran. Il ne nous appartient pas de nous poser
en protecteurs de l'orthodoxie musulmane menacée. Nous
n'avons pas à chercher la justification du habous dans la
doctrine du Prophète. Par cela seul qu'il existe, qu'il s'est
naturellement développé, le habous doit être maintenu, en
tant au moins qu'il ne porte pas obstacle à la colonisation.

(1) Mercier. Nouvelle étude sur le habous. *Rev. alg.* *1897*, 2 p.
p. 121.

TROISIÈME PARTIE

LE HABOUS EN TUNISIE

CHAPITRE PREMIER

Aperçu général.

I. Notions historiques.
II. Condition des terres en Tunisie au moment de l'occupation. — Les habous. — Division du sujet.

I. Notions historiques. — Il n'y a pas vingt ans que la Tunisie est soumise au protectorat français, et déjà elle est en mesure de soutenir une comparaison avantageuse avec sa puissante voisine, l'Algérie. La fortune de notre jeune colonie a été singulièrement rapide. Elle n'a connu ni ces insurrections sanglantes, ni ces tâtonnements administratifs qui ont pendant longtemps retardé la colonisation algérienne. A l'heure actuelle, le pays est à l'abri de ces agitations que créent en Algérie des haines de races si imprudemment attisées.

Dès le début de l'occupation, les capitaux français se sont portés en Tunisie. Il s'y est ainsi formé tout d'abord un noyau de colons d'élite, capables d'ouvrir la voie à ceux qui viennent aujourd'hui s'installer avec des ressources plus modestes.

En peu d'années l'ordre a été rétabli dans les services publics, la propriété foncière a été organisée sur des bases solides, enfin à aucun moment la sécurité n'a été sérieusement menacée.

Sans doute tous les rêves n'ont pas encore été réalisés. Il y a eu des illusions déçues, partant des mécontentements, il a fallu compter avec la réaction qui suit les enthousiasmes trop prompts. Mais devant l'amertume de certaines critiques, il ne faut pas oublier que la Tunisie sort à peine de la période de création, que son outillage économique n'est pas encore achevé, et que, s'il reste encore beaucoup à faire, les résultats acquis sont déjà considérables.

Ce rapide développement est dû à la sagesse et à la prudence de nos gouvernants, qui ont su profiter des leçons du passé, et, au lieu d'administrer la Tunisie à l'instar d'un département français, ont fait un emploi judicieux d'une forme nouvelle de gouvernement, le protectorat, capable de ménager toutes les susceptibilités. Mais il est juste de reconnaître qu'ils n'ont pas rencontré les mêmes obstacles qu'en Algérie. Ils n'ont eu à lutter ni contre le fanatisme d'un peuple guerrier, ni contre des institutions économiques inconciliables avec notre civilisation. C'est qu'en effet la Tunisie n'est pas, comme on est tenté de le croire, le prolongement pur et simple de l'Algérie. La population y est plus paisible, l'islamisme plus tolérant. La propriété individuelle y forme le mode normal du régime des terres et dans tous les cas l'indivision n'y atteint jamais les mêmes proportions qu'en Algérie.

Il est assez difficile de donner une raison satisfaisante de ces dissemblances qui séparent deux peuples dont l'histoire et l'ethnographie sont sensiblement les mêmes. On a pensé en trouver l'explication dans la différence des systèmes orographiques des deux pays. « L'Algérie, a-t-on dit (1), couverte de montagnes, présente une série de compartiments géographiques distincts ; les peuplades qui les occupaient, toujours en lutte les unes contre les autres, n'ont jamais été soumises à une autorité commune suffisamment forte. La propriété privative dans ces conditions était impossible et le groupement s'imposait. »

Cette théorie est quelque peu affaiblie par cette constatation que c'est précisément dans les régions les plus montagneuses, l'Aurès et la Kabylie, que la propriété individuelle en Algérie est le plus fortement constituée. De plus, il n'apparaît pas historiquement que la Tunisie ait été davantage à l'abri des luttes intestines. Enfin, le besoin de protection semble plutôt de nature à produire la subordination des individus à un chef militaire que l'indivision au profit de la famille ou de la tribu ; et, de fait, cette absence de pouvoir central donna naissance, au Moyen-Age, à la féodalité arabe.

Il serait peut-être possible de trouver une explication plus complète dans le fait de l'invasion arabe. Au moment de l'établissement des Arabes, les habitants de l'Afrique du Nord étaient cultivateurs, les nouveaux arrivants nomades. Or, à l'état nomade correspond la propriété collective ou tout au moins la grande indivision, qui en est une forme atténuée, tandis que la propriété individuelle et privative correspond à l'état sédentaire. La condition des terres dut se ressentir de cette juxtaposition d'éléments contraires, et on peut croire que les Arabes pasteurs exercèrent sur l'Algérie une action plus profonde qu'en Tunisie. Ce n'est

(1) *La Tunisie, agriculture, industrie, commerce*, t. I, p. 22.

pas à dire que la Tunisie ait été épargnée. L'invasion venant de l'Orient, ce fut elle qui reçut le premier choc. Dès le début, Kairouan devint la ville sainte de l'Islam ; plus tard, les tribus des Hilal et des Solaïm, arrivant de l'Égypte, couvrirent tout le pays. Mais les institutions locales en Tunisie offraient une force de résistance plus grande qu'en Algérie. La Carthage punique avait été le berceau de la civilisation dans l'Afrique du Nord, la Carthage byzantine en resta le dernier foyer.

La Tunisie fut le centre vital de cette civilisation qui rayonna sur l'Afrique ancienne, elle résista plus longtemps à la décadence. Est-il téméraire de supposer qu'à ce contact les nouveaux venus modifièrent leurs habitudes, qu'ils s'accommodèrent des institutions qu'ils trouvèrent encore vivaces ? La Tunisie changea peu sous ses nouveaux maîtres, le régime foncier ne fut pas bouleversé, et on a pu observer avec juste raison que, s'il était possible de remonter jusqu'à l'époque romaine, on trouverait probablement que plus d'un grand domaine tunisien a conservé de nos jours les limites qu'il avait au v siècle (1).

En Algérie, au contraire, la domination romaine depuis longtemps n'était plus qu'un souvenir. Les grands propriétaires avaient été chassés de leurs terres par les soulèvements locaux. La situation économique du pays, moins peuplé, plus mal cultivé, ne pouvait réagir sur l'état social des tribus arabes qui s'y installèrent. Leur passage de la vie nomade à la vie sédentaire dut se faire plus lentement, et la propriété, en leurs mains, prit la forme, sinon collective, tout au moins indivise qu'elle a conservée, elle ne put se maintenir sous la forme privative que dans les massifs de la Kabylie, défendus naturellement contre l'invasion.

(1) *La Tunisie*, op. cit, p. 21.

Dans les siècles qui suivirent l'arrivée des Arabes, l'Algérie et la Tunisie furent constamment troublées par les soulèvements et les guerres civiles. Les dynasties locales se succédèrent tour à tour sans que jamais une autorité suffisamment efficace pût s'imposer. Les Turcs, à la fin du xvie siècle, établirent leur domination, mais leur action ne s'étendit pas au-delà des villes du littoral. En 1705, la Tunisie s'affranchit de l'autorité effective de la Porte et Hussein-Bey fondait la dynastie qui règne encore actuellement. Les destinées du pays se séparèrent alors de celles de l'Algérie. A l'anarchie et à la tyrannie succéda un gouvernement plus stable, intéressé à la prospérité générale. Tandis que l'Algérie restait divisée et affaiblie par les luttes des souverains locaux, la Tunisie commençait à s'affirmer comme un Etat régulièrement constitué. Peu à peu elle entrait en relations avec les cités maritimes de la Méditerranée et offrait aux étrangers, qui venaient faire le commerce dans ses ports, des garanties relatives.

Plus tard, quand l'Algérie devint française, la Tunisie devait profiter du voisinage de notre civilisation. Les beys se montrèrent curieux de nos procédés d'administration. Ahmed-Bey, à son retour d'un voyage à Paris, en 1837, s'éprit d'une belle admiration pour nos institutions. Avec l'aide d'ingénieurs français il entreprit de grands travaux publics et organisa une armée régulière. Après lui, Mohamed-Bey promulga, en 1857 (1), une sorte de constitution, garantissant la propriété et la liberté individuelle, proclamant l'égalité devant la loi et devant l'impôt de tous les habitants de la Régence, sans distinction de religion. Si-Mohamed-Sadock, qui lui succéda, confirma à son avènement ce *pacte fondamental*, il alla même plus loin : il

(1) Décret du 20 moharrem 1274 (10 septembre 1857). Sebaut, *Dictionnaire de la législation tunisienne*, p. 444.

esquissa un plan de gouvernement parlementaire, rédigea un code civil et pénal (2), institua un tribunal civil et criminel, une Cour d'appel, une Assemblée législative, etc. Mais ces réformes étaient trop précipitées ; elles restèrent incomprises et inapplicables et n'aboutirent qu'à grossir les charges fiscales et à aggraver le désarroi financier. Les institutions nouvelles ne tardèrent pas à devenir impopulaires, et en 1867, à la suite d'une insurrection, elles furent abandonnées. Rendu plus prudent par cet échec, le Bey, habilement secondé par son premier ministre, le général Kheredine, se contenta d'améliorer le fonctionnement des divers services publics. Malgré tout il ne put empêcher la crise budgétaire qui devait amener l'intervention de l'Europe, puis de la France.

Dans tous les cas, ces tentatives montrent que la Tunisie, au moment de l'occupation, tendait à se rapprocher de la formule d'un Etat moderne. La situation était donc bien différente de celle de l'Algérie en 1830. Aussi l'établissement du protectorat français s'effectua sans secousse, le mécanisme administratif de la Régence continua à fonctionner. Nous pûmes ainsi nous rendre un compte exact des institutions du pays. Les documents ne manquaient pas. C'étaient soit les décisions des tribunaux indigènes, soit les actes du gouvernement beylical ou de l'Administration des habous ; rien ne fut perdu pour nous. Aussi on put dès le début faire œuvre utile, élaborer en connaissance de cause une loi foncière admirablement appropriée aux besoins de la colonisation et à l'état actuel de la propriété indigène.

II. Condition des terres au moment de l'occupation. — La condition des biens se rapprochait sensiblement de

(2) Sebaut, op. cit, p. 169.

notre régime foncier. A l'exception des terres sans maître
de l'extrême-sud, parcourues par des tribus nomades, le
sol était possédé par des individus dont les droits étaient
exactement déterminés et le plus souvent régulièrement
constatés. L'indivision était fréquente, il est vrai, mais elle
ne s'étendait pas comme en Algérie à des milliers de personnes, à des tribus tout entières. Aussi, à aucun moment,
on ne put croire à l'existence de la propriété collective,
le mot de terre *arch*, ne fut jamais prononcé. A proprement
parler, le problème de la constitution et de la délimitation
de la propriété ne s'est pas posé, le sol était approprié et
délimité partout. On y distinguait nettement le domaine
de l'État, les biens particuliers du Bey, les biens habous,
enfin les propriétés privées.

La grande propriété forme la règle générale en Tunisie.
Dans la région du nord les domaines comprennent souvent
plusieurs centaines d'hectares, au centre et au sud, plusieurs milliers. La petite propriété ne se rencontre que là
où une culture intensive est possible : dans les terrains bien
arrosés autour des grandes villes, dans les olivettes du
Sahel, dans les oasis de palmiers aux confins méridion-
naux de la Régence.

Les biens habous publics ou privés occupent une grande
partie du sol. Le rapport, adressé en 1883 à M. Tirman (1),
évaluait leur étendue au tiers de la superficie totale du
pays, les habous purement religieux comprenant, à eux
seuls, le sixième du territoire. Il semble toutefois que ces
chiffres sont un peu exagérés. L'Administration des habous
a entrepris, il y a quelques années, le recensement de son
domaine. Au nord de la Tunisie où ce travail est achevé,
ces biens couvrent près de 150.000 hectares sur quatre

(1) *La Propriété en Tunisie*, rapport à M. Tirman. — *Revue algérienne*, 1884, p. 288.

millions qui forment cette région. Dans le centre et le sud,
il est vrai, la proportion doit être bien plus forte : on y
trouve en effet plusieurs henchirs habous de vingt ou
trente mille hectares d'un seul tènement (1).

On voit par ces chiffres que le habous n'a pas joui en
Tunisie d'une faveur moindre qu'en Algérie. D'autre part
l'institution n'a pas eu à subir les mêmes atteintes après
l'occupation. Le gouvernement français s'est toujours
montré respectueux de la loi musulmane en Tunisie. Il a
inspiré sans doute de nombreuses réformes, mais il n'a
rien bouleversé, et le habous, tout en recevant certaines
améliorations, est resté en conformité avec les principes
du droit islamique. Nous n'avons donc pas à revenir sur
les règles exposées plus haut et qui régissent la constitution et les effets du habous. Toutefois, il y a lieu d'étudier
ici deux questions spéciales à la Tunisie, l'administration
des biens habous et le contrat d'enzel. Nous examinerons
ensuite les conflits que soulève la coexistence de la loi
musulmane et de la loi française. Enfin nous envisagerons
la question des biens habous au point de vue de l'avenir
de la colonisation.

(1) El-Haouareb, habous du Collège Sadiki, au sud de Kairouan, a
25.000 hectares ; un autre habous, El-Amra, en a 35.000. — Dans le
contrôle de Sfax, les habous privés occupent une étendue de
50.000 hectares. *La Tunisie, agriculture*, t. I, p. 32.

Le tiers des oliviers, en Tunisie, appartient aux habous. Sur
31.624 olivettes que compte la Tunisie, 5.917 sont des habous
publics, 4.817 des habous privés. *La Tunisie, ibid.*, p. 190.

CHAPITRE II

L'administration des biens habous en Tunisie.

I. HABOUS PRIVÉS.
II. HABOUS PUBLICS. — *La Djemaia*. Organisation. Attributions.
— *Administration des habous de la Grande Mosquée et du Collège Sadiki*.

C'est surtout au point de vue de l'administration qu'apparaît l'intérêt de la distinction pratique entre les habous privés et les habous publics. Si les uns et les autres donnent lieu à des contrats analogues, les organes chargés de leur gestion diffèrent essentiellement.

I. HABOUS PRIVÉS. — En règle générale les bénéficiaires des habous privés n'administrent pas directement le fonds dont ils ont la jouissance collective. En Égypte, où les règles du droit musulman se sont conservées mieux que partout ailleurs, la gestion de ces biens est presque toujours confiée à un administrateur *(nazir, metoualli, kaïm,* ces trois termes sont à peu près synonymes) (1). Le plus souvent, le constituant, en se réservant l'usufruit sa vie durant, se réserve l'administration et désigne, dans l'acte constitutif celui qui à sa mort devra le remplacer ; c'est ordinairement un des bénéficiaire du habous ou bien son exécuteur testamentaire. Si l'acte constitutif est muet, le cadi est alors chargé de désigner l'administrateur : il ne peut le prendre parmi des étrangers que si, parmi les

(1) Adda, *Le Wakf*, p. 225, n° 429.

parents du constituant, il n'y' a personne capable d'administrer (1). Les auteurs arabes s'étendent fort longuement
sur les pouvoirs et les fonctions de l'administrateur. Nous
avons exposés brièvement ces règles dans notre première
partie. On en trouvera les détails très complets dans
l'ouvrage de MM. Adda et Ghalioungui et dans celui de
M. Clavel.

En Tunisie on suit des règles analogues : la gestion du
habous est confiée à un administrateur *(mokaddem)*,
désigné par le fondateur ou, à son défaut, par le cadi.
C'est, le plus souvent, un des bénéficiaires. Toutefois on
rencontre très fréquemment des habous administrés
directement par les dévolutaires, qui gèrent en commun
le fonds.

II. Habous publics. *La Djemaïa.* — Primitivement et
jusqu'au règne de Mohamed Sadock, chaque établissement
religieux ou d'utilité publique de la Régence était maître
d'administrer les biens habous lui appartenant, comme il
l'entendait. En pratique, celui qui était préposé à la direction d'une medraça, d'une zaouïa, d'une mosquée, dispo-
sait des revenus. Il les employait à l'entretien des propriétés dépendant de ces établissements et il conservait le
surplus pour lui. Les habous destinés à l'édification et à
la conservation des remparts, forts et autres ouvrages
militaires étaient administrés par le chef de l'armée.

On comprend les abus qu'entraînait un pareil état de
choses, aucun contrôle sérieux n'était exercé, et la plupart
des revenus produits par les habous se trouvaient détournés de leur véritable destination. Aussi le général Khéré-
dine, devenu ministre, comprit dans son plan de réforme
la réorganisation et la centralisation de la gestion des

(1) Adda, op. cit., p. 458.

habous publics. Par un décret en date du 30 moharrem 1291
(19 mars 1874), il institua une Administration centrale, la
Djemaïa des habous. L'œuvre fut complétée par deux
décrets de la même année, l'un du 16 rabia-ettani (2 juin),
l'autre du 12 chaoual (1ᵉʳ décembre), qui déterminèrent la
composition et le fonctionnement de la Djemaïa telle
qu'elle existe encore aujourd'hui dans ses grandes lignes.

La *Djemaïa* forme un conseil composé d'un président et
de trois membres auxquels on a adjoint, il y a quelques
années, un *délégué du gouvernement tunisien*, chargé de
vérifier la comptabilité. Au-dessous se trouvent des secrétaires expéditionnaires en nombre variable, un archiviste,
un trésorier et des huissiers.

Le conseil de la Djemaïa examine les affaires intéressant
l'administration des habous publics de la Régence et
donne un avis motivé sur leur solution. Les membres de
ce conseil doivent signer l'en-tête des registres, le compte
rendu de leurs séances, les comptes présentés à leur signa-
ture et les pièces de comptabilité journalière. Le président
est plus spécialement chargé de l'exécution des décisions
du conseil : il correspond avec le gouvernement et avec
les agents de la Djemaïa. Il répartit le travail entre les
secrétaires, enfin il donne audience aux personnes qui le
désirent. Ses secrétaires sont chargés de rédiger et d'expé-
dier les lettres et les avis dans le sens indiqué par le Conseil. Ils sont répartis entre sept services : correspondance,
comptabilité, vérification des comptes, contentieux, enzels
et échanges, service de la caisse. A la tête de ce dernier
service se trouve un trésorier qui encaisse et garde en
dépôt les sommes versées et effectue les dépenses. Il a
sous ses ordres un notaire chargé de tenir les registres.
Enfin l'archiviste classe et conserve les registres et les dos-
siers. Aux termes de l'article 31 du décret du 2 juin 1874,

il ne doit pas être tenu moins de onze registres obligatoires à la Djemaïa : registre pour l'inscription des habous, registre des comptes, registre des délibérations de la Djemaïa, registre résumant les actes de gestion quotidiens, registre de copie de lettres, etc... De même les naïbs doivent tenir trois registres, les oukils doivent avoir deux registres.

D'une façon générale la Djemaïa a la gestion des habous publics en Tunisie, à l'exception toutefois de ceux qui dépendent de certains établissements publics importants, tels que ceux de la Grande Mosquée, ou de zaouïas qui ont encore conservé des descendants avérés (1). Même sur ceux-ci elle conserve un droit de haute surveillance, elle pourrait demander la communication de leurs comptes. Quant aux habous particuliers, la Djemaïa n'a pas à s'en préoccuper avant qu'ils aient fait retour à l'œuvre bénéficiaire finale. Néanmoins elle a le droit d'intervenir pour faire cesser des causes menaçant l'existence même du habous, elle agit alors comme représentant les intérêts de l'œuvre bénéficiaire. Elle a les caractères d'un établissement public et est comme tel dispensée du préliminaire de conciliation (1).

La Djemaïa a comme agents des *oukils*, répandus à Tunis et dans l'intérieur, qui ont l'administration des biens habous. Ils ont sous leurs ordres deux notaires et des encaisseurs. A Tunis, ils sont au nombre de onze (2) :

1. L'oukil des djouama (3) hanafites ;
2. L'oukil des djouama malekites ;
3. L'oukil des mesadjed (4) ;

(1) Décret du 19 mars 1874, art. 5, 6.
(2) Tunis, 15 mai 1893. *J. T. F. T.*1894, p. 257.
(3) *La Tunisie*, t. III, p. 34.
(4) Ce sont des édifices consacrés au culte où la prière du vendredi est obligatoire.
(5) Mosquées ordinaires.

4. L'oukil des zaouïas de Tunis et de ses environs ainsi que des kouttab (écoles coraniques) :

5. L'oukil des ahzab (1) :

6-7. Deux oukils des medarès :

8. L'oukil des remparts, des forts, des casernes et du divan (palais de justice musulmane) ;

9. L'oukil des fontaines et des puits, chargé également des habous des professeurs de 2ᵉ classe ;

10. L'oukil de l'hospice ;

11. L'oukil de l'hôpital.

Deux contrôleurs sont chargés de vérifier et d'examiner leurs opérations.

A l'intérieur de la Tunisie, les oukils sont répandus en nombre plus considérable, suivant l'importance des propriétés des habous. Ils sont sous la surveillance de dix-huit *naïbs* ou inspecteurs, résidant dans les principaux centres de la Régence.

Les oukils doivent mentionner sur des registres *ad hoc* toutes les sommes encaissées ou dépensées pour le compte du habous. Ils ne peuvent faire aucune dépense sans l'autorisation de la Djemaïa.

Les revenus des habous sont centralisés à la Djemaïa, qui doit les employer d'abord à l'entretien des établissements bénéficiaires, conformément à la volonté de leur fondateur, et au paiement des fonctionnaires chargés de les administrer. Les excédents servent à payer le traitement des magistrats du Châra et à parfaire les appointements des professeurs et de l'imam de la grande mosquée.

On voit donc que les revenus d'un bien habous ne sont pas affectés intégralement à l'œuvre au profit de laquelle

(1) Ce sont les lecteurs du Çoran chargés de réciter les versets sacrés dans certains établissements religieux.

la fondation a été faite. L'article 20 du décret du 19 mars 1874, prévoyant le cas où des mosquées et des zaouïas, bénéficiaires de habous, ont cessé d'être fréquentées par les fidèles, dispose que leurs revenus seront employés à l'entretien d'autres édifices religieux, mais que ce qui reste de leurs constructions devra continuer à être respecté. Une décision ministérielle du 6 redjeb 1205 (6 juillet 1878) dispose que la Djemaïa doit restaurer à ses frais tous les établissements religieux, même ceux auxquels n'est affecté aucun habous spécial (1). Il n'y a là d'ailleurs qu'une application de la règle énoncée plus haut, aux termes de laquelle les revenus du habous peuvent recevoir une destination autre que celle indiquée par le fondateur, pourvu que cette nouvelle affectation ait aussi un caractère pieux ou charitable.

Les revenus de la Djemaïa sont relativement considérables. En 1897 ils se sont élevés à la somme de 1.230.000 francs (2). Pendant la même année le budget de la Tunisie a été de 23.600.000 francs. Comme on l'a fait remarquer (3), la Djemaïa possède donc une fortune égale aux quatre centièmes de la fortune publique. C'est un petit Etat dans l'Etat, ou plutôt c'est un rouage indépendant, mais utile au fonctionnement du système gouvernemental.

On ne saurait, en effet assimiler les habous publics au domaine mainmortable des établissements ecclésiastiques de notre ancienne France. Tandis que la plus grande partie des revenus du patrimoine de l'Eglise profitait aux titulaires des bénéfices, abbayes ou prébendes, sans que la chose publique en retirât grand avantage, les

---

(1) Sebaut, op. cit. V° Habous, p. 289, en note.
(2) Rapport adressé au président de la République par le ministre des affaires étrangères sur la situation de la Tunisie en 1897. *Journal officiel*, 2 février 1899.
(3) P. Lapie. *Les Civilisations tunisiennes*, p. 153.

habous servent à faire face à des dépenses d'intérêt général et à décharger d'autant le budget de l'Etat. En outre, chaque année la Djemaïa paie à l'Etat une contribution dont le montant est d'ailleurs très variable.

En 1893 cette contribution s'est élevée à 12.700 fr.

En 1894   —   —   8.500 —

En 1895   —   —   22.000 —

En 1896 la recette prévue était de. . . . 8.500 — (1).

La Djemaïa des habous pourvoit non seulement aux frais du culte musulman (traitement des imams, des lecteurs du Coran, des muezzins ; construction et entretien des mosquées, zaouïas, chapelles). Elle supporte aussi la plus grande partie des dépenses de l'assistance musulmane, de la justice indigène et de l'instruction publique musulmane.

La Djemaïa consacre chaque année une somme d'environ 130.000 francs à l'assistance des musulmans pauvres de la ville de Tunis (2). Elle paye les appointements des membres des tribunaux du Châra. Enfin, elle a à sa charge la plupart des écoles primaires indigènes (kouttab) où l'enfant apprend par cœur les versets du Coran.

Habous de la grande mosquée et du collège Sadiki. — L'enseignement indigène a, un caractère éminemment religieux : le Coran est la base de toutes les études : l'enseignement secondaire et supérieur se donne à Tunis dans la grande mosquée de l'Olivier, sorte d'université dont les cours sont suivis par un millier d'étudiants. Ils y apprennent l'interprétation du Coran, la tradition, la théologie, la lecture et modulation du Coran, la philoso-

(1) Ces chiffres sont extraits du rapport sur la situation de la Tunisie en 1895. (*Journal officiel*, 12 octobre 1897.)

Les rapports des années 1896 et de 1897 ne contiennent aucun renseignement à cet égard.

(2) P. Lapie, op. cit. p. 154.

12

phie du droit divin, la jurisprudence, la logique, la grammaire, la rhétorique, l'histoire, l'arithmétique, etc. (1). La grande mosquée possède un certain nombre de biens habous. Elle conserve une administration spéciale pour la gestion de ces biens, toutefois, depuis quelque temps, l'oukil de la grande mosquée a été placé sous la surveillance de la Djemaïa.

Une instruction plus moderne est donnée au collège Sadiki. En outre des études universitaires musulmanes proprement dites, on y enseigne les langues française et italienne, les éléments des sciences mathématiques et physiques, l'histoire et la géographie. Fondé en 1876 par le bey Mohamed-Sadock pour préparer les jeunes indigènes aux carrières administratives et libérales, le collège reçut des dotations habous importantes. Peu après sa fondation, ses revenus atteignaient, paraît-il, près de 400.000 piastres (140.000 francs). A la suite d'une mauvaise administration, ils diminuèrent considérablement. En 1886 la gestion de cet important patrimoine fut confiée à un conseil composé du directeur, de l'inspecteur des études européennes, du censeur des études européennes, de l'administrateur des rentes, de deux professeurs d'études arabes et de deux professeurs d'études européennes désignés annuellement par le Bey (2). Le conseil vote chaque année le budget du collège, il autorise les ventes, échanges, achats et baux d'immeubles ou de valeurs mobilières. L'administrateur des rentes encaisse les sommes dues et acquitte les dépenses du collège sur le vu d'une ordonnance de payement signée par le directeur du collège, visée par l'administrateur et approuvée par le directeur de

(1) Voir le programme des études de la grande mosquée tel qu'il est établi par le décret du 26 décembre 1875. Sebaut, op. cit., p. 278.
(2) Décret du 2 janvier 1886.

l'enseignement public. Le collège Sadiki conserve donc son indépendance pour la gestion des biens habous lui appartenant, qu'il administre en dehors de l'intervention de la Djemaïa.

CHAPITRE III

Le contrat d'Enzel.

I. IDÉE GÉNÉRALE. *Origine.* — L'inaliénabilité des biens habous avait été édictée pour garantir les droits des dévolutaires futurs contre les empiètements des bénéficiaires actuels. Pour plus de sûreté, il fut même interdit de consentir des baux excédant deux ou trois ans. Ces prohibitions ne pouvaient manquer de peser lourdement sur la situation économique de ces biens. Elles s'opposaient à toute amélioration de nature à leur apporter une plus-value. Quel locataire se serait soucié de faire des avances à une terre dont il n'avait que la jouissance temporaire? Pour parer à ces inconvénients, tout en respectant la défense d'aliéner, on imagina de céder à perpétuité la jouissance de ces biens, ce fut le contrat d'enzel.

Il se produisit ce qui se produit quand, par suite de la rareté des capitaux ou des travailleurs, de la médiocrité des procédés de culture, la terre rapporte peu. Les grands propriétaires cherchent à retenir, sur leurs domaines, les cultivateurs, en leur assurant à perpétuité, ou pour un très long terme, la jouissance de leurs fonds. Il s'opère un dédoublement du droit métaphysique du propriétaire d'avec la possession et l'usage du sol qui sont attribués à celui qui le met en valeur. Le tenancier acquiert ainsi une sorte d'usufruit héréditaire, le propriétaire conserve une sorte de créance hypothécaire privilégiée pour le payement de la rente. Ce dernier n'a plus à craindre les abus de jouissance, il est assuré d'un revenu fixe ; mais, par contre, il ne peut plus aliéner et renonce, par suite, au bénéfice que pourrait lui procurer une vente avantageuse. Cet inconvénient n'est guère sensible aux époques où la valeur de la terre varie peu, il disparaît lorsque la propriété appartient à une de ces collectivités qui n'aliènent jamais. Aussi, la cession à rente perpétuelle des immeubles a-t-elle été principalement employée pour les biens de mainmorte, et surtout de mainmorte religieuse qui, toujours en fait, sinon en droit, ont été inaliénables.

A Rome, les propriétés de l'Etat, *ager publicus*, celles des cités et des collèges de pontifes, faisaient, à l'origine, l'objet de concessions perpétuelles. Le preneur n'était pas un simple locataire, il était titulaire d'un véritable droit réel, *jus in agro vectigali*, il était armé d'une action *in rem*. Il transmettait son droit à ses héritiers, et, tant qu'il payait la redevance, il ne pouvait être inquiété (1).

Plus tard, ces concessions donnèrent naissance au contrat de location perpétuelle (*jus perpetuum salvo canone*), enfin, à un véritable démembrement du droit de propriété par le contrat d'emphytéose, tel qu'il ressort de la constitution de Zénon. A cette époque, d'ailleurs, ces modes de disposition avaient cessé d'être réservés aux biens du domaine de l'Empereur, des municipes et des temples ; ils s'appliquaient aux biens des particuliers à mesure que se développait la grande propriété.

Au Moyen âge on rencontre une foule de contrats analogues au moyen desquels le propriétaire d'un fonds en cédait la jouissance moyennant une redevance. Un nouvel élément intervint toutefois. Dans l'emphytéose romaine le rapport de droit qui s'établit entre le bailleur et le preneur est absolument indépendant de la condition des personnes. Dans les contrats emphytéotiques du Moyen âge l'idée féodale apparaît. Ce sont le plus souvent des modes de tenure où la redevance annuelle constitue un cens destiné à marquer le droit supérieur du propriétaire concédant. Mais souvent aussi la rente correspond à un véritable loyer de la jouissance, comme dans le bail à rente foncière, le bail à locatairie perpétuelle, le bourdelage. Les biens du patrimoine ecclésiastique firent fréquemment l'objet de ces contrats qui permettaient d'éluder la prohibition d'aliéner. Toutefois, il importe de remarquer, en ce qui concerne les biens ecclésiastiques, que ces baux ne pouvaient presque jamais être consentis à perpétuité, mais seulement pour une très longue durée.

(1) Fr. 1. Dig. *Si Ager Vectigal*, Gaius III, 111, 145.

L'effet commun à tous ces contrats était d'attribuer au preneur un droit réel sur la chose, ils constituaient une vente de la jouissance. Un démembrement analogue s'est opéré aux mêmes époques sur les biens urbains. Les propriétaires de terrains nus, situés dans l'intérieur des villes, ont concédé soit par une vente, soit le plus souvent par une location perpétuelle, la superficie du sol qu'ils possédaient tout en se réservant la propriété du tréfonds. Le preneur contractait l'obligation de bâtir et il exerçait à la surface tous les droits d'un propriétaire. C'était le contrat de superficie qui existait à Rome sur l'ager publicus et qui s'étendit aux biens des cités.

Il paraît même historiquement que c'est pour répondre à des nécessités analogues que les premières manifestations de l'enzel apparurent. La mise en valeur des terrains à bâtir et l'entretien des constructions nécessitent toujours des avances de fonds immédiates et importantes. Il en coûte plus pour construire ou réparer des édifices que pour tirer partie d'une terre, qui, quelque négligée qu'elle soit, donne néanmoins un produit quelconque. Ce fut surtout relativement aux immeubles et aux terrains urbains que les inconvénients de l'inaliénabilité des biens habous durent se faire sentir. Lorsqu'un édifice habousé menaçait ruine, faute de réparations auxquelles ne pouvaient faire face les revenus qu'il produisait, on autorisa le bénéficiaire à en céder la jouissance moyennant une rente perpétuelle. (1) Une telle combinaison n'était pas faite pour déplaire aux docteurs musulmans puisqu'elle assurait la conservation de l'immeuble habous et garantissait la perpétuité de l'institution qu'aurait pu menacer l'application stricte de la règle d'inaliénabilité. La pratique alla

(1) V. Berge (J. T. F. 1893 p. 117).

plus loin et ce mode de jouissance ne tarda pas à s'étendre à tous les fonds de terre.

En définitive l'enzel, comme l'emphytéose, la superficie et les locations perpétuelles de notre ancien droit, n'était à l'origine que l'expédient permettant au propriétaire, qui ne peut ou ne veut entreprendre par lui-même des plantations ou des constructions sur son fonds, d'en retirer un revenu assuré, en en concédant la jouissance à un tiers disposé à faire les améliorations nécessaires.

Ce procédé convenait merveilleusement à la mise en valeur des biens habous publics ou privés. L'étendue de ces biens, la difficulté de les administrer directement, l'impossibilité parfois de les mettre en état de productivité avec leurs seuls revenus, rendaient ce mode de jouissance particulièrement avantageux. D'autre part les bénéficiaires, n'ayant pas le droit de libre disposition, n'avaient pas à regretter de ne pas profiter de la plus-value que ces biens étaient susceptibles d'acquérir par la suite. Ils n'avaient donc rien à perdre. En échange d'un revenu incertain et variable ils acquéraient un droit à une rente fixe. En outre le preneur étant intéressé lui-même à la bonne conservation de l'immeuble, les intérêts des dévolutaires ultérieurs se trouvaient par là même sauvegardés. Enfin l'Etat et la fortune publique ne pouvaient que gagner au développement des cultures ou des constructions.

Aussi l'institution se généralisa rapidement et, sous des noms différents, elle se retrouve dans tous les pays musulmans, appliquée aux biens habous. L'ana en Algérie ; en Egypte l'hekre, l'idjaretein, le houlou-el intifa ; en Tunisie l'enzel et le kirdar, telles sont les diverses formes qu'elle revêtues.

Les analogies de ces divers contrats avec l'emphythéose

romaine sont si profondes qu'on a tenté parfois de les
assimiler complètement et qu'on a pensé qu'ils en déri-
vaient historiquement. Toutefois nous ne croyons pas qu'il
faille voir là une survivance directe de l'occupation
romaine, mais bien plutôt une application de cette loi,
qu'à des conditions économiques semblables, correspondent
des institutions identiques. La nécessité de mettre en
valeur les terres appartenant aux cités ou aux grands
propriétaires avait donné naissance à l'emphytéose, la
difficulté d'exploiter convenablement les biens habous créa
l'enzel.

On a cru cependant pouvoir rattacher l'enzel a une institution voisine de l'emphytéose, qui jeta de profondes
racines dans toutes les provinces de l'Empire, et qui se
retrouve également dans la Gaule Romaine, le colonat (1).

A l'époque romaine, le sol de l'Afrique du Nord était
possédé par de grands propriétaires à qui de vastes *lati-
fundia* avaient été concédés. Personnages politiques pour
la plupart, ils habitaient Rome et se contentaient de louer
leur domaine à un fermier. Celui-ci le faisait exploiter à
son tour par de petits cultivateurs, fixés héréditairement
sur le fonds, travaillant à part de fruit et payant certaines
redevances.

Un document fort curieux nous fournit de précieux
renseignements sur la situation de ces colons. En 1880
on découvrit près de Souk-el-Kemis une inscription,
gravée sur une colonne de pierre, rapportant une supplique
adressée à l'empereur Commode par des paysans attachés
à un de ses domaines privés, le saltus Burunitanus. Ils se
plaignaient des exactions que leur faisait subir le fermier
du domaine, un certain Allius Maximus. Sans doute leurs

(1) Sumien. Un souvenir du Droit romain en Tunisie. Du contrat
d'Enzel. Rev. Alg. 1893, 1 p. p. 201.

doléances furent écoutées, car, dans une courte réponse, transcrite à la suite, l'empereur leur promet de leur rendre justice. Soit par reconnaissance, soit pour se conserver un titre, les plaignants firent graver leur supplique et la réponse impériale. Les termes de l'inscription nous renseignent exactement sur la condition de ces cultivateurs. M. Fustel de Coulanges, dans une étude très approfondie de ce document, arrive aux conclusions suivantes (1): ces cultivateurs étaient des hommes libres, mais en fait ils restaient perpétuellement fixés sur le domaine. Ils ne payaient pas de fermage en argent, mais bien des redevances en nature, de plus ils devaient fournir un certain nombre de journées de travails pour le compte du propriétaire. Enfin aucun contrat ne règlait leurs rapports avec le propriétaire ou le fermier : leurs obligations étaient déterminées par un règlement.

De ce que ces cultivateurs étaient attachés à perpétuité sur ce sol et avaient la jouissance héréditaire du fonds qu'ils cultivaient, à charge de redevance, M. Sumien en a conclu que leur situation était analogue à celle des locataires à enzel, et qu'il y avait filiation continue entre les deux institutions.

Nous croyons cependant qu'aucun rapprochement n'est possible. Une différence profonde sépare les deux institutions. L'enzel, comme l'emphytéose, est un contrat librement consenti qui règle la condition des biens ; le colonat est une situation de fait imposée aux cultivateurs par la nécessité ou la violence, il intéresse bien plus la condition des personnes. Ce qui caractérise l'enzel et l'emphytéose, c'est la liberté et l'égalité des parties contractantes ; ce qui distingue le colonat, c'est la prééminence du propriétaire

(1) Fustel de Coulanges. — Recherches sur quelques problèmes d'histoire, p. 33.

sur le colon. Au reste le colonat romain a laissé en Tunisie des vestiges bien autrement conservés; on peut dire qu'il subsiste encore sous le nom de khammessa. Les paysans du Saltus Burunitanus ont leurs descendants directs dans les khammès tunisiens qui cultivent aujourd'hui les henchirs des grands propriétaires. Comme le colon, le khammès paie un fermage en nature (les quatre cinquièmes de la récolte); comme lui, il doit fournir certaines prestations ; comme lui enfin, il est en fait retenu à perpétuelle demeure sur le fonds; car il ne peut quitter son maître tant qu'il reste son débiteur pour les avances faites, ce qui est le cas le plus ordinaire (1).

En résumé l'enzel et ses similaires ont leurs racines profondes dans les conditions économiques des pays où ils se sont développés, mais ils tirent leur origine immédiate de l'institution du habous. Il est facile de le constater en Egypte où ces contrats semblent avoir mieux conservé leur type primitif. De nos jours encore ils ne s'appliquent en fait qu'aux biens wakfs, et c'est même une question discutée en doctrine que de savoir si leur extension aux autres biens serait légale; tandis qu'en Tunisie depuis longtemps l'enzel est d'usage courant pour les biens habous comme pour les biens melk.

Ces divers contrats (l'hekre, le houlou-el-intifa, l'idjjaretein, l'enzel) diffèrent entre eux par certaines nuances qui pourraient bien correspondre comme à autant d'étapes dans l'évolution de l'institution.

(1) V. sur le *contrat de khamessa*. Décret du 13 avril 1874. Art. 25. Décr. 1er juillet 1874, 29 novembre 1874. Sebaut Dict. Vº agriculture. Il est curieux de constater que, du temps de Caton, le colon partiaire avait droit à la même portion de la récolte que le khammès. Cato, De Re Rustica CXXXVI. *Politionem quo pacto dari oporteat*: Il aura la cinquième partie du produit de l'orge et des fèves après le battage : *Ordeum quinta modio fabam quinta modio dividat.* — Les agronomes latins. Collection Nisard, p. 37.

Primitivement nous avons vu que les contrats de rente perpétuelle furent imaginés en matière de habous pour donner au bénéficiaire d'un immeuble, incapable de faire face aux réparations indispensables, le moyen d'effectuer les dépenses nécessaires sans bourse délier. Il s'agissait surtout de conserver l'immeuble sans porter atteinte aux droits des bénéficiaires ultérieurs. *Le houlou-el-intifa* semble remplir en tous points ce programme. C'est un contrat de bail par lequel le preneur acquiert la possession et la jouissance d'un bien wakf pour un temps indéterminé. Il s'oblige d'autre part à faire les réparations des constructions et les améliorations nécessaires, mais son droit n'est en somme que précaire car le concédant peut révoquer la concession quand bon lui semble, à charge par lui de rembourser au preneur évincé le montant de la plus-value qu'il a donnée à l'immeuble.

L'hekre a pour but, non plus la réparation d'un immeuble, mais la mise en valeur d'un fonds improductif. Il assure au tenancier un droit plus stable, car, sauf convention contraire, le contrat est perpétuel et ne peut être rompu par la seule volonté du propriétaire. Il opère un véritable démembrement de la propriété. Toutefois l'hekre rappelle encore le bail : la redevance annuelle est représentative des produits du fonds : elle est susceptible d'augmentation ou de diminution suivant les variations de la valeur locative de l'immeuble.

L'idjaretein constitue une application encore plus éloignée du principe de la bonne conservation des immeubles wakfs, il s'applique aux biens en bon état et non plus aux terrains nus et improductifs. En outre, il se rapproche davantage de la vente proprement dite : en plus du canon variable, le preneur paye un denier d'entrée qui, théoriquement, devrait être égal à la valeur de la chose.

En Tunisie, l'enzel s'est généralisé, il s'étend à toutes sortes d'autres biens, mais il décèle son origine première en ce qu'il est le mode ordinaire d'administration des habous publics et de la plupart des habous privés.

La loi foncière du 1er juillet 1885 a, dans ses articles 83 et suivants, déterminé la nature et les effets du contrat d'enzel. Elle ne paraît pas avoir modifié essentiellement le caractère de l'institution, elle s'est bornée à en préciser les contours et à la mettre en harmonie avec le régime foncier qu'elle inaugurait. Nous ne croyons donc pas qu'il y ait opposition absolue entre l'enzel de l'ancien droit tunisien ou enzel traditionnel, et l'enzel de la loi de 1885.

II. Nature du contrat d'enzel. — Ce n'est d'ailleurs pas sans tâtonnements que l'on est arrivé à fixer les caractères essentiels de ce contrat. Dès que nos tribunaux ont eu à statuer sur des questions relatives à l'enzel, ils ont eu à se préoccuper de sa nature juridique. Ce n'était pas chose facile, les docteurs musulmans s'étant peu souciés de pénétrer aussi profondément que nos jurisconsultes, formés à l'école du droit romain, dans l'analyse de la propriété. De là des hésitations et des fluctuations au début.

Quelle était la nature des droits que l'enzel conférait à l'une et à l'autre des parties contractantes ? Le preneur avait-il un droit réel sur la chose ou bien un simple droit de créance vis-à-vis du bailleur? Le contrat se rapprochait-il du louage ou de l'usufruit? Fallait-il aller plus loin et décider qu'il y avait transfert de la propriété, vente au profit du preneur à enzel ? Ou bien, transportant ici une idée chère à nos anciens légistes, ne fallait-il voir là un démembrement de la propriété en domaine utile et en domaine éminent ?

Ces diverses solutions ont été successivement adoptées. C'est ainsi que l'enzel a été défini par M. Dain : « la location perpétuelle d'un immeuble moyennant une redevance fixe » (1). Un jugement du tribunal de Tunis du 14 janvier 1884 décidait, au contraire, que l'enzel « est un contrat « *sui generis* qui rend le preneur propriétaire absolu et « à perpétuité de la chose transmise, sous la réserve « d'une redevance qui constitue pour le bailleur un droit « incommutable et invariable de créance à l'égard de « tous les détenteurs futurs de la chose donnée à enzel ».

Comme solution intermédiaire entre ces deux manières de voir nous pourrions citer un jugement du tribunal de Tunis du 27 mai 1885 (2) qui définit l'enzel « une combinaison de la propriété superficielle de l'immeuble avec le droit au bail perpétuel », c'est-à-dire une fiction qui permet l'aliénation en fait sinon en droit de l'immeuble inaliénable sous forme de vente des matériaux et de cession de bail.

Enfin, la dernière idée se trouve reproduite dans les décisions les plus récentes qui ont défini l'enzel : « un démembrement de la propriété qui consiste dans la séparation du domaine utile et du domaine éminent, et dans l'aliénation du premier moyennant le paiement d'une rente perpétuelle (3) ».

Il ne faut d'ailleurs pas attribuer à ces divergences une importance exagérée. On dit communément qu'elles reviennent au fond à savoir si le contrat d'enzel se rapproche de la vente ou du louage. Cela n'est pas tout à fait exact, si on entend dire par là que la controverse s'est élevée sur le point de savoir si le droit de l'enzéliste est réel ou personnel. En réalité, il n'y a jamais eu de discussion sur la nature même du droit conféré au preneur. Il a tou-

---

(1) *Revue algérienne*, 1885, 2. 204.
(2) J. T. F. T., 1893, p. 82. — Tilloy, répertoire V° Enzel.
(3) Tunis, 10 mars 1893. J. T. F. T., 1893, 12.

jours été reconnu que l'enzel, même avant la loi de 1885,
constituait un droit réel, susceptible non pas d'hypothèque,
— car l'hypothèque était inconnue dans la législation musulmane — mais d'antichrèse (*rahnia*).

M. Dain, qui définit l'enzel une location perpétuelle, a
bien soin d'ajouter que le droit de ce locataire est un droit
réel, il admet même que le preneur acquiert le domaine
utile sur l'immeuble. Le louage, à la différence de l'enzel,
n'engendre qu'un simple droit de créance, c'est même sa
principale différence d'avec la vente (1).

Ce qui a pu amener quelque confusion à cet égard,
c'est la désignation de *bail* ou de *location à perpétuité*
donnée au contrat d'enzel. En réalité on aurait tort
d'en conclure que ceux qui ont employé ces expressions ont entendu assimiler l'enzel au louage. « Le mot
bail signifie, dans son acception la plus ancienne, gouvernement, administration ou juridiction (Ducange, *Glossaire*,
vᵒ ballia). Appliqué à la concession d'un droit de jouissance sur le sol il désigne aussi bien la tenure qui ne
transfert qu'un droit de jouissance et que nous appelons
communément louage. (Duvergier, *Du Louage*. Paris, 1836,
t. I, nᵒ 140.) » (Garsonnet, *Des Locations perpétuelles*, p.
389.) Dans notre ancien droit le *bail* à rente foncière emportait transfert de la propriété au profit du preneur. Il
n'y a donc aucune contradiction entre la définition que
donne M. Dain de l'enzel et la nature du droit réel qu'il
reconnaît au preneur à enzel.

En outre, en droit musulman, le louage lui-même n'est
qu'une variété de la vente : c'est, dit Sidi-Khalil, la vente
de la jouissance temporaire d'une chose mobilière ou
immobilière (2).

---

(1) Baudry-Lacantinerie. *Précis de droit civil*, t. III, p. 411, nᵒ 658.
(2) V. Zeys, op. cit., t. II, p. 149, nᵒˢ 577, 580.

La question, en réalité, est de déterminer l'importance exacte des droits du preneur à enzel, de savoir par quoi ils sont bornés, de rechercher s'ils sont plus étendus que ceux résultant d'une simple jouissance, de décider, en un mot, s'il y a transfert de propriété et si l'enzéliste acquiert le *dominium*.

On sait qu'en droit romain pareille question se posait au sujet de l'emphytéose. L'emphytéote avait également un droit réel, sanctionné par une action *in rem* ; mais, d'autre part, son droit ne portait que sur la jouissance de la chose ; en outre, il ne payait pas un prix unique mais une série de redevances correspondant à un loyer. Aussi, comme en matière d'enzel, discutait-on le point de savoir s'il fallait le rattacher à la vente ou au louage. La controverse n'était pas sans intérêt, le principal apparaissait à propos des risques.

La chose venait-elle à périr par cas fortuit, l'emphytéote était dégagé de toute obligation, si on décidait que le contrat tenait du louage ; il devait, au contraire, continuer le payement de la rente si on admettait qu'il y avait vente et, par suite, transfert de propriété. Aussi, les jurisconsultes classiques, pour échapper à cette conséquence, inclinaient-ils vers l'idée de louage (1).

Au ve siècle, l'empereur Zénon, dans une constitution célèbre, se prononça en faveur d'une solution intermédiaire : il décida que l'emphythéose formait un contrat spécial ; il mit la perte totale à la charge du propriétaire concédant, la perte partielle à la charge du preneur. Cette disposition ne mit d'ailleurs pas fin à la controverse, et, jusqu'à nos jours, divers systèmes ont été proposés sur la nature du droit emphytéotique.

Les glossateurs du Moyen âge pensèrent trouver la ré-

(1) Gaius. Inst. III, 145.

ponse dans les idées de leur temps. Imbus des principes féodaux sur la propriété, ils les appliquèrent au droit romain et attribuèrent au propriétaire concédant le domaine éminent et à l'emphytéote, le domaine utile. Cette conception leur semblait d'autant plus légitime que, parmi les textes du Code, certains, ceux du livre IV, réservaient formellement le dominium à l'auteur de la concession, tandis que d'autres, ceux du livre XI, qualifiaient l'emphytéote de dominus. Cette contradiction apparente provenait de ce que les textes du livre IV se rapportent à l'emphytéose proprement dite, tandis que ceux du livre XI sont relatifs à la vente des terres du domaine impérial moyennant le payement d'une rente, opération qui portait le nom de *jus privatum salvo canone* et se distinguait du *jus perpetuum salvo canone*.

Cujas et Doneau firent justice de cette opinion. Le droit romain n'a jamais connu le dédoublement de la propriété en domaine utile et domaine éminent. Le préteur pouvait bien accorder une action *in rem utilis* à celui qui n'était pas propriétaire *in jure quiritium*, mais ce droit de propriété effective excluait absolument l'exercice de la propriété civile. Aussi, décide-t-on généralement aujourd'hui que l'emphytéose du droit romain n'opérait pas séparation du domaine utile et du domaine éminent (1). Le dominium restait au propriétaire concédant, par suite, le droit réel de l'emphytéose, simple *jus in re aliéna*, ne comprenait pas d'autres prérogatives que celles qui étaient impliquées dans le droit à la jouissance de la chose ; toute

(1) Pépin le Halleur. *Histoire de l'emphytéose*, p. 32, 58-60. — Lefort. *Des locations perpétuelles* « passim ». Garsonnet. *Histoire des locations perpétuelles*, p. 154; et les autorités qu'il cite en note. M. Clavel est un des rares auteurs qui aient repris la théorie du domaine utile et du domaine éminent appliquée à l'emphytéose romaine, il n'apporte, d'ailleurs, aucun argument à l'appui de cette opinion.

autre devait être expressément concédée. Aussi bien, le
le preneur n'avait pas droit au trésor, ni aux mines, et il
ne pouvait affranchir l'esclave du fonds. Enfin, pas plus
que l'usufruitier, il ne pouvait prescrire la propriété du
fonds à son profit.

Dans l'ancienne France, les baux perpétuels formaient le
droit commun de la propriété. Un élément nouveau vint
à ce moment compliquer la nature des rapports existant
entre le bailleur et le preneur : la théorie du domaine
direct et du domaine utile, imaginée par les glossateurs,
conséquence de l'idée féodale de la hiérarchie des personnes et des terres. Ce qui contribua à accroître encore la
confusion, c'est que tantôt un même contrat apparaissait
sous des noms différents, tantôt des contrats essentiellement distincts portaient la même appellation.

M. Garsonnet les a rangés en trois groupes :

Le premier comprend ceux qui n'attribuent au preneur
qu'un droit réel de jouissance, et n'opèrent pas transfert de
propriété.

Le second groupe comprend ceux qui ont pour effet de
transporter au preneur le domaine utile, le bailleur conservant le domaine direct.

Enfin, le troisième comprend ceux où le preneur acquiert
la propriété, le bailleur ne conservant plus qu'un simple
droit réel.

I. Lorque le bailleur conservait son droit de propriété,
son droit se traduisait en pratique de plusieurs façons :

Dans l'*albergement* du Bugey et le bail à métairie perpétuelle de la Marche et du Limousin, il conservait l'exercice
de toutes les actions, et c'est à lui qu'incombaient les grosses
réparations.

Le *bail à complant* des pays de l'embouchure de la
Loire conférait au preneur des droits encore moins

étendus. Ce contrat était usité spécialement pour les terrains en friche. Le locataire s'engageait à les planter, généralement en vignes. Il n'avait pas le droit d'en changer plus tard la destination ; c'était en outre au bailleur à fixer le jour des vendanges. Enfin, s'il laissait périr les vignes, le bailleur pouvait résoudre le contrat.

Il faut citer également le *bail à domaine congéable* d'un usage fréquent en Bretagne. Là encore, le bailleur conservait la propriété, car il pouvait donner congé à son locataire à la seule condition de lui rembourser la valeur des constructions qu'il aurait faites.

II La distinction du domaine direct et du domaine utile correspondait à un dédoublement du droit de propriété. C'était la coexistence sur un même fonds de deux propriétés, l'une théorique, comprenant les prérogatives découlant de l'idée de souveraineté attachée à la qualité de propriétaire, l'autre, s'exerçant sous la prédominence de la première, et ayant pour effet d'attribuer à celui qui en était investi les avantages pratiques résultant de la possession du fonds. Lorsqu'il s'agissait d'une tenure noble, comme le contrat de fief, cette dépendance se traduisait par l'obligation pour le vassal de fournir la foi et l'hommage et de rendre au seigneur certains services personnels. Lorsqu'il s'agissait d'une tenure roturière, comme la censive, par l'obligation où était le censitaire de payer une redevance. Cette redevance était, d'ailleurs, moins le prix de la concession que la reconnaissance du domaine direct : le cens était recognitif de seigneurie. De plus, le titulaire du domaine direct percevait à chaque transmission du fonds des droits de mutation (relief, lots et ventes, mainmorte) ; enfin, il avait la possibilité de pouvoir rentrer en possession de la pleine propriété par l'exercice du retrait féodal, de la commise, ou de la prélation.

III *Le bail à rente foncière* constituait le type des baux emportant transfert de propriété sous la réserve pour le bailleur d'un droit réel. Le preneur devenait propriétaire du fonds à condition de servir la rente. « C'est, dit « Pothier (1), un contrat par lequel l'une des parties « baille et cède à l'autre un héritage ou quelque droit « immobilier et s'oblige à le lui faire avoir à titre de « propriétaire, sous la réserve qu'il fait d'un droit de rente « annuelle d'une certaine somme d'argent, ou d'une cer- « taine quantité de fruits qu'il retient sur ledit héritage,. « et que l'autre partie s'oblige réciproquement envers elle « de lui payer, tant qu'elle possèdera ledit héritage... » « Le droit que la tradition de l'héritage donné à rente « foncière tranfère au preneur et qui passe à ses succes- « seurs, soit à titre particulier, est le droit de dominium « et de propriété de cet héritage. *Le droit de rente fon-* « *cière, que le propriétaire s'y retient, n'est point propre-* « *ment le dominium de l'héritage, mais un simple droit* « *foncier* C'est pourquoi le propriétaire ou possesseur « d'un héritage noble, chargé d'une simple rente foncière, « a non seulement l'utile, mais tout ce qu'il y a d'honori- « fique attaché à cet héritage ; le créancier de la rente fon- « cière dont l'héritage est chargé n'y participe en rien, et « ne peut prétendre autre chose que le paiement de la « rente qui lui est due. En cela le simple bail à rente fon- « cière diffère des baux à rente seigneuriale par lesquels le « bailleur retient le domaine, tels que sont les baux à « cens. »

Ainsi le bailleur, dans le bail à rente foncière, ne rete- nait aucune espèce de directe. La conséquence de cette idée, c'est qu'il ne pouvait prétendre à aucun droit de

---

(1) *Œuvres de Pothier*, publiées par M. Dupin, t. II. *Traité du contrat de bail à rente*, p. 525.

mutation, il ne pouvait exercer ni retrait ni commise. Enfin la rente n'était pas recognitive, elle représentait réellement le revenu du fonds.

A ces différents points de vue, l'enzel en Tunisie, avant comme après la loi de 1885, se rapproche bien plus du bail à rente foncière que de toute autre forme de location perpétuelle. Comme dans le bail à rente foncière, la redevance correspond aux produits du fonds. De plus, le bailleur à enzel ne peut jamais réclamer des droits de mutation.

Toutes ces analogies ne pouvaient manquer de frapper les hommes éminents à qui la Tunisie est redevable de la loi foncière de 1885. Le rapport de M. Cambon, qui précède la loi, s'exprimait ainsi : « Le plus important et le plus connu de ces baux à long terme est le contrat d'enzel, si fréquemment usité en Tunisie qu'il peut y être considéré comme une forme particulière du droit de propriété. L'enzel qui se rapproche de notre bail à rente est une location perpétuelle de l'immeuble moyennant une redevance fixe. »

Cette définition donne une idée très complète de l'enzel. Malheureusement on a cru utile de renforcer cette notion en y ajoutant l'idée de domaine utile et de domaine éminent. Le rapport continue : « Le bailleur n'a pas le droit de reprendre la possession de l'immeuble tant qae sa redevance lui est exactement payée ; d'autre part, le preneur peut transmettre son droit d'enzel moyennant un prix ; il en résulte qu'à côté de la propriété il se crée un droit réel d'une valeur beaucoup plus grande. Le propriétaire conserve le domaine éminent, mais le preneur à enzel a tous les avantages attachés au domaine utile. » Cette dernière proposition ne nous paraît pas absolument exacte. La théorie du domaine utile et du domaine éminent implique la sujétion du premier au profit du second. Or, nous ne voyons rien de pareil dans l'enzel. Le bailleur à enzel ne conserve aucun des droits attachés à la directe, il n'a d'autre droit que celui de percevoir la rente, d'autres garanties que celles qui sont nécessaires à l'exercice de ce droit.

La meilleure preuve que l'enzel tunisien, tel qu'il existait avant la loi de 1885, opérait bien transfert du dominium au profit du preneur, c'est que c'est à celui-ci que devait être remis le titre de propriété sur lequel était inscrit la constitution d'enzel (1). Or, on sait qu'en droit tunisien, c'est par la remise de ce titre que s'opère la translation de propriété.

Quant à l'enzel, tel qu'il a été organisé par la loi de 1885, aucun doute ne peut subsister en présence des termes formels de cette loi. L'article 83 le définit : « *une propriété* « *foncière grevée d'une rente perpétuelle* », définition qui s'appliquerait exactement au bail à rente foncière de notre ancien droit. De plus, la même loi a soin de faire ressortir ce caractère translatif de propriété qui différencie l'enzel de l'emphytéose, lorsqu'elle définit ce dernier contrat, article 146 : « *Un droit réel appartenant* à autrui, sous « la condition de lui payer une redevance annuelle, soit en « argent, soit en nature, *en reconnaissance de son droit de* « *propriété.* »

En étudiant maintenant le contrat d'enzel, nous aurons à vérifier l'exactitude de cette conception, et nous verrons quelles conséquences on en peut tirer. Nous examinerons successivement les droits et obligations du vendeur et de l'acheteur à enzel, la formation et les causes d'extinction du contrat, en signalant en passant les nuances qui séparent

---

(1) Tunis, 30 juin 1886, 2 juin 1890, J. T. F. T. 1893, p. 69 et 126.— Sousse, 28 mars 1898, J. T. F. T. 1898, p. 278.

l'enzel traditionnel de l'enzel tel qu'il ressort de la loi foncière.

III. Obligations et droits du crédit-enzéliste. — A. *Obligations*. — Le contrat d'enzel étant un contrat de quasi-aliénation, le vendeur à enzel est tenu d'obligations analogues à celles d'un vendeur, sans qu'il y ait lieu de distinguer entre l'enzel traditionnel et l'enzel de la loi de 1885. Il doit délivrer la chose suivant la contenance indiquée au contrat. Il doit en second lieu garantir le preneur contre le trouble ou l'éviction. (Alger 8 mai 1889. *Journ. des Tribun. Franç.* 1893, 99. *Rev. Alg.* 1890, 2, 429. — Tunis 15 février 1892. J. T. F. 1894. 625. — Tunis 30 janvier 1895, J. T. F. 1895. 197. — Tunis 3 avril 1895. J. T. F. 1895. 260). Toutefois, un doute s'est élevé sur le point de savoir si cette obligation s'étendait au profit de ceux à qui le premier débit-enzéliste cédait son droit. Un jugement du Tribunal de Tunis du 14 janvier 1884 (*Rev. Alg.* 1885. 2. 204 et la note) décida que le bénéficiaire de la rente ne saurait être exposé à aucun recours en garantie de la part des autres acquéreurs à enzel de l'immeuble. On en donnait pour raison que ceux-ci n'ayant pas été parties au contrat primitif, aucun lien de droit n'avait pu se former entre eux et le premier vendeur à enzel. Mais, cette jurisprudence est restée isolée et il a toujours été décidé depuis que l'obligation de délivrer et de garantir subsiste à l'égard de tout cessionnaire du premier acquéreur. Celui-ci leur transmet en effet, avec ses obligations, les droits qu'il a contre son vendeur et notamment son droit à la garantie qui peut être invoqué tant qu'il ne se trouve pas éteint par la prescription. — (Cour d'Alger 8 mai 1889. *Rev. Alg.* 1890. 2. 426. — Tribunal de Tunis 10 mars 1893. *Rev. Alg.* 1893. 2. 373.

Il est d'ailleurs évident que cette obligation ne concerne

que le trouble de droit. Pour que l'action en garantie puisse s'exercer, il faut que le trouble ait une cause juridique et ait son fondement dans le droit d'un tiers, méconnu par le vendeur, lors de la cession à enzel. Le preneur, une fois mis en possession, c'est à lui à se défendre contre les empiétements matériels de ses voisins. (Tribunal de Tunis 3 avril 1895. J. T. F. 1895. 260.)

L'obligation de garantir a sa sanction dans la faculté pour le débit-enzéliste, évincé en totalité ou en partie, de faire rescinder le contrat ou réduire proportionnellement la rente.

B. *Droits du crédit-enzéliste.* — Le vendeur à enzel conserve un droit réel sur l'immeuble qu'il cède. La jurisprudence a depuis longtemps abandonné la théorie émise par un jugement précité du Tribunal de Tunis, du 14 janvier 1884, d'après lequel le bailleur à enzel n'aurait eu qu'un simple droit de créance. Elle est unanime aujourd'hui à reconnaître que le crédit-enzéliste reste investi d'un droit réel immobilier. Aussi, a-t-on décidé en ce qui concerne l'enzel traditionnel que le droit du crédit-enzéliste pouvait être saisi immobilièrement, et vendu sur expropriation. (1)

Il en est de même de l'enzel, tel qu'il est organisé par la loi de 1885. L'article 93 de cette loi dispose en outre que le droit du crédit-enzéliste est susceptible d'usufruit. Toutefois, elle n'a pas cru devoir aller plus loin, et elle ne paraît pas admettre que ce droit puisse être hypothéqué. L'article 232 en effet ne range pas la rente d'enzel parmi les choses susceptibles d'hypothèque. Il ne parle que de « l'enzel » ce qui doit s'entendre évidemment du droit de propriété du preneur.

Le crédit-enzéliste peut poursuivre l'expropriation de

(1) Trib. de Tunis 3 nov. 1888. *Rev. Alg.* 1890. 2. 430.

l'immeuble en quelques mains qu'il se trouve, pour avoir paiement de la rente. Il est ainsi armé d'un véritable droit de suite (1). L'article 229 de la loi de 1885 attribue en outre au crédit enzéliste un privilège pour le paiement des arrérages de l'enzel.

Le crédit-enzéliste peut encore faire prononcer la résolution du contrat pour inexécution des conditions.

Il peut enfin poursuivre en paiement soit celui à qui il a cédé l'immeuble à enzel, soit celui qui le détient actuellement. L'action en paiement des arrérages et d'ailleurs purement personnelle et mobilière et le Tribunal de Tunis en a conclu qu'elle était de la compétence des tribunaux français, même au cas où un Européen étant demandeur, le défendeur était indigène.

IV. Obligations et droits du débit-enzéliste. — A. *Obligations*. — Le droit du vendeur à enzel a son corollaire dans l'obligation pour le débit-enzéliste de payer la rente aux époques fixées, en fait le plus souvent à l'expiration de chaque année.

Nous venons de voir comment le crédit enzéliste peut assurer le recouvrement de la rente ; il reste à ajouter quelques explications.

On reconnaît que si le débit-enzéliste laisse passer deux ans (2) sans payer l'enzel, le crédit-enzéliste peut faire résoudre le contrat. On s'est demandé toutefois si cette résolution avait lieu de plein droit et sans aucune mise en demeure. On voit l'intérêt de la question. Si on admet que le contrat est résolu de plein droit, il faut décider qu'au bout de deux ans, le preneur à enzel qui n'a rien payé est déchu de tous ses droits, et que, même en offrant

(1) Tunis 3 novembre 1888.— 28 novembre 1887.— 26 novembre 1883. J. T. F. 1893. 101, 102.

(2) Trib. de Tunis, 26 nov. 1883. *Rev. Alg.* 1890. 2. 431.

de verser les arrérages arriérés, il ne pourrait échapper à une éviction définitive. D'autre part, il faudrait admettre également que le crédit-enzéliste qui a laissé jouir le preneur pendant plusieurs années, sans rien lui réclamer, peut bien l'expulser, mais ne peut exiger que le payement de deux années d'arrérages. A l'expiration des deux ans en effet, le contrat s'est trouvé rompu ipso facto, et le crédit enzéliste n'est pas fondé à réclamer le paiement des arrérages des années suivantes. Hâtons-nous d'ajouter qu'il ne se trouverait pas désarmé pour autant, et qu'il serait en droit de demander, par une sorte d'action *de in rem verso*, l'équivalent de la jouissance indûe de l'immeuble.

Le tribunal de Tunis a admis l'opinion d'après laquelle la résolution ne peut avoir lieu de plein droit, dans deux jugements, l'un du 13 mars 1893 (1), l'autre du 20 Juillet 1894.

M. Clavel estime au contraire que la résolution du contrat d'enzel a lieu de plein droit. Il fonde son opinion sur la ressemblance du contrat d'enzel et du contrat d'emphytéose romaine. En droit romain, en effet, la déchéance de l'emphytéose, qui avait laissé passé trois ans sans payer le canon, avait lieu de plein droit. Cet argument ne nous parait guère convaincant. S'il est permis de raisonner par analogie en cette matière, ce n'est pas dans le droit romain qu'il faut chercher une solution. Le bail à rente foncière de l'ancien droit français se rapproche bien davantage de l'enzel, car il opérait comme lui transfert de de la propriété. Or, on décidait que la résolution ne pouvait avoir lieu que par sentence du juge. Celui-ci, avant de statuer définitivement, pouvait accorder des délais de grâce (2). D'ailleurs, même en droit romain, la commise

---

(1) *Rev. Alg.* 1883. 237. J. T. F. T. 1893. 131.
(2) Pothier, op. cit. p. 512.

emphytéotique résultait non des principes généraux du droit, mais d'un texte formel du code de Justinien que l'on ne peut songer à invoquer ici. Or, dans le silence de la législation tunisienne, il semble plus sage de s'en rapporter sur ce point aux règles générales du droit. En principe l'inexécution d'une obligation par une des parties contractantes ne suffit pas à faire résoudre un contrat *ipso facto*. Dans notre droit, le pacte commissaire tacite, sous entendu en matière d'obligation synallagmatique, est inefficace par lui seul : la rescision du contrat doit être pronomcée par le juge (C. C. art. 1184). Le droit romain était encore plus rigoureux : la *lex commissoria* n'était jamais sous entendue. Toutefois, s'il s'agissait de contrat réel, au cas d'inexécution de l'obligation par l'une des parties, son co-contractant pouvait au moyen de la *condictio, causa data, causa non secuta*, faire prononcer la résolution du contrat, mais en aucun cas cette résolution n'avait lieu de pleindroit.

De même en matière d'enzel le non paiement de la rente pendant deux ans équivaut à une condition résolutoire tacite, insuffisante par suite à faire déchoir *de plano* le débit-enzéliste de son droit.

Le preneur à enzel, en contractant, s'oblige personnellement à payer la rente. Il ne saurait par suite se soustraire à son obligation en délaissant le fonds (1). Nous ne trouvons donc là rien d'analogue à la faculté de *déguerpissement*, reconnue au preneur à rente perpétuelle, faculté qui s'introduisit peu à peu dans les coutumes sous l'influence de conditions économiques rendant très onéreuse (2) la

---

(1) Tribunal de Tunis, 20 juillet 1894, p. 474.

(2) Jusqu'au XV⁰ siècle on admit que le preneur et ses héritiers contractant une obligation personnelle ne pouvaient se libérer par le déguerpissement. L'ancienne coutume d'Orléans suivait cette opinion, la nouvelle coutume en 1583, accorda au preneur la faculté de déguerpissement. Voir Pothier op. cit. p. 573.

situation des détenteurs de terres grévées de charges foncières.

La loi de 1885 a toutefois apporté une restriction importante au droit du crédit enzéliste en décidant (art. 88), qu « en cas de non payement de la rente par le débit « rentier, le crédit rentier peut poursuivre la vente de « l'immeuble tenu à enzel, pour avoir paiement des arré- « rages échus » et, art. 89, « qu'en cas d'insuffisance du « prix de vente, l'enzéliste (débit rentier) ne sera tenu « personnellement que des arrérages des deux dernières « années qui pourront être dues ».

Cette dernière disposition, constituant une dérogation au droit commun, doit être interprétée restrictivement. Elle ne signifie nullement, comme on a essayé de le soutenir, que le débit-enzéliste peut se libérer en offrant le payement de deux annuités et l'abandon de l'immeuble. L'enzéliste, en cas d'insuffisance du prix de vente, n'est tenu personnellement que des arrérages des deux dernières années. Cela veut dire que le crédit rentier, qui n'est pas payé, doit poursuivre d'abord la saisie de l'immeuble grevé d'enzel, et qu'il ne peut s'attaquer aux autres biens du débit-enzéliste que si le prix de vente de cet immeuble est insuffisant et que jusqu'à concurrence des deux dernières annuités (1).

B. *Droits du débit enzéliste.* — En retour du paiement de de la rente annuelle, le crédit enzéliste acquiert le droit de jouir de la chose de la façon la plus absolue. Il peut lui faire subir tous les changements qui lui plaisent. Il n'est, par conséquent, pas tenu d'améliorer, ni d'entretenir le fonds acquis à enzel. Toutefois, son droit ne va évidemment pas jusqu'à détériorer l'immeuble au point de faire perdre au crédit-rentier sa garantie pour le service de la rente.

(1) Tribunal de Tunis, 24 janvier 1898. J. T. F. T., 1898, p. 352.

Le preneur à enzel bénéficie de toutes les augmentations de valeur, comme il supporte les diminutions ; sans que, pour cela, la rente puisse être augmentée ou diminuée. Toutefois, son droit de jouissance va-t-il jusqu'à pouvoir ouvrir des mines ou carrières ?

La législation minière de la Tunisie est contenue dans le décret du 10 mai 1893, qui déclare (art. 1er) les mines propriétés domaniales. Ni le crédit-enzéliste, ni le débit-enzéliste ne peuvent, par suite, prétendre à un droit de propriété sur la mine située sur le fonds. Mais, aux termes des articles 13 et suivants, lorsque les travaux de recherches ou d'exploitation nécessiteront l'occupation temporaire d'un terrain, le propriétaire aura droit à une indemnité fixée, soit amiablement, soit à dires d'experts. Cette indemnité, correspondant à la privation de jouissance, doit évidemment appartenir à celui qui a la jouissance de l'immeuble, au débit-enzéliste. Si l'occupation temporaire prive le propriétaire de la jouissance du sol pendant plus de trois ans, ou lorsque, après l'exécution des travaux, les terrains occupés ne seront plus propres à la culture, les propriétaires pourront exiger l'acquisition du sol. Le terrain à acquérir ainsi sera toujours estimé au double de la valeur qu'il avait avant l'occupation (art. 19). S'il s'agit d'une terre grevée d'enzel, il faudrait, par application des principes énoncés plus haut, décider que l'occupant prendra la place du débit-enzéliste et lui payera le double de la valeur du terrain, car la plus-value de l'immeuble doit profiter tout entière au débit-enzéliste. Mais il faudrait aussi tenir compte de la rente d'enzel que l'occupant devra continuer à payer, et décider par suite qu'il retiendra sur le prix une somme représentant le capital nécessaire au service de la rente.

La législation tunisienne n'a pas encore réglé le mode de

jouissance des carrières. La question est intéressante cependant à raison des importants gisements de phosphate situés dans le Sud. En l'absence de disposition spéciale, le droit d'exploiter les carrières appartient au propriétaire du sol. Si l'Etat a eu souvent à intervenir, c'est que la plupart des gisements, actuellement connus, se trouvent sur des propriétés domaniales, et l'Etat, en faisant des concessions, n'agissait qu'en qualité de propriétaire. On peut se demander quelle serait la situation d'un preneur à enzel qui possède sur son fonds une carrière. Il est évident, s'il se met à exploiter, que lorsque le gisement sera épuisé, l'immeuble aura subi une détérioration considérable et que la garantie du crédit-enzéliste s'en trouvera notablement amoindrie, sinon anéantie. Mais, d'autre part, le débit-enzéliste, investi d'un droit de jouissance absolu, a le droit de retirer de la chose tous les avantages qu'elle comporte. De plus, le développement économique du pays exige la mise en valeur de ses richesses naturelles. Pour ces deux motifs, il paraît juste d'attribuer au preneur à enzel le droit à l'exploitation des carrières, sous réserve toutefois des mesures à prendre par le crédit-rentier pour sauvegarder ses droits. Le tribunal de Tunis n'a pas eu encore, croyons-nous, à se prononcer à ce sujet ; toutefois, il paraît avoir laissé entrevoir son opinion dans un jugement du 24 mai 1897 (1). Ce jugement annule un bail, consenti pour quinze ans par l'administrateur d'un habous privé, avec l'autorisation du cadi, pour l'exploitation de gisements de phosphate. Il se fonde sur ce que toutes les parties intéressées n'avaient pas été parties au contrat. Les dévolutaires actuels se trouvaient en effet représentés par l'administrateur du habous et les dévolutaires ultérieurs par le cadi. Mais

(1) J. T. F., 1977, p. 319.

la Djemaïa, chargée des intérêts de l'œuvre pie, bénéfi-
ciairc finale, n'avait pas été consultée. De plus, il s'agissait
d'un bail et non d'une vente à enzel. Or, on sait que jusqu'à
ces derniers temps, tout au moins, les baux à long terme
des biens habous étaient interdits. La décision eut été
vraisemblablement tout autre s'il se fût agi d'une cession à enzel passée avec toutes les garanties prescrites
par la loi et les coutumes tunisiennes. « Attendu, dit le
« jugement, que les gisements de phosphates n'étant pas
« des fruits, c'est vendre en réalité, sous forme de bail, une
« partie de l'immeuble que de céder, moyennant un capi-
« tal ou une redevance, le droit de les exploiter pendant
« plusieurs années ;

« Attendu que le droit tunisien admet la validité d'un
« contrat d'une nature spéciale, appelé enzel ou cession
« à enzel, et qui n'est autre que la location perpétuelle
« ou l'aliénation du domaine utile d'un immeuble moyen-
« nant une rente ;

« Attendu que les habous peuvent faire l'objet d'un enzel
« par les soins du cadi ; mais attendu qu'aux termes des
« décrets beylicaux des 21 octobre 1885 et 22 juin 1888
« cette cession à enzel ne pouvait avoir lieu pour les
« habous privés que sur la demande du mokaddem ou
« administrateur de l'immeuble et avec le consentement
« écrit de tous les dévolutaires, et que l'administration
« des habous publics doit toujours en recevoir avis... »

Il semble bien résulter de là qu'une cession à enzel régulièrement passée, eût conféré au preneur le droit d'exploiter les carrières situées sur le fonds, même s'il se fût
agi d'immeubles habous, pourvu que toutes les formalités
requises eussent été observées. Il en est ainsi certainement
lorsque la cession a été faite précisément en vue de
l'exploitation des carrières ou gisements, il est facile alors

d'insérer dans le cahier des charges d'adjudication toutes les clauses de nature à sauvegarder les droits de tous les intéressés.

Mais lorsque la cession à enzel a été faite sans qu'on ait prévu l'exploitation possible de gisements de phosphate, comment garantir ces intérêts ? Dans notre ancien droit on ne reconnaissait pas au preneur à rente foncière la faculté d'ouvrir des carrières sur le fonds. « Le droit du « preneur et de ses successeurs à l'héritage, chargé de « rente foncière, étant un droit de propriété, c'est une « conséquence qu'ils peuvent disposer, comme bon leur « semble, de l'héritage et en changer la forme... Néan- « moins, quoique le *dominium* renferme le *jus utendi et* « *abutendi*, un propriétaire d'héritage chargé de rente « foncière ne peut le détériorer ; car le preneur s'oblige, par « le bail à rente, à conserver l'héritage en bon état, pour « la sûreté de la rente foncière dont cet héritage est « chargé... C'est sur ce principe que notre Coutume d'Or- « léans, article 490, décide que le propriétaire d'un héritage « peut être empêché par le créancier de rente foncière, « d'y faire *perrière*, d'y fouiller et enlever des pierres, si ce « n'est pour les employer sur ledit héritage, à moins que, « dès le temps du bail, l'héritage ne fût un lieu destiné à « faire perrière (1). » Il semble qu'il y ait même raison de décider que le débit-enzéliste ne peut ouvrir de carrière sur son fonds sans l'assentiment du crédit-enzéliste ; car il ne peut le faire sans détériorer le fonds et compromettre par suite le service de la rente.

Pratiquement, la solution paraît se trouver dans l'application des décrets récents qui, comme nous le verrons plus loin, accordent au débit-enzéliste la faculté d'offrir

(1) Pothier, op. cit., p. 569.

un autre fonds en échange de .la propriété habousée.
Grâce à ce procédé, le débit-enzéliste acquerra la propriété
absolue et incommutable du fonds et aura par suite le
droit d'y entreprendre l'exploitation des carrières qui y
existent, sans avoir à redouter l'intervention du crédit-
rentier, Il est d'ailleurs à espérer que, d'ici peu, l'intervention du législateur viendra mettre un terme à ces difficultés, résultat inévitable de la transformation économique
du pays, et qu'une loi réglementera l'exploitation de ces
richesses naturelles, appelées à devenir une source de
fortune pour la Tunisie.

Cession du droit d'enzel. — Le débit-enzéliste, acquérant
la propriété de la chose, peut en disposer comme il
l'entend. Aussi, en ce qui concerne les immeubles immatriculés, la loi foncière décide-t-elle que le preneur à
enzel peut constituer un usufruit sur l'immeuble (art. 93,
4°), qu'il peut l'hypothéquer (art. 233, 3°). Même avant la
loi de 1885, il était reconnu que le débit-enzéliste pouvait donner en gage, par le contrat de *rahnia*, l'immeuble
qu'il détenait. Ce contrat, sorte d'antichrèse, tenait lieu
de l'hypothèque, inconnue en droit musulman. Le débiteur, propriétaire ou possesseur à enzel, remettait à son
créancier non l'immeuble lui-même, mais le titre de propriété, sans lequel lui-même ne pouvait désormais aliéner.

Le débit-enzéliste peut également céder son droit,
transférer à un acquéreur la propriété de l'immeuble
grevé d'enzel. Le consentement du crédit-enzéliste n'est
pas nécessaire, il suffit qu'avis lui soit donné de la
cession. (Tribunal de Tunis, 3 novembre 1888, *Journal
Trib. fr.*, 1893, p. 102. — Tunis 13 mars 1893, *Journal
Trib. fr.*, 1893, p. 128 ; *Rev. alg.*, 1890, 2°, 431, note. —
Tunis 2 juillet 1895, *Journal Trib. fr.*, 1895, 518.) En cela
encore le contrat d'enzel se différencie de l'emphytéose

romaine pour se rapprocher du bail à rente foncière de notre ancien droit. En droit romain, l'emphytéote, qui voulait céder son droit, devait, d'après la constitution de Justinien (1), dénoncer au propriétaire son intention de vendre et attendre son autorisation. Au bout de deux mois, s'il n'avait reçu aucune réponse, il pouvait passer outre. Le propriétaire n'avait d'ailleurs pas le droit de s'opposer à la cession, seulement il avait la faculté de se porter acheteur, en payant le prix que l'emphytéote aurait pu raisonnablement espérer d'un tiers ; c'était ce que l'on a appelé le retrait emphytéotique. Si le propriétaire n'exerçait pas ce droit, il ne pouvait interdire l'aliénation, mais il prélevait à son profit le cinquantième du prix ou de l'estimation du fonds aliéné (2). Au Moyen-Age, dans le bail à rente foncière, le preneur, propriétaire de l'héritage, pouvait aliéner ses droits sans aucune autorisation et n'avait à payer aucun droit de mutation à son bailleur.

Il en est de même en matière d'enzel. Un décret bey-lical du 7 juin 1880 (3), « considérant que le refus des notaires de dresser, sans le consentement du propriétaire, les actes relatifs au transfert des enzels, constitue un obstacle à la liberté des transactions », dispose que « les notaires dresseront les actes relatifs au transfert des enzels, sans s'assurer du consentement du propriétaire ; ils seront seulement tenus de lui en donner avis. » C'est là encore la confirmation de cette idée que le preneur à enzel, comme le débit rentier de l'ancien droit, acquiert plus qu'un droit

---

(1) C. J., *De jure emphyteutico*, c. 3.

(2) Non amplius eis (dominis) liceat pro subscriptione sua vel depositione, nisi quinquagesimam partem pretii, vel æstimationis loci, qui ad aliam personam transfertur, accipere, c. 3. C. J., *De jure emphyteutico*.

(3) Sebaut, *Dictionnaire*, p. 297.

réel, mais une véritable propriété de la chose, qui lui confère un droit de libre disposition (1).

Le débit-enzéliste, qui cède l'immeuble tenu à enzel, n'a d'autre obligation à l'égard du crédit-enzéliste que de l'informer de la cession et du nom du cessionnaire. L'omission de cette formalité n'annulerait pas le contrat, seulement le cédant resterait personnellement débiteur de la rente. Il a même été décidé (2) que, dans ce cas, le cédant ne pourrait pas être recherché par le crédit-rentier pour le paiement des arrérages dûs par le nouveau débiteur. Jusqu'alors le tribunal de Tunis s'était prononcé en sens contraire. Il semble qu'il y ait là surtout une question de fait. Le débit enzéliste qui aliène, sans avertir le crédit-enzéliste, peut être tenu vis-à-vis de lui à raison de sa faute personnelle, s'il est vrai que le crédit enzéliste a ignoré la cession. Mais on ne voit aucune raison d'appliquer la même solution au cas où le crédit enzéliste a eu connaissance de l'aliénation, de quelque façon que ce fût, si par exemple le nouvel occupant s'est révélé à lui en acquittant l'enzel.

Morcellement de l'enzel. — Le preneur à enzel ne pouvant aggraver la situation du crédit-enzéliste, on en avait conclu que la cession faite par le crédit enzéliste ne pouvait porter que sur la totalité de l'immeuble. Il était par suite interdit de fractionner l'enzel entre plusieurs cessionnaires de parcelles de l'immeuble. On décidait que si l'enzel avait été morcelé sans le consentement du crédit

(1) Toutefois le crédit-enzéliste peut s'opposer à la cession pour des motifs légitimes, lorsque la cession, par exemple, n'est consentie par le cédant que pour se soustraire au paiement de la rente après avoir détérioré le fonds. Tunis 9 avril 1894. — *J. T. F. T.*, 1897, p. 380.

(2) Justice de paix du canton Nord de Tunis, *J. T. F. T.*, 1896, p. 87.

rentier, ce dernier pouvait exercer son droit pour le paiement de la rente sur l'immeuble entier. (Tunis 16 avril 1890.
Journal Trib. fr. 1890, 117. — Tunis 15 février 1892, *ibid.*
1893, 362; 13 juin 1893, *ibid.* 1894, p. 78.)

Toutefois un décret du 16 juillet 1895 (1), relatif aux
immeubles habous tenus à enzel, a décidé, pour couper
court aux abus qui se produisaient, que « les propriétés
grevées de rente d'enzel au profit d'une fondation habous
pourraient désormais être morcelées, moyennant une
augmentation de la rente de chaque lot détaché. (art. 1). »
— « La répartition de la rente d'enzel (entre chaque lot)
sera faite proportionnellement à la valeur des lots, et ne
pourra être effectuée qu'après entente avec le bénéficiaire
de l'enzel et ratification de cette entente par la Djemaïa,
si le bénéficiaire est un descendant du fondateur du
habous ; s'il y a désaccord il sera procédé à une expertise
légale aux frais de l'enzéliste (art. 2). » — Le décret fixe
ensuite le tarif suivant lequel cette augmentation est
calculée. Pour les propriétés rurales, si l'enzel afférant à la
parcelle détachée est fixé à 100 fr. ou au-dessous, l'augmentation est de 10 o/o; de 101 à 1.000 fr. l'augmentation
est de 10 fr. pour les premiers 100 fr. plus 5 o/o pour
chaque 100 fr, ou fraction de 100 fr. Au-dessus de 1.000 fr.,
l'augmentation est de 55 fr. sur les premiers 1.000 fr., plus
3 o/o pour chaque 100 fr. en plus, ou fraction de 100 fr.

Pour les immeubles urbains, si l'enzel du lot détaché est
fixé à 100 fr. ou au-dessus, l'augmentation est de 10 o/o. De
101 fr. à 500 fr. elle est de 10 fr. sur les premiers 100 fr., plus
6 o/o pour chaque somme de 100 fr. ou fraction de 100 fr.
De 500 à 1.000 fr., l'augmentation est de 34 fr. pour les
premiers 500 fr. plus 5 o/o pour chaque 100 fr. ou fraction

(1) Sebaut. dictionnaire de législation tunisienne, p. 303.

de 100 fr. Au-dessus de 1.000 fr. l'augmentation est de
60 fr. pour les premiers 1,000 fr. plus 3 o/o pour chaque
100 fr. ou fraction de 100 fr. en sus. Un individu possède
par exemple un immeuble rural habous moyennant un
enzel de 1.600 fr. Il morcelle ce fonds en trois lots d'inégale
valeur. La détermination de la portion de la rente, afférente
à chaque lot, sera faite, comme il est dit plus haut (art. 2).
Supposons que cette répartition fixe cette portion à 100 fr.
d'enzel pour le premier lot, à 500 fr. pour le second, à
1.000 pour le troisième. En appliquant le tarif ci-dessus,
on voit que la rente d'enzel, qui devra être payée chaque
année, sera de 110 fr. pour la première parcelle, de 530 pour
la seconde, de 1.055 fr. pour la troisième. Le fonds qui
avant d'être morcelé, ne rapportait que 1.600 fr. d'enzel
au bénéficiaire du habous, en produira désormais 1.695.
Seulement le crédit-rentier au lieu de s'adresser à un seul
débiteur devra s'adresser à trois débit-enzélistes. Cette éle-
vation de la rente est destinée à compenser pour lui les inconvénients qui peuvent résulter de ce fractionnement de
l'enzel. Tandis que, d'autre part, la faculté de morceller
l'enzel fait disparaître un obstacle à la circulation des
biens, et est de nature à favoriser, au profit de la richesse
générale, la division des grands domaines habous.

Toutefois le décret de 1895 ne s'appliquant qu'aux biens
habous publics ou privés, le morcellement des autres
immeubles, tenus à enzel, reste interdit sans le consentement du propriétaire.

Le débit-enzéliste, qui cède le fonds qu'il détient, a
évidemment le droit de faire payer cette cession. Le
nouveau cessionnaire sera donc tenu de payer d'une part
le prix d'entrée à son cédant et de servir d'autre part la
rente d'enzel au crédit-enzéliste. Mais le débit-enzéliste
peut-il au lieu d'exiger le paiement d'un prix, constituer

à son tour sur l'immeuble un nouvel enzel : le donner en sous-enzel? Le Tribunal de Tunis a eu maintes fois l'occasion de décider qu'une telle pratique n'était pas admise par le droit tunisien (1) et il a formulé cette règle dans la maxime « enzel sur enzel ne vaut ». Cette prohibition n'empêche d'ailleurs pas le débit-enzéliste de stipuler en cédant son fonds, non le versement d'un prix d'entrée, mais le payement d'une rente annuelle. Il n'a alors contre son cessionnaire qu'un simple droit de créance et ne peut exercer sur l'immeuble aucune action réelle.

V. Mode de constitution de l'enzel sur les immeubles habous. — La cession à enzel étant un acte de disposition, il faut pour pouvoir céder un immeuble à enzel en être propriétaire et avoir la capacité d'aliéner. Cette règle ne soulève aucune difficulté en ce qui concerne les immeubles melks. Le propriétaire est libre de disposer de sa chose comme il l'entend. Aucune formalité substantielle n'est requise. La coutume exige seulement la rédaction d'un acte constatant la convention et la remise au preneur du titre de propriété sur lequel est mentionnée la constitution d'enzel (2). Pour les immeubles habous, qui seuls doivent nous occuper ici, il n'en est plus de même. Les bénéficiaires actuels de ces immeubles n'ont évidemment pas qualité pour consentir une mesure qui engage l'avenir indéfiniment, et transforme en réalité le droit des dévolutaires ultérieurs, en le faisant porter, non plus sur la jouissance directe de l'immeuble, mais sur la rente d'enzel. Logiquement pour que le contrat de quasi aliénation qu'est l'enzel puisse être valablement consenti, il faut que tous les ayants droit aux habous soient parties à l'acte. Il

(1) Tunis 3 nov. 1888. *Rev. Alg.* 1890 2. 430. — 26 nov. 1894 J. T. F. 1895. 119 — 24 mai 1895 — 95, 504.
(2) Tilloy. Répertoire V° Enzel.

faut donc que tous les intérêts soient représentés, aussi bien ceux des dévolutaires actuels que ceux des dévolutaires futurs et de l'œuvre pie, bénéficiaire finale. S'agit-il d'un habous public, il importe que toutes les précautions soient prises pour que la cession à enzel soit faite dans les conditions les plus avantageuses pour l'œuvre bénéficiaire. Aussi a-t-il toujours été décidé que l'autorisation du cadi était nécessaire pour la mise à enzel d'un immeuble habous, un tel acte excédant à coup sûr les pouvoirs de l'administrateur. Puis, à mesure que se complétait le système administratif de la régence, on réglementait soigneusement le mode de cession à enzel des habous privés ou publics.

Déjà avant l'occupation française, le décret beylical du 19 mars 1874, qui organisait la Djemaïa, décidait, dans son article 13, que la mise à enzel des habous ne pouvait être faite qu'aux enchères publiques, par le cadi du territoire où se trouvait situé l'immeuble. L'adjudication ne devenait parfaite qu'après avoir été ratifiée par la Djemaïa, qui devait s'assurer que toutes les formalités requises avaient été accomplies. Le décret du 22 mai 1874 reproduit et complète ces dispositions. Enfin un décret du 28 novembre de la même année dispose formellement que ces textes s'appliquent non seulement aux habous publics, mais aussi « à ceux qui sont constitués en faveurs des « descendants de leurs fondateurs, de telle sorte que les « droits des dévolutaires puissent être sauvegardés et que « la Djemaïa des habous sache bien à qui ces habous « doivent revenir en dernier lieu. »

Après l'établissement du protectorat, nous retrouvons des prescriptions analogues dans un décret du 18 août 1885 (article 1). Puis, quelque temps après, le décret du 21 octobre 1885, celui du 31 janvier 1888 règlent le fonctionnement pratique de la mise aux enchères des enzels à constituer sur les immeubles habous. Ces textes ont été abrogés et remplacés par le décret du 22 juin 1888 qui a organisé d'une façon très complète les formes de l'adjudication à enzel des biens habous. A part quelques modifications de détail, c'est encore la procédure actuellement en vigueur.

Forme de la demande de mise à enzel. — Le droit de demander la mise à enzel d'un habous devait appartenir avant tout à ceux qui bénéficient de l'institution ou à leurs représentants. Eux seuls ont en effet qualité pour apprécier si cette opération est avantageuse à l'immeuble dont ils ont la jouissance ou la gestion. Par suite, c'est à eux que doit s'adresser toute personne désireuse d'acquérir un immeuble habous ; libres à eux d'accepter ou de repousser la proposition qui leur est faite. S'ils acceptent, ils adressent au tribunal du Châra une demande régulière de mise aux enchères

Lorsqu'il s'agit d'un habous privé, cette demande doit être formée par le mokaddem ou administrateur de l'immeuble, avec le consentement écrit de tous les ayants droit. Un décret du 23 décembre 1894 s'est départi de cette exigence, en décidant que le consentement des principaux ayants droit suffirait désormais, seulement la demande devra être soumise à l'approbation du cadi malékite.

S'il s'agit d'un habous public, la demande de mise à enzel devra être formée par le président de l'administration à laquelle ressortit l'immeuble : le président de la Djemaïa, pour les immeubles qui en dépendent ; le directeur des harameins, pour les habous affectés aux Villes saintes ; le directeur et l'administrateur des biens du collège Sadiki, pour les habous de cet établissement. (Art. 1, décret du 22 juin 1888.)

Cette demande doit contenir : 1° la désignation de l'immeuble ; 2° s'il s'agit d'une propriété rurale, un croquis visuel, dressé par un géomètre du service topographique ; 3° le nom de l'auteur de la demande en constitution d'enzel ; 4° le montant de la mise à prix ; 5° les titres du habous et tous les documents dont la production serait nécessaire pour passer l'acte constitutif d'enzel à la suite des enchères. (Ces pièces doivent en outre être traduites en français) ; 6° le cahier des charges de l'adjudication ; 7° s'il s'agit d'un habous public, l'autorisation gouvernementale.

Il est loisible au demandeur en constitution d'enzel d'insérer toutes clauses ou conditions, pourvu qu'elles ne soient pas contraires aux lois et règlements. Mais le cahier des charges doit contenir nécessairement certaines indications. Il doit notamment faire connaître la date à laquelle le paiement de la rente annuelle sera exigible ; cette rente sera payable, soit en un seul terme, soit en deux termes semestriels. Le cahier des charges devra encore indiquer le lieu du paiement ; le délai, calculé du jour des enchères, dans lequel l'acte de cession à enzel devra être passé, sans que ce délai puisse excéder deux mois ; l'époque de la prise de possession qui devra, dans tous les cas, être effectuée dans l'année qui suivra les enchères ; enfin, l'indication des jours et heures où l'immeuble pourra être visité.

Le dossier de la demande ainsi composé est adressé à un magistrat du tribunal du Châra qui désigne un notaire de Tunis, chargé de conserver les pièces déposées et de suivre les formalités préliminaires des enchères, celles des enchères elles-mêmes, et de passer les actes d'enzel. Ce magistrat doit lui-même examiner si la demande en constitution d'enzel est recevable. Il vérifie si toutes les condi-

tions, énoncées plus haut, ont été remplies et statue dans
le délai d'un mois. Sa décision motivée est aussitôt notifiée au notaire. Si la demande est jugée recevable, le notaire procède aux formalités préliminaires des enchères ;
si elle est rejetée, le notaire doit signifier ce refus au demandeur en en indiquant les motifs. Le demandeur peut
alors introduire une nouvelle demande régulière devant
un autre magistrat du Châra.

Formalités préliminaires des enchères. — Dès que le notaire a reçu notification de la recevabilité d'une demande,
il doit inscrire sur un registre, tenu à cet effet au Châra,
les indications contenues dans la demande : désignation
de l'immeuble, nom de l'auteur de la demande et montant
de la mise à prix. S'il s'agit d'un habous privé, le notaire
doit donner communication des pièces dont il a le dépôt
au président de la Djemaïa qui les lui retourne dans les
huit jours.

Le notaire doit, en outre, dans les vingt jours qui suivent la notification à lui faite de la recevabilité de la
demande, faire insérer au *Journal officiel Tunisien,* simul-
tanément dans l'édition française et dans l'édition arabe,
une copie textuelle des énonciations faites par lui sur
le registre du Châra. Cette publication doit être ré-
pétée une seconde fois, le troisième jeudi qui suit la
première insertion. Enfin, des extraits des numéros du
journal officiel, contenant l'avis de mise en adjudication,
sont affichés par les soins de l'Administration des habous
aux endroits convenables pour donner à la mise à enzel
toute la publicité possible. Ces affiches indiquent en
outre le montant approximatif des sommes à déposer par
l'adjudicataire immédiatement après l'adjudication. Toute
personne peut, jusqu'au moment des enchères, prendre
communication des pièces du dossier déposées chez le

notaire, celui-ci doit même délivrer copie des parties du titre, indiquant les limites de l'immeuble, à toute personne qui le requiert et acquitte le montant des frais de cette copie.

Le magistrat du Châra, qui a eu à examiner la recevabilité de la demande de constitution d'enzel, est chargé de surveiller l'accomplissement de ces formalités et de trancher les difficultés qui pourraient s'élever à ce sujet jusqu'au moment du prononcé des enchères.

Des enchères. — Les enchères ont lieu le jeudi au tribunal du Châra (*Divan*), sous la présidence d'un magistrat de ce tribunal, assisté d'un interprète français. Pour chaque immeuble qui a fait l'objet d'une demande en constitution d'enzel, il est procédé aux enchères le cinquième jeudi qui suit la première publication au *Journal officiel*.

D'après l'économie du décret du 22 juin 1888, les enchères devaient durer uniformément quinze minutes, le dernier enchérisseur, au moment où ce délai expirait, était proclamé adjudicataire. Si plusieurs enchérisseurs faisaient à ce moment la même offre, on continuait les enchères pendant cinq nouvelles minutes, si le même fait se reproduisait de nouveau, on tirait au sort entre les concurrents. Ce système n'était pas sans inconvénients : les enchérisseurs, pour ne pas éveiller l'attention de leurs compétiteurs, attendaient le dernier moment ; puis c'était, à l'expiration de la dernière minute, une précipitation à miser qui amenait des confusions et des discussions inévitables. Aussi, un décret du 31 janvier 1898 a-t-il abandonné ce système et a transporté devant le tribunal arabe, la procédure d'enchères avec l'emploi des trois bougies, d'une durée d'une minutes chacune, telle qu'elle est organisée, pour les ventes judiciaires d'immeubles en France, par les articles 705 et 706 du Code de procédure civile. En principe, chacun mise lui-même ; toutefois, le cahier des charges peut, dans une clause spéciale, réserver la faculté à l'acquéreur d'élire command.

Le résultat des enchères est consigné sur le registre du Châra, en regard de l'inscription relative à l'immeuble dont l'enzel est mis en adjudication. Cette mention est signée par l'adjudicataire qui déclare en même temps avoir pleine connaissance des obligations résultant pour lui, tant des lois et règlements que du cahier des clauses et conditions de la constitution d'enzel. (Art. 20, décret du 22 juin 1888).

Un certificat est également remis à l'adjudicataire, constatant sa qualité et le montant de la rente et indiquant le numéro de l'enzel auquel il se rapporte ; puis, dans un délai qui ne peut excéder deux mois, il est dressé l'acte de cession à enzel.

L'immeuble habous, ainsi adjugé à enzel, doit être immatriculé par les soins de l'adjudicataire. Le décret précité du 21 octobre 1895 avait déjà édicté cette règle pour tout adjudicataire français, mais il laissait l'adjudicataire tunisien libre de placer ou non l'immeuble par lui acquis sous le régime de la loi foncière du 1er juillet 1885. Le décret du 22 juin 1888 a fait disparaître cette inégalité. Il décide (article 21) que tout adjudicataire doit signer aussitôt après la fin des enchères, une demande d'immatriculation et déposer le montant des frais de cette opération. Faute par lui de donner suite à cette demande, la procédure d'immatriculation est poursuivie à ses frais et en son nom par le président de l'Administration des habous. Entre autres avantages, l'immatriculation obligatoire des immeubles habous cédés à enzel a pour effet d'assurer à l'acquéreur toute sécurité, de soumettre, *ipso facto*, l'enzel aux règles édictées par les articles 83 et suivants de la loi foncière, enfin de généraliser, au profit des biens habous, l'adoption du régime de l'immatriculation.

Si l'adjudicataire ne peut satisfaire aux conditions du cahier des charges, l'enzel de l'immeuble est remis en adjudication sur folle enchère. Le président de l'audience des criées remet à cet effet un certificat à l'ayant droit au habous. Dans les trois jours qui suivent, de nouvelles affiches sont apposées, et une nouvelle insertion est faite au *Journal officiel Tunisien*, indiquant les nom et demeure du fol enchérisseur, le montant de l'adjudication, la nouvelle mise à prix et le jour des enchères qui doivent avoir lieu dans les quinze jours au moins, dans les 30 jours au plus, de l'apposition des affiches.

La procédure d'adjudication, instituée par le décret du 22 juin 1888, ne s'applique qu'à la constitution d'enzel des immeubles habous, et non à la cession de cet enzel par le preneur. Celui-ci reste donc libre de transférer son enzel à un tiers, conformément aux principes énoncés plus haut, sans avoir d'autre formalité à remplir que d'informer de cette cession le bénéficiaire du habous (1).

Extinction du contrat d'enzel. — Le contrat d'enzel est de sa nature perpétuel, par suite la rente est irrachetable, sauf stipulation contraire. « En aucun cas le crédit rentier ne pourra, à moins de convention contraire, être contraint à recevoir le remboursement de sa rente (art. 86 de la loi du 1er juillet 1885). » L'enzel est, en effet, un contrat synallagmatique qui emporte des droits et des obligations réciproques pour les deux parties. On ne comprendrait pas comment la volonté d'une seule pût rompre le contrat ou tout au moins en transformer la nature. De quel droit le débit enzéliste pourrait-il substituer à l'obligation successive de servir une rente annuelle le paiement d'un capital versé une fois pour toutes, si le crédit-enzéliste ne

(1) Tunis, 13 mars 1893. Journ. trib. fr. 1893, 128.

veut y consentir ? Celui-ci en effet a conservé un droit réel
sur la chose cédée à enzel ; le contraindre à abandonner
ce droit contre le payement d'un capital constituerait une
véritable expropriation. Aussi les rentes foncières dans
notre ancien droit étaient-elles essentiellement irrachetables. « En effet, dit M. Demolombe (t. IX p. 270) on ne
rachète que ce qui a été vendu : or le preneur n'avait pas
vendu la rente au bailleur, c'est le bailleur qui s'était
réservé ce droit sur son immeuble *(census reservativus)* ».
Bien plus, on décidait même que si la rente foncière avait
été stipulée rachetable, le preneur ou ses ayants cause, qui
n'usaient pas de cette faculté dans les trente ans, ne
pouvaient plus ensuite s'en prévaloir (1).

La loi du 4 août 1789 art. 6, puis celle des 18 et 29
décembre, titre I art. 1, abolirent le bail à rente perpétuelle,
en déclarant rachetables toutes les rentes foncières perpétuelles et en interdisant d'en constituer à l'avenir. C'était
une véritable expropriation pour cause d'utilité publique
que la Révolution opérait. Nous aurons à examiner plus
loin si une pareille réforme ne s'impose pas à l'heure
actuelle en Tunisie.

L'enzel peut cependant être soumis à certaines causes
accidentelles d'extinction. C'est d'abord la résiliation for-
cée, prononcée soit pour défaut de payement, soit pour
détérioration grave et dolosive apportée à l'immeuble par
le preneur. C'est aussi la résiliation volontaire au cas où
les parties ont stipulé l'enzel rachetable. Il arrive, en effet,
que, dans la constitution d'enzel, le bailleur concède au
preneur le droit de se libérer de la rente d'enzel, en payant
un capital, fixé d'ordinaire à seize fois la rente. L'exercice

_____

(1) Coutume de Paris 83-99-100-120-121. Pothier op. cit. p. 555.

de cette faculté par le débit-enzéliste met évidemment fin au contrat.

Que décider au cas où l'immeuble cédé à enzel périt entièrement par cas fortuit? Le droit tunisien ne nous offre pas de réponse précise, et force nous est donc de nous en rapporter aux principes généraux de droit, communs à toutes les législations. Le débit-enzéliste, ayant la propriété de la chose, supporte les chances d'augmentation ou de diminution de valeur. Mais la perte totale doit avoir pour effet de le dégager de l'obligation de servir la rente. En vertu de son contrat, il est tenu constamment d'une obligation périodique de payer le canon annuel; la destruction totale de l'immeuble, objet de ce contrat, fait disparaître la raison et la cause de son obligation, de même qu'elle supprime le fondement du droit du crédit-enzéliste, établi sur l'immeuble qui a cessé d'exister. Toutefois, nous croyons qu'il faut reproduire ici la même distinction que dans notre ancien droit et déterminer exactement quel a été l'objet de l'obligation. S'agit-il, par exemple d'un terrain sur lequel s'élèvent des constructions qui viennent à être détruites, il y aurait lieu de rechercher si c'était l'édifice même ou le sol chargé de constructions qui a été donné à enzel. Dans le premier cas l'enzel serait éteint, il subsisterait au contraire dans le second.

Enfin, le contrat d'enzel peut prendre fin par la prescription, comme nous allons le voir en étudiant les questions que soulève la prescription en matière d'enzel.

VII. DE LA PRESCRIPTION EN MATIÈRE D'ENZEL. — Quand on se demande si l'enzel est prescriptible, on a en réalité plusieurs questions à examiner. La première est celle de savoir si l'enzel peut s'établir par la prescription : un individu possède un immeuble à titre de débit-enzéliste pendant un temps suffisamment long, en vertu d'une constitution d'enzel nulle ou irrégulière; peut-il ensuite se prévaloir de la qualité de débit-enzéliste à l'égard du véritable propriétaire ou de ses ayants-cause? L'enzel est un droit réel immobilier qui s'exerce d'une façon constante et exclusive de toute autre jouissance sur la chose. L'exercice de ce droit, pendant un certain temps, dans les conditions déterminées par la loi suffit, croyons-nous, à en assurer l'acquisition au profit du crédit-enzéliste. L'enzel peut donc s'établir par prescription. Le principe de l'inaliénabilité des biens habous ne peut faire obstacle à cette règle, car ce principe ne s'applique, en effet, qu'à la vente proprement dite et non à la cession à enzel qui est autorisée pour les biens habous. Quant aux conditions de la prescription, il y a lieu de distinguer :

S'il s'agit d'un immeuble non immatriculé, les coutumes tunisiennes n'exigent qu'une possession publique, paisible et non précaire pendant dix ans : le juste titre et la bonne foi ne sont pas indispensables (1).

S'il s'agit d'immeuble immatriculé, il ne peut plus être question de prescription. Le titre de propriété, conservé dans des archives publiques, sert, en effet, d'assiette à tous les droits réels constitués sur cet immeuble. Par définition, il doit subsister toujours. La prescription, imaginée pour consolider la propriété dans un régime foncier où les titres ne sont pas toujours suffisamment explicites et peuvent être perdus, n'avait plus de raison d'être. Aussi la loi tunisienne du 15 mars 1892 a abrogé les articles 300 à 341 de la loi foncière du 1er juillet 1885 relatifs à la prescription. Désormais, les immeubles immatriculés ne peuvent

(1) Tribunal de Tunis, 15 mai 1893. J. T. F., 1898, p. 24-30.

plus faire l'objet d'une possession capable de produire quelque effet juridique (1).

Revenant maintenant aux immeubles non immatriculés, il faut nous demander si le débit-enzéliste qui possède l'immeuble pendant un temps suffisant, sans payer le canon, peut prescrire à son profit la propriété libre de l'immeuble.

En droit romain, l'emphytéote ne pouvait usucaper la propriété du fonds. M. Clavel en donne comme raison que les droits incorporels n'étaient pas susceptibles d'usucapion. Or, le domaine éminent qui manque à l'emphytéote pour devenir propriétaire étant un droit incorporel, l'emphytéote ne pouvait l'usucaper.

L'argument ne nous paraît sérieux, car jamais, en droit romain, l'emphytéose n'a, comme nous l'avons vu, emporté séparation du domaine utile et du domaine éminent. L'emphytéote était titulaire d'un simple droit réel, et pour devenir propriétaire ce qu'il fallait usucaper, c'était non ce droit incorporel, inconnu au droit romain, que le Moyen Age a appelé le domaine éminent, mais bien la propriété elle-même. S'il ne pouvait le faire, c'est que précisément, étant investi d'un droit réel, il était détenteur pour autrui; il n'avait pas une possession qualifiée, de même que l'usufruitier, il ne pouvait prescrire contre le propriétaire. Mais lorsqu'il fut décidé, par la Novelle de Théodose, que les actions, tant réelles que personnelles, s'éteindraient au bout de trente ans, l'emphytéote qui avait possédé pendant ce temps sans payer le canon, put opposer dès lors la *prœscriptio longissimi temporis* contre le propriétaire revendiquant.

---

(1) Par suite, les immeubles immatriculés ne peuvent faire l'objet d'une action possessoire. (Justice de paix de Souk-El-Arba, 12 décembre 1892. J. T. F. 1893, 231.

Dans notre ancien droit français, il était unanimement admis qu'après un délai de trente ans, le preneur qui avait possédé l'héritage sans payer la rente foncière, avait prescrit la franchise de cet héritage. Mais il y avait controverse sur la nature de cette prescription : les uns, comme Pothier (1) rapportaient exclusivement ce résultat à la prescription libératoire ; d'autres, au contraire, notamment Laurière, soutenaient qu'il s'agissait d'une véritable prescription acquisitive. M. Troplong (2) reproduit ainsi leur raisonnement : le détenteur à titre précaire est celui qui possède au nom d'autrui. Or, le preneur à rente foncière était propriétaire de l'héritage, il possédait donc en son nom. Quant à la portion idéale de la chose, représentée par la rente foncière, il n'en était pas détenteur. S'il ne payait pas cette rente, il commettait une usurpation : il possédait pour l'intégralité ce qui lui avait été baillé pour partie seulement, « sa possession débordait son titre ». Il possédait sans titre ce qui ne lui avait pas été régulièrement concédé par le bail à rente, mais non en vertu d'un titre équivoque, il pouvait donc invoquer la prescription trentenaire, établie précisément pour le cas où le titre manque (3).

Le même raisonnement pourrait, croyons-nous, s'appliquer en matière d'enzel. Le débit enzéliste a, comme le preneur à rente foncière, la propriété de la chose. Il possède en son nom personnel et non pour autrui. S'il détient l'héritage sans payer la rente, il le détient partie comme propriétaire, partie pour avoir usurpé la portion idéale de la chose représentant la rente. Il peut donc prescrire sans avoir à craindre de se voir opposer son titre. Par

(1) Pothier, op. cit., n° 211.
(2) Troplong, Prescription n° 2240.
(3) Pépin le Halleur, op. cit., p. 270-272.

suite il n'est pas nécessaire, comme le fait M. Clavel, pour répondre à cette objection que le possesseur ne peut changer la nature de sa possession et prescrire contre son titre, de soutenir que ce titre n'existe plus, puisque, d'après lui, le contrat d'enzel se trouve résolu, *ipso facto*, par le non paiement du canon pendant deux ans. Cette argumentation conduirait à ce résultat assez singulier que le délai ordinaire de la prescription devrait être augmenté de deux ans en matière d'enzel, puisque ce n'est qu'à partir de ce moment que le titre cesserait d'exister.

Quant à la durée de la prescription, il y a lieu de distinguer suivant qu'il s'agit d'un enzel constitué sur un bien habous ou melk. Si l'immeuble est melk, on suit les règles exposées plus haut, à propos de l'établissement de l'enzel par prescription : pour les immeubles non immatriculés, la loi arabe exige seulement une possession de dix années, pour les immeubles immatriculés, il ne peut être question de prescription.

Pour les biens habous, il n'en est plus de même : ces biens sont, en effet, sinon imprescriptibles, du moins soumis à une prescription beaucoup plus longue : Le débit-enzéliste qui détient à enzel un immeuble habous devra donc, avant de pouvoir se prétendre propriétaire absolu et incommutable de l'immeuble, avoir possédé, sans payer l'enzel, pendant toute la durée exigée pour la prescription des immeubles habous, pendant trente-trois années. Remarquons enfin que, même alors, dans la plupart des cas, il ne pourra invoquer la prescription, puisque les immeubles habous, adjugés à enzel, doivent être immatriculés.

Reste enfin le point de savoir par quel laps de temps se prescrit le paiement des annuités échues de l'enzel. Pour les immeubles immatriculés, l'article 85 de la loi du

1er juillet 1885 décide, « que les arrérages d'enzel se prescrivent par cinq ans ». Cette disposition, introduite par la
loi foncière, peut elle être étendue aux immeubles non
immatriculés, l'ancien droit tunisien ne connaissant pas
la prescription quinquennale des arrérages et intérêts ?

La jurisprudence des tribunaux français en Tunisie
a décidé, avec raison, que le paiement des redevances
d'enzels, établis sur des immeubles non immatriculés,
était soumis à la prescription de cinq ans édictée par
l'article 2277 du Code civil et reproduit dans l'art. 85
de la loi foncière tunisienne. La prescription quinquennale
repose sur une considération d'ordre public ; aussi, a-t-on
pensé que cette disposition devait s'étendre à l'enzel des
immeubles, même non immatriculés. Le Tribunal de Tunis,
après avoir écartée l'article 2.277 en matière d'enzel,
(jugement du 21 mai 1885 J. T. F. T. 1894 p. 298. —
27 février 1888 J. T. F. T. 1894 298) a, dans ses décisions
plus récentes, décidé au contraire que, même pour les
immeubles non immatriculés, les arrérages de l'enzel se
prescrivaient par cinq ans. (22 octobre 1889, J. T. F. 1890-
110. — 29 déc. 1891 ibid 1893, 346. — 13 mars 1893, 131,)

VIII LE CONTRAT DE KIRDAR. — Un des caractères
distinctifs de l'enzel, qui le différencie des contrats du
même genre usités en Egypte, c'est que le canon est invariable. Il existe toutefois une autre forme moins pratiquée
d'enzel à rente variable : le kirdar, analogue à l'hekre
égyptien. Le Tribunal de Tunis en a donné une définition
dans un jugement du 27 février 1890 (1) : « C'est une forme
« du contrat d'enzel, spéciale aux biens habous, avec cette
« différence que la redevance peut être augmentée dans
« l'intérêt de la fondation pieuse, lorsque l'immeuble

---

(1) Rev. Alg. 1890. 2. 437. J. T. F. T. 1891 p. 22.

« acquiert une plus-value considérable qui n'est le résultat
« ni des travaux, ni des améliorations faites par le pre-
« neur. » Dans ce cas l'augmentation doit être prononcée
par autorité de justice (Trib. de Tunis 30 juillet 1894
J. T. F. T. 1894, 527.) En outre, le plus souvent, ce contrat
emporte pour le preneur l'obligation de construire ou
d'améliorer.

D'après ce que nous avons dit, au début de ce chapitre,
il est permis de supposer que le kirdar n'est autre chose
que la forme ancienne du contrat de quasi-aliénation des
biens habous. Comme l'hekre, il est spécial à ces biens, et,
comme dans l'hekre, la redevance stipulée peut être augmentée au profit de la fondation. La loi foncière de 1885
et la loi de 1888 ne parlent pas du kirdar. Comme, d'autre
part, les biens habous, publics ou privés, ne peuvent qu'être
cédés à enzel ou loués aux enchères publiques, dans des
formes strictement déterminées, et doivent faire, sitôt après
l'adjudication, l'objet d'une immatriculation, on peut se
demander si, actuellement, il est encore possible de constituer sur un immeuble habous un enzel kirdar. Nous ne
le croyons pas, et cela n'est pas à regretter. Le kirdar a
en effet pour résultat d'aggraver la situation du preneur,
puisque il lui enlève le droit de profiter des chances de
plus-value qui peuvent survenir. D'ailleurs, cette forme de
l'enzel est peu fréquente, comme l'atteste le petit nombre
de décisions que le Tribunal de Tunis a eu à rendre à ce
sujet.

CHAPITRE IV

Cont.ats autres que l'enzel applicables aux biens habous.

I. ÉCHANGE. — A. *Échange en nature.* — B. *Échange en argent.*
II. LOCATIONS A LONG TERME. — *Formes.*

Jusqu'à ces derniers temps, l'enzel était le seul procédé efficace pour mettre en valeur les biens habous et les rendre accessibles à la colonisation. C'était néanmoins un remède insuffisant. La règle de l'inaliénabilité des biens habous subsistait en principe. Les biens habous ne pouvaient être loués pour plus de deux ou trois ans. L'article 11·du décret du 19 mars 1874 décidait que, pour les habous publics, ces locations devaient être faites aux enchères publiques, devant le cadi du lieu où était situé l'immeuble. Le décret du 25 juillet 1897 a étendu cette obligation aux habous privés; mais un nouveau décret du 15 août 1897 a reporté au 22 mai 1898 l'application de cette mesure, qui a perdu beaucoup de son intérêt par suite des mesures édictées au début de cette même année.

En 1898, un grand progrès a été accompli et une réforme, depuis longtemps attendue, est venu marquer une étape importante dans l'évolution de ces biens. Elle a fait disparaître les entraves que leur situation juridique apportait au développement agricole, et à facilité du même coup la mise en valeur plus fructueuse du domaine confié à la Djemaïa. Le 31 janvier 1898 (1) ont été rendus deux décrets : le premier, complété par un règlement, a pour objet les échanges de biens habous, le second autorise les locations à long terme de ces biens et précise les conditions dans lesquelles elles devront être passées. Ces décrets s'appliquent d'ailleurs à tous les habous de la Régence, sans distinction entre les habous publics et les habous privés.

I. Échange. — La loi musulmane ne prohibe pas l'échange des biens habous, soit en nature, soit même en argent. S'il y a pu y avoir dans la doctrine quelques dissentiments entre les auteurs, la pratique n'a pas manqué de suivre l'opinion qui accordait le plus de facilités. Depuis fort longtemps, en Tunisie, on admettait la possibilité d'échanger les biens habous. Les décrets du 31 janvier 1898 n'ont donc pas innové sur ce point, mais ils ont réglementé les formes de l'échange. Jusqu'alors l'échange des immeubles habous se faisait dans des conditions particulièrement désavantageuses pour le preneur. L'immeuble habous que le demandeur avait en vue d'acquérir était estimé par des *amines* ou experts, puis le cadi, dont l'autorisation était nécessaire, doublait ce prix d'estimation, de façon, disait-on, à tenir compte de la majoration qui aurait été atteinte, si l'immeuble avait été mis aux enchères. C'était sur cette base que s'effectuait l'échange. On comprend que cette façon de procéder n'était guère faite pour encourager les opérations de cette nature. C'était l'arbitraire le plus absolu. Le décret du 31 janvier 1898 établit d'une façon très précise la procé-

(1) *Journal Officiel tunisien* du 19 février 1898. V. Exposé des motifs.

dure à suivre. Désormais, toute personne, qui désire acquérir par voie d'échange un bien habous public ou privé, doit en faire la demande par écrit à la Djemaïa des habous. La demande doit contenir, outre les nom, prénoms, profession et domicile du demandeur, la désignation de l'immeuble demandé, la désignation de l'immeuble offert en échange, ou l'indication exacte du prix proposé; s'il s'agit d'un échange en argent, l'engagement de déposer le montant approximatif des frais ; enfin, si le habous est un habous privé, le consentement par écrit des ayants droit.

La Djemaïa examine ensuite si elle doit accepter ou refuser l'offre qui lui est faite. Son acceptation, s'il s'agit d'un habous privé, ne saurait d'ailleurs suppléer au défaut d'autorisation des bénéficiaires: leur acceptation est indispensable.

Si la Djemaïa accueille la proposition d'échange, il est procédé à des formalités qui varient, suivant que l'échange est demandé en nature ou en argent : dans le premier cas, il y a lieu à une expertise ; dans le second, à une mise aux enchères.

A. *Échange en nature.* — La demande est alors transmise à un magistrat du Châra, chargé de vérifier le titre de l'immeuble offert. Si le titre ne lui paraît pas régulier, il peut refuser de donner suite à la demande; s'il lui paraît suffisant, il fait procéder à une estimation tant de l'immeuble demandé que de celui qui est offert en retour. Une commission, composée de deux amines, d'un délégué de la Djemaïa et d'un géomètre du service topographique, assistée de deux notaires, est chargée de visiter les deux immeubles, d'en faire l'estimation, de faire application des titres et de dresser l'état des lieux. Les résultats de l'expertise sont consignés dans des procès-verbaux et

communiqués à la Djemaïa. Si la valeur de l'immeuble,
offert en échange de l'immeuble habous, est inférieure au
prix d'estimation de ce habous, le demandeur de l'échange
devra, soit payer en numéraire la différence, soit céder un
second immeuble d'une valeur égale à cette différence. Si,
au contraire, la valeur de l'immeuble offert en échange
dépasse la valeur de l'immeuble demandé, la demande
sera annulée et les frais partagés, à moins que le demandeur ne consente à céder son immeuble sans soulte. (Art.
12 et 13.)

La Djemaïa et le demandeur, après avoir pris connaissance des rapports des experts, ont à faire connaître s'ils
acceptent leurs estimations. L'une et l'autre partie ont la
faculté de les repousser et de renoncer alors à l'échange,
les frais restant à la charge de la partie qui s'est retirée.

Une fois les résultats de l'expertise acceptés de part et
d'autre, le président de la Djemaïa transmet au gouvernement le dossier de la demande comprenant : les titres
des immeubles échangés, les procès-verbaux d'expertise,
la traduction en français de toutes les pièces et documents ;
s'il s'agit d'un immeuble immatriculé, la traduction en
langue arabe du titre délivré par la conservation foncière ;
s'il s'agit d'une propriété rurale, le croquis visuel ou le
plan de l'immeuble ; enfin le cahier des charges, clauses
et conditions de l'échange. Le gouvernement est appelé à
donner son autorisation. Son approbation où son refus est
signifié à la Djemaïa qui en donne avis au requérant. Le
refus, ne peut d'ailleurs donner à ce dernier aucun recours
soit contre la Dejemaia, soit contre les ayants droits, soit
contre l'Etat.

B. *Echange en argent.* — Cette désignation peut paraître assez singulière, le mot vente aurait été, semble-t-il,
bien mieux en situation. La vente en effet, dans le langage

usuel comme dans le langage juridique, n'est qu'un per-
fectionnement de l'échange en nature. Au lieu de troquer
directement deux choses l'une contre l'autre, on interpose
entre elles une marchandise tierce, qui sert de commune
mesure de la valeur respective de ces deux choses ; cette
marchandise tierce, c'est le numéraire; la quantité nécessaire pour effectuer l'achat, constitue le prix : la vente est
un échange en argent. Il aurait donc était plus simple de
parler de la vente ou, plus exactement, de la vente à
charge de remploi, des biens habous.

Il semble qu'on ne l'a pas fait par égard pour les idées
généralement reçues sur l'inaliénabilité du habous, et que
c'est par un scrupule, peut-être exagéré, que l'on a employé cet euphémisme, échange en argent.

Comme la mise à enzel, l'échange en argent se fait par
voie d'enchères publiques et suivant des formalités analogues. Le chiffre de la mise à prix est fixé par la Djemaïa,
il doit être accepté par le demandeur en échange, sinon sa
demande se trouve annulée. La demande est ensuite
communiquée au gouvernement qui est appelé à donner
son approbation. Si la demande est approuvée, elle est
transmise à un magistrat du Châra avec toutes les pièces
qui y sont annexées (désignation de l'immeuble, nom,
prénom et domicile du demandeur, montant de la mise à
prix, cahier des charges, indication de la somme à déposer
par toute personne qui veut prendre part à l'adjudication,
autorisation du gouvernement). La somme qui doit être
déposée ainsi en garantie est égale au dixième de la mise
à prix, augmenté des frais approximatifs d'enregistrement,
de timbre et de publicité. Le dépositaire qui n'a pas été
déclaré adjudicataire a droit, aussitôt après l'adjudication,
à la restitution de son dépôt. S'il est resté adjudicataire,
son dépôt est affecté au paiement intégral de tous les

frais, le surplus s'impute sur le montant de l'adjudication,

Le dossier de la demande est transmis à un des magistrats du Châra qui est appelé à statuer sur sa régularité, il examine notamment si le cahier des charges renferme les dispositions considérées par la loi comme essentielles : l'indication du délai du paiement du prix, le délai, calculé du jour de l'adjudication, dans lequel l'acte d'échange devra être passé, la fixation de la date de la prise de possession de l'immeuble, l'indication des jours et heures où l'immeuble pourra être visité, enfin le montant approximatif des frais. La décision motivée du magistrat du Châra, constatant la régularité de la demande, est notifiée à l'Administration des habous qui fait procéder par un de ses notaires aux formalités préliminaires d'adjudication. Ces formalités et celles des enchères font l'objet d'un règlement annexe. Nous ne les exposerons pas en détail, car la procédure d'adjudication est la même que celle suivie pour les constitutions d'enzel. L'acte d'échange doit être dressé dans les soixante jours de l'adjudication. Toutefois les insertions au *Journal Officiel* sont au nombre de trois au lieu de deux ; le lundi est le jour consacré aux criées pour les échanges en argent de biens habous ; l'acquéreur n'est pas tenu de signer comme en matière d'enzel une réquisition d'immatriculation : enfin la faculté d'élire commande, dans les vingt-quatre heures de l'adjudication, est formellement édictée par le règlement annexe (art. 14).

Comme nous l'avons dit plus haut, les décrets du 31 janvier 1898, ont introduit, aussi bien pour les enzels que pour les échanges en argent de habous, le système des bougies, tel qu'il est organisé par notre code de procédure civile.

La Djemaïa est tenue d'acheter au remploi un autre

immeuble qui devient habous à la place de celui qui a été aliéné. Un des magistrats du châra doit être consulté sur le choix de l'immeuble.

II. Locations a long terme. — Depuis quelques années, on se préoccupait de l'avantage qu'il y aurait à étendre en Tunisie les périodes de locations des biens habous. A plusieurs reprises, les corps consultatifs qui représentent les colons auprès du gouvernement du Protectorat : la Conférence Consultative et la Chambre d'agriculture notamment, avaient émis des vœux en ce sens. L'interdiction des baux d'une durée supérieure à deux ou trois ans avait eu peut-être autrefois sa raison d'être pour prévenir les usurpations de biens habous par les locataires. Mais depuis longtemps de pareils dangers n'étaient plus à craindre. On s'explique d'ailleurs mal comment une pareille prohibition pouvait subsister, alors que ces mêmes biens faisaient l'objet de baux à rente perpétuelle.

Désormais, aux termes de l'article 1er du deuxième décret du 31 janvier 1898, « la Djemaïa des habous est autorisée à donner en location, par voie d'enchères publiques et pour des périodes ne dépassant pas dix ans, les terres nues de son domaine et celles portant des arbres fruitiers, dont le revenu n'est pas supérieur au tiers du revenu total. » Cette faculté on le voit ne s'étend pas à tous les biens habous, mais seulement aux immeubles ruraux qui ne font pas l'objet d'une exploitation régulière. Par là s'affirme le caractère du nouveau décret qui a pour but de faciliter la culture des terres jusque là stériles, l'atteinte que peut en recevoir la loi musulmane ayant sa justification dans l'intérêt supérieur de la colonisation.

Ces baux sont consentis pour une période de dix ans, le preneur a ainsi le temps nécessaire pour mettre en valeur le terrain et recueillir le fruit de son travail. Il peut

d'ailleurs, à deux reprises, obtenir la prorogation de son
bail pendant une nouvelle période de dix ans. Il doit pour
cela en faire la demande dans l'année qui précède l'expiration du bail, c'est-à-dire au cours, soit de la neuvième,
soit de la dix-neuvième année de location. Mais il faut
qu'il justifie qu'il a fait sur l'immeuble une dépense en
bâtiment ou en plantation, égale à cinq années de location.
En outre à chaque prorogation de bail, le loyer subit une
majoration d'un cinquième.

Quant au locataire qui a fait des améliorations, plantations, bâtiments, installations de toute nature, et qui ne
veut cependant pas demander le renouvellement de son
bail, il a droit au remboursement de ses dépenses, fixées
à dires d'experts, sans que la somme à rembourser puisse
en aucun cas, dépasser le montant de cinq années de location. Le preneur peut, en cours de bail, céder ses droits à
un tiers, mais l'autorisation de la Djemaïa est nécessaire
pour cela. Il peut aussi requérir la mise à enzel de l'immeuble qui lui est loué. Ce droit lui appartient, même à
l'exclusion de tous autres, sauf pendant la dernière année
du bail. Il jouit dans tous les cas, à conditions égales, d'un
droit de préférence sur les autres enchérisseurs.

Le cahier des charges peut même contenir une clause
d'après laquelle le locataire pourra, au cours de la neuvième
année de la période de location, obtenir la cession à enzel
de l'immeuble, sans avoir à passer par les formalités ordinaires d'adjudication : la rente d'enzel est fixée à dires
d'experts et l'enzel est consenti de gré à gré par la
Djemaïa, par dérogation au décret du 22 juin 1888.

Les formalités des locations à long terme des biens
habous diffèrent peu de celles suivies pour la mise à enzel.
Toute personne, désireuse de louer pour dix ans un
immeuble habous, doit adresser une demande à la Djemaïa

des habous. La liste des parcelles habous, reconnues par le service topographique et susceptibles d'être données en location, est dressée au moins une fois chaque année par les naïbs de la Djemaïa, deux mois au moins avant l'époque fixée pour les adjudications. Cette liste est affichée dans les bureaux du naïb, dans ceux du caïd, à l'Administration des habous et au Contrôle civil. Elle est en outre insérée au *Journal officiel*. Si la parcelle demandée se trouve comprise sur cette liste, le demandeur doit faire connaître son intention à la Djemaïa, un mois au moins, avant la date fixée pour les enchères. Si elle ne figure pas sur cette liste, la demande doit être faite, deux mois au moins, avant la période des adjudications, afin que la Djemaïa puisse examiner la suite à donner à la requête, et, s'il y a lieu, faire procéder en temps utile à la reconnaissance de l'immeuble et au levé de son plan. L'Administration fait ensuite connaître par écrit au demandeur si sa demande est accueillie.

Les adjudications ont lieu du 1er mai au 30 juin, et du 1er août au 30 septembre de chaque année. Toute personne qui veut prendre part aux enchères doit déposer entre les mains du représentant de la Djemaïa le montant de la mise à prix, majoré de 2 % pour les frais de publicité, de timbre et d'enregistrement. La procédure des enchères se fait de la même façon que les adjudications d'enzel ou les échanges en argent de biens habous. Dans les huit jours qui suivent la sentence d'adjudication, le contrat de location est dressé en minute et en expédition, la minute restant aux mains de l'Administration des habous, l'expédition étant remise au locataire.

Les mesures nouvelles, consacrées par les décrets de 1898, s'appliquent à tous les habous de la Régence sans distinction entre les habous publics et privés. Toutefois l'Administration du Collège Sadiki est substituée à la Dejmaïa en ce qui concerne les biens dépendant de son domaine. Quant aux habous privés, qu'il s'agisse d'échange ou de location, il faut toujours, comme condition essentielle, le consentement des dévolutaires. Pour les échanges, c'est à la Djemaïa qu'incombe le soin de faire les formalité néces-saires ; pour les locations à long terme, c'est à l'adminis-trateur du habous qu'il appartient de suivre la procédure, mais le cahier des charges doit toujours être soumis à l'approbation préalable de la Djemaïa.

CHAPITRE V

Difficultés soulevées par l'application des lois françaises en Tunisie

I. Règles générales de compétence. — La coexistence en Tunisie de la juridiction française et de la juridiction musulmane ne pouvait manquer de donner lieu à des questions fort délicates. Sur bien des points, la Cour d'Alger d'une part, le Tribunal de Tunis et celui de Sousse de l'autre, sont en complet désaccord. Tandis que nos magistrats en Tunisie s'efforcent d'étendre notre influence et d'assurer une large application de nos principes et de notre droit, il y a à Alger, au dire de certains esprits chagrins, une sorte de tendance fâcheuse à restreindre, autant que possible, la compétence des tribunaux français dans la Régence.

Il est admis sans contestation que la juridiction française en Tunisie connaît des affaires en matière mobilière toutes les fois qu'un Français ou un Européen se trouve en cause. De même, en matière immobilière, le Tribunal français est compétent, aux termes de l'article 20 de la loi du 1er juillet 1885, pour tous les immeubles immatriculés (1).

Pour les immeubles non immatriculés, le tribunal français est compétent toutes les fois que l'action est purement personnelle immobilière. En second lieu, le tribunal français est encore compétent, même au cas d'action réelle immobilière, lorsque le litige ne s'agite qu'entre Européens ou protégés européens ; si au contraire des sujets tunisiens sont seuls en cause, les tribunaux tunisiens connaissent seuls de l'affaire.

Il n'y a de difficultés que lorsque, l'immeuble n'étant pas immatriculé, les parties sont, les unes européennes, les autres tunisiennes. On reconnaît que la juridiction française est incompétente, seulement il y a désaccord sur le caractère de cette incompétence. La Cour d'Alger prétend qu'elle tient à l'ordre public, qu'elle est par suite absolue et peut être invoquée en tout état de cause. Les tribunaux français de Tunisie soutiennent qu'elle est relative, qu'elle doit être invoquée *in limine litis* et que les parties sont libres d'y renoncer (2). Cette dernière doctrine se trouve exposée dans de nombreux jugements et dans un remarquable ouvrage de M. Berge (3) et il faut bien

(1) Loi du 1er juillet 1885, art. 20 : Les immeubles immatriculés « ressortiront exclusivement et d'une manière définitive à la juri- « diction des tribunaux français.

« En cas de contestations sur les limites ou les servitudes d'im- « meubles contigus, lorsque l'un d'eux sera immatriculé et que l'autre « ne le sera pas, la juridiction française sera seule compétente et il « sera fait application de la présente loi. »

(2) La controverse a commencé dès le lendemain de l'institution des tribunaux français en Tunisie et elle ne paraît pas près de se terminer. Presque chacun des jugements où la jurisprudence tunisienne démontre sa théorie a sa contre-partie dans un arrêt de la Cour d'Alger, consacrant la théorie adverse.

(3) Berge, *De la Juridiction française en Tunisie*. Paris 1895.

reconnaître qu'elle paraît la plus juridique. On fait observer, en effet, que la cause de cette incompétence n'est pas le caractère immobilier de l'objet du litige, puisque la juridiction française pourrait connaître des contestations relatives à ce même immeuble, si elles ne s'agitaient qu'entre Européens. Ce qui détermine l'incompétence des tribunaux français, c'est la présence en cause de sujets tunisiens. Cette incompétence est donc fondée sur la qualité des personnes, c'est une incompétence *ratione personæ*, par suite relative.

Pour répondre à cette argumentation, la Cour d'Alger s'appuye d'abord sur les traités, passés bien avant l'occupation entre le Bey de Tunis et les puissances européennes, et réglementant l'organisation et la compétence des tribunaux consulaires. La loi du 27 mars 1883 qui a organisé la juridiction française en Tunisie n'a pas parlé de la compétence de nos tribunaux en matière immobilière, il faut donc s'en référer sur ce point aux textes qui régissaient la compétence des tribunaux consulaires auxquels nos tribunaux ont succédé. Or, dit-on, l'article 3 de la convention anglo-tunisienne de 1863 porte que les tribunaux indigènes auront une compétence exclusive pour les litiges immobiliers entre les sujets anglais et les sujets tunisiens. La même disposition se trouve reproduite dans les traités passés postérieurement entre la Tunisie et d'autres nations européennes, elle doit donc s'appliquer encore actuellement, puisque la justice française n'a fait qu'hériter de la compétence des justices consulaires.

La valeur de cette argumentation est singulièrement affaiblie par cette constatation que ces traités se placent au moment où Mohamed-Sadok projetait de doter la Tunisie d'une organisation judiciaire complète, présentant toutes les garanties nécessaires pour assurer le respect des droits acquis par les Européens. Il est dit dans le traité anglo-tunisien de 1863 que cette attribution de compétence aux tribunaux indigènes, à l'égard des sujets anglais, est consentie sous la condition que la partie condamnée pourra se pourvoir, soit devant une juridiction d'appel, soit devant une juridiction suprême, équivalant à une Cour de Cassation. Or cette organisation judiciaire n'a pas été effectuée, on ne peut donc dire que les nations européennes aient entendu réserver aux juridictions anciennes, qui subsistèrent, la connaissance des litiges immobiliers intéressant leurs nationaux. En fait, ces litiges furent le plus souvent tranchés par les tribunaux consulaires, sans que jamais le pouvoir beylical ait songé à protester. Bien plus, on a trouvé, dans les archives des chancelleries, de nombreux jugements rendus par les tribunaux consulaires, à la requête de sujets tunisiens, voire même de S. A. le Bey, touchant des contestations immobilières entre Européens et indigènes.

La Cour d'Alger invoque en second lieu le préambule d'un décret beylical du 31 juillet 1884, ainsi conçu : « Ayant l'intention d'étendre aussi la compétence des tribunaux français, dans le cas où des Européens sont en cause, aux matières immobilières, mais en reconnaissant l'impossibilité de le faire avant que la codification des lois qui les règlent ait été établie.... »

De là on conclut que, s'il y a pu y avoir en fait des empiétements des juridictions consulaires, le Bey n'a jamais entendu, en droit, abandonner ses prérogatives sur ce point. Cet argument donne prise à la même critique que le précédent. Par suite de l'inexécution du projet de réformes, notamment de l'organisation judiciaire à laquelle étaient subordonnés les traités passés entre la Tunisie et les autres nations, le tribunal du Châra, seul existant alors, n'a jamais été investi d'une compétence exclusive pour les litiges immobiliers où des Européens étaient en cause : le Bey ne pouvait donc se réserver des droits qu'il n'avait pas. De plus, on a fait remarquer, avec raison (1), que la disposition contenue dans ce préambule n'a rien de formel. Elle ne s'applique qu'aux Tunisiens. Le Bey leur impose, dans le décret du 31 juillet 1884, l'obligation de plaider devant le tribunal français en matière personnelle et mobilière. Avant de leur imposer pareille obligation en matière immobilière, il a voulu attendre que la codification des lois qui régissent la propriété soit effectuée. Mais il n'a eu nullement l'intention de les empêcher de porter leur litige devant le tribunal français, si tel était leur bon plaisir, et de leur imposer la juridiction tunisienne.

L'incompétence de la juridiction française, en matière immobilière, pour les litiges entre Européens et indigènes, est donc relative et il appartient aux parties d'y renoncer expressément ou tacitement. En persévérant dans sa jurisprudence, la Cour d'Alger donne à des traités internationaux une portée que les parties contractantes elles-mêmes ne leur ont jamais donnée, au grand détriment des intérêts des justiciables et de l'expansion de la justice française.

II. COMPÉTENCE EN MATIÈRE DE HABOUS. — Une question connexe à celle-ci, et qui se rattache plus étroitement à notre sujet, est celle de la compétence en matière de habous. On a soutenu, et la Cour d'Alger a consacré cette opinion, que la juridiction française était en Tunisie radicalement incompétente pour connaître des questions relatives à un habous. En effet, a-t-on dit, le décret du 31 juillet 1884, article 2, réserve expressément aux tribu-

---

(1) *Rev. alg.* 1890, I, p. 133.

naux religieux le règlement des contestations relatives au statut personnel ou aux successions de sujets tunisiens, musulmans ou israélites. Or, le habous fait partie des régles des successions ; il échappe donc à la compétence des tribunaux français.

Ce raisonnement serait pour nous faire impression, s'il s'agissait du habous tel qu'il existe en Algérie. Lorsque nous avons eu à examiner la question de savoir si la loi de 1873, en réservant aux indigènes algériens leur loi successorale, avait maintenu le habous, nous avons admis l'affirmative, parce qu'à ce moment, après les modifications que lui avaient fait subir les lois antérieures, le habous ne subsistait plus, suivant les propres expressions de M. Robe, que « comme une forme du testament ». La Cour d'Alger a donc eu raison, à cet égard, de faire rentrer le habous algérien dans les lois successorales. Mais elle s'est laissé entraîner par ce point de vue, lorsqu'il s'est agi du habous tunisien. En Tunisie, le habous n'a pas subi les mêmes atteintes qu'en Algérie ; il est resté, dans ses principes essentiels, ce qu'il était avant l'occupation française. Il n'y a donc aucune contradiction à soutenir que le décret de 1884 n'a pas réservé aux tribunaux religieux la connaissance des questions relatives au habous.

Cette distinction peut paraître subtile, la faute en est à la théorie des statuts. En France, une jurisprudence constante fait rentrer dans le statut réel les successions, au moins les successions immobilières ; en Tunisie, on reconnaît, au contraire, que les successions suivent la loi de la personne, qu'elles font partie du statut personnel. On comprend que la nuance soit encore plus délicate pour le habous. Tel qu'il existe en Tunisie, le habous, avec sa nature inaliénable, intéresse bien plus la condition des biens que la condition des personnes, et il doit rentrer dans le statut réel. Mais le caractère d'inaliénabilité, qui fait pencher la balance du côté du statut réel proprement dit, manque précisément au habous algérien qui n'est pas opposable aux tiers qui acquièrent postérieurement des droits réels sur l'immeuble frappé de habous. Il n'a donc plus en Algérie que le caractère d'une transmission particulière de biens *post mortem*, et se rattache par là aux règles des successions.

Les tribunaux français en Tunisie seront donc compétents pour les litiges relatifs aux habous de la même façon que pour les autres questions immobilières. Seulement — et par là, s'affirme le caractère spécial du habous — dans la plupart des cas il y aura à trancher des questions accessoires de succession dont la connaissance appartiendra aux tribunaux arabes.

On ne peut donc poser de règle absolue de compétence en matière de habous. L'exception d'incompétence devra être admise ou rejetée suivant les cas, pourvu, bien entendu, si on admet le système de la jurisprudence tunisienne, qu'elle ait été soulevée au début du procès (1). Ce sont ces principes que nous trouvons exposés dans les décisions rendues à ce sujet par le tribunal de Tunis ou de Sousse. C'est ainsi que le tribunal de Tunis a, par jugement du 6 janvier 1896 (2), admis le déclinatoire d'incompétence fondé sur l'article 2 du décret du 31 juillet 1884 qu'invoquait un indigène, actionné en reddition de compte de tutelle et de gestion d'un habous dont il était l'administrateur. « Attendu, dit ce jugement, que l'action introduite contre l'administrateur du habous soulève des questions de règlement et de liquidation de succession inté-

---

(1) Trib. de Tunis, 19 mai 1893. J. T. F., 1893, p. 313.
(2) *Rev. alg.*, 1896, 2., p. 486.

ressant des Tunisiens ; attendu que le demandeur ne semble pas avoir été seul bénéficiaire du habous, que pour
connaître sa part, il faut connaître ses droits successoraux
vis-à-vis des autres ayants-droit, que la connaissance de
ces difficultés ne saurait appartenir au tribunal français... »

Au contraire, lorsqu'il s'agit d'une question pure et
simple de habous, le tribunal français s'est toujours déclaré
compétent. La Cour de cassation semble adopter cette
manière de voir. Un arrêt du 3 novembre 1897 (1) a admis
un pourvoi formé contre deux arrêts de la Cour d'Alger,
rendus le 28 janvier 1893 et le 8 juin 1895, qui avaient
déclaré les tribunaux français en Tunisie radicalement
incompétents pour statuer sur la question préjudicielle
de savoir si l'immeuble litigieux était habous, même au
cas où le procès s'agite entre deux Européens.

La Cour d'Alger est d'ailleurs d'autant moins fondée à
combattre la jurisprudence du Tribunal de Tunis, qu'elle
a toujours affirmé, quant à elle, sa compétence en matière
de habous, au moins quand il s'est agi d'immeubles francisés. Et cependant l'article 7 de la loi de 1873 dispose
qu'il n'est point dérogé aux règles de succession des
indigènes entre eux, au habous, par conséquent, si on se
place au point de vue de la Cour d'Alger. Nous avons vu
la réponse que l'on pouvait faire à cette contradiction
apparente. Dès qu'un immeuble est francisé, en Algérie, il
reste soumis à la compétence française, alors même qu'il
fait partie d'une succession musulmane. La Cour de cassation a notamment décidé, par arrêt du 20 décembre
1893 (2), que les contestations relatives à la nature et au
caractère des biens habous, possédés en vertu de titres

(1). J. T. F. T.. 1898, p. 21.
(2) *Rev. alg.*, 1894, 2, p. 158. — Dalloz P. 1894, I, p. 390.

français, sont de la compétence des tribunaux français, quelle que puisse être au fond la compétence de la juridiction musulmane sur la dévolution successorale de ces biens.

III. Le habous peut-il porter sur les immeubles immatriculés ? — La loi du 1er juillet 1885 ne parle pas du habous, elle n'y fait même aucune allusion. D'autre part, dans son article 2, elle décide que les dispositions du Code civil français, qui ne sont contraires ni à la présente loi, ni au statut personnel ou aux règles de succession des titulaires de droits réels immobiliers, s'appliquent en Tunisie aux immeubles immatriculés et aux droits réels sur ces immeubles. Elle les soumet donc au statut réel français, sauf les exceptions résultant de la loi elle-même. On peut donc douter que la loi de 1885 ait entendu conserver l'institution du habous. A vrai dire, la question doit se résoudre par une distinction.

Respectueux des droits acquis, le législateur n'a certainement pas voulu supprimer le habous lorsqu'il a été constitué avant que l'immeuble ait été immatriculé. L'immeuble habous, une fois immatriculé, conserve le caractère habous qu'il avait. Le législateur ne le dit pas expressément, et on peut le regretter, car il n'en est pas moins vrai, que sur cet immeuble, soumis désormais au statut réel français, subsistera un droit réel contraire à la loi française, au mépris de l'article 2 précité. Mais ce ne peut être qu'un oubli, car, quelques années après, en 1888, le même législateur, en réglementant les adjudications d'enzel des immeubles habous, décidait que, sitôt après l'adjudication, ces immeubles devraient faire l'objet d'une procédure d'immatriculation. La loi de 1888, qui émane de la même autorité législative que la loi de 1885, reconnaît donc formellement que le habous continue à subsister sur l'immeuble, même après l'immatriculation.

Mais il n'en est plus de même lorsqu'on se demande si on peut constituer habous un immeuble déjà immatriculé. Pour l'avenir, cet immeuble ne peut être grevé que de charges prévues par la loi foncière. Or, si le habous ressortit au statut réel, on ne voit pas comment, en présence du silence de la loi, on pourrait admettre une pareille constitution.

IV. Compétence en matière d'enzel. — En appliquant à l'enzel les principes exposés plus haut, à propos de la compétence de la juridiction française en Tunisie, il est facile de déterminer dans quels cas nos tribunaux seront compétents.

L'enzel est un droit réel immobilier, les actions qui portent sur le fond de ce droit, qui sont relatives à la création ou à la résolution du contrat d'enzel, ont donc un caractère réel immobilier. Le tribunal français sera, par suite, compétent dans deux cas : lorsque l'enzel porte sur un immeuble immatriculé, et, lorsque l'immeuble n'étant pas immatriculé, des Européens seront seuls en cause. Si l'enzel porte sur un immeuble non immatriculé, et que des indigènes soient parties au procès, le tribunal français sera incompétent(1), mais d'une incompétence purement relative, suivant la théorie que nous avons admise. Au contraire, l'action qui tend simplement au paiement des arrérages est une action purement personnelle ; par suite, elle devra être portée devant le tribunal français, toutes les fois que des Européens seront en cause (2).

V. Un Français peut-il constituer un habous en Tunisie ? — Le habous dans l'économie sociale arabe présente des avantages incontestables, le principal est d'assurer la

(1) Trib. de Tunis. 19 décembre 1889, J. T. F. T., 1890, 112.
(2) Trib. de Tunis, 24 octobre 1889, J. T. F. T. 1893, 92. — Tunis 15 mai 1893 J. T. F. T. 1893, 246.

conservation des biens dans les familles. A ce point de vue, bien des Européens seraient peut-être désireux de pouvoir jouir de la même faculté que le père de famille musulman, et la question ne paraîtra pas oiseuse d'examiner si un Français pourrait aller constituer un habous en Tunisie. Au premier abord, une pareille proposition est assez séduisante. La perspective de pouvoir garantir à ses descendants, dans un pays plein d'avenir, la jouissance perpétuelle d'un bien, ne serait sans doute pas pour déplaire à ceux qu'effrayent en France l'instabilité croissante des fortunes. Sans vouloir revenir à la formation de majorats au profit de quelques-uns de ses enfants à l'exclusion des autres, on peut très légitimement chercher à leur assurer contre toute éventualité une partie de son patrimoine. De pareilles dispositions mériteraient d'être encouragées dans une certaine mesure; elles apparaissent comme un moyen de réaliser ce que d'excellents esprits considèrent comme une amélioration du régime social et économique de la France, l'institution du bien de famille inaliénable et insaisissable, le homestead cher au citoyen américain.

Or, nous avons vu qu'en droit musulman, les docteurs admettent la validité du habous constitué par un étranger, appartenant à une religion différente de l'Islam, pourvu que le fondateur ait eu vraiment une intention pieuse ou charitable. Un habous, constitué par un Français au profit d'un hôpital, avec désignation de dévolutaires intermédiaires, ne serait donc pas nul au point de vue musulman. Le serait-il au point de vue de la loi nationale du constituant ?

La jurisprudence de nos tribunaux en Tunisie s'est ralliée au principe d'après lequel les successions même immobilières des Français et des Européens sont réglées par leur loi nationale (1). Pour résoudre le point de savoir si un Français peut constituer un habous en Tunisie, il ne faut pas rechercher si le habous fait partie ou non du statut successoral musulman, ce qui n'a rien à voir dans la question, puisqu'il ne s'agit pas de musulman, mais bien d'examiner si une pareille constitution ne violerait pas quelqu'une des règles de succession édictées, par le Code civil français.

Evidemment, ce mot de succession doit être pris ici dans son acception la plus large. Il faut entendre par là, non seulement la succession *ab intestat*, la seule reconnue par notre droit (2), mais aussi les dispositions testamentaires et même les dispositions par acte entre vifs en tant, tout au moins, qu'elles règlent la transmission du patrimoine du *de cujus* après sa mort. A ce titre, l'article 896 du Code civil qui prohibe les substitutions, soit par donation entre vifs, soit par testament, fait à coup sûr partie des règles de succession, puisqu'il a pour but d'interdire au donateur ou au testateur de fixer, par avance, l'ordre dans lequel un bien devra être transmis après sa mort. Le Tribunal de Tunis a décidé que la substitution, contenue dans un testament passé par un Anglo-Maltais, et qui a pour objet un immeuble non immatriculé situé en Tunisie, n'est pas nulle en raison de son objet, cet immeuble étant susceptible de substitution d'après la loi qui lui est propre, mais qu'il y a lieu, si elle n'est pas nulle dans son essence, de rechercher si elle n'est pas nulle en tant qu'elle est nécessairement régie par le statut personnel maltais applicable en l'espèce. (Tunis, 3 juin 1892). (3).

Ce que ce jugement décide pour la substitution faite

---

(1) Trib. de Tunis, 24 février 1889, J. T. F. T. 1889, 12.
(2) Baudry-Lacantinerie. *Précis de droit civil*, t. II, p. 12.
(3) Berge, *Bulletin de la Société de législation comparée*, 1894-95, p. 641.

par testament, on ne voit aucune raison pour ne pas l'étendre à toute substitution faite par acte entre vifs.

On a donc à se demander si l'institution d'un habous, faite par un Français, présente les caractères d'une substitution prohibée. Nous avons reconnu que le habous présente les trois éléments essentiels de la substitution prohibée : la double libéralité, la charge de conserver et de rendre, et surtout, l'ordre successif. Nous croyons donc qu'un Français qui constituerait un habous en Tunisie, au profit de ses descendants, établirait une substitution prohibée et contreviendrait à sa loi successorale.

A supposer même que l'on ne puisse assimiler, à ce point de vue, le habous à la substitution, à raison de la nature du droit d'usufruit des dévolutaires, il y a encore une raison décisive pour interdire aux Français les constitutions de habous en Tunisie, au profit de leurs descendants. Aux termes de l'article 906 du C. civ., il faut, pour être capable de recevoir, être conçu, au moment de la donation pour les donations entre vifs, au moment du décès du testateur pour les donations testamentaires. Or, l'art. 906 a trait à la capacité, il rentre dans le statut personnel. Par suite, en admettant même que le droit des dévolutaires du habous ne soit qu'un droit d'usufruit, le habous, institué par un Français, ne pourrait être établi qu'au profit de ses descendants, conçus au moment de l'acte constitutif ; il ne pourrait donc s'étendre au-delà d'une vie d'homme, et ne présenterait plus aucun intérêt pratique.

Ainsi, il faut renoncer à la pensée de susciter au moyen du habous la formation de biens de famille inaliénables. Cela n'est pas trop à regretter. Ce n'est pas au moment où l'on s'efforce de mobiliser autant que possible la propriété foncière, afin d'en faire un instrument de crédit plus avantageux, qu'il serait à souhaiter de voir se constituer, dans une jeune colonie, un domaine de mainmorte. Le homestead est une heureuse conception économique, mais pour qu'il produise de bons résultats, il faut qu'il soit organisé spécialement en vue du but qu'il doit atteindre, la conservation de la petite propriété. Autrement, il risquerait de dévier rapidement, et au lieu d'être un instrument de progrès social, nous ramènerait, par un détour, aux inconvénients et aux abus des majorats de notre ancien droit.

CHAPITRE VI.

CONCLUSION

**L'Avenir du habous en Tunisie
Réformes à accomplir**

La Tunisie est, à l'heure actuelle, et sera pendant de longues années un pays essentiellement agricole. « L'industrie, dit à ce propos M. Leroy-Beaulieu (1), n'est pas la première forme de développement économique d'une contrée: il faut que l'agriculture la précède. Quand la production des champs est abondante, qu'elle offre un excédent notable sur les besoins d'alimentation du pays, quand, en outre, la population est devenue assez dense, l'industrie peut apparaître avec ses usines, ses machines, toute sa mise en œuvre perfectionnée, exigeant tant de concours divers. Il est chimérique d'espérer en hâter artificiellement l'avènement. C'est donc par l'agriculture que, comme tout pays dont le territoire est fertile et très étendu, relativement au nombre des habitants, la Tunisie doit commencer à renaître et à grandir. »

Pendant de longs siècles, les indigènes, écrasés d'impôts, ont laissé s'appauvrir une terre dont la fécondité à l'époque romaine fut proverbiale. C'est à l'établissement de colons français et européens que le pays devra de recouvrer son

_____

(1) L'Algérie et la Tunisie 1887. p. 333.

antique splendeur. Apportant avec eux des capitaux, des méthodes perfectionnées de culture, et surtout ces qualités d'énergie et de perservérance qui les opposent aux Arabes, ils seront seuls capables de mettre en valeur les richesses naturelles du sol. Ce n'est que plus tard que l'indigène, converti par l'exemple, et enrichi par notre voisinage, se hasardera à mettre à son tour en pratique nos procédés d'agriculture. Aussi, il importe pour accroître la prospérité de la Tunisie d'offrir à la colonisation des terres en abondance, dans les meilleures conditions possibles. Nos gouvernants l'ont bien compris. En même temps qu'ils organisaient un réseau de chemins de fer et de routes, destinés à assurer l'écoulement des produits, ils se préoccupaient de mettre à profit les terres disponibles. L'Etat tunisien possède des propriétés importantes, provenant de confiscations ou de donations, faites avant l'occupation française. Le gouvernement s'est efforcé d'en rendre l'acquisition facile. Instruit par l'exemple de l'Algérie, il renonça aux concessions gratuites et les remplaça par la vente à crédit. L'acquéreur paye la moitié du prix en entrant en jouissance, et le reste dans un délai de quatre ans. Ce système ne parait d'ailleurs pas avoir donné des résultats bien satisfaisants. On trouve en général les prix demandés par l'administration trop élevés et l'obligation de payer la moitié du prix à l'entrée en jouissance, trop onéreuse pour le petit colon.

A côté de ces possessions domaniales, dont le gouvernement est libre de disposer comme il l'entend, il y a les biens habous qui constituent un domaine également important.

Les propriétés, dépendant de l'Administration des habous, sont en général bien situées et dans des conditions favorables à l'exploitation, mais en revanche, elles sont parfois mal administrées, tout au moins dans l'intérieur où la surveillance est difficile. Elles constitueraient une ressource précieuse pour la colonisation : seulement, à raison de leur nature particulière, leur acquisition n'est pas chose aisée. Bien qu'il ne s'agisse en somme que de propriétés privées, le gouvernement est maintes fois intervenu. Nous avons vu quelles mesures ont été prises successivement pour faciliter la mise en valeur de ces biens.

Tout d'abord, la Djemaïa connaissait mal son domaine. En 1891, à l'instigation de l'administration du Protectorat, elle a commencé la délimitation de ses propriétés, et ce travail considérable se poursuit encore activement. En 1897, il a été procédé à la reconnaissance de 868 parcelles d'une contenance totale de 3066 hectares. En ajoutant à ces chiffres ceux des années précédentes, on trouve que jusqu'à ce jour les opérations de délimitation sont achevées sur 4.266 parcelles offrant une superficie de 126.764 hectares. La reconnaissance est complètement terminée pour les immeubles habous situés dans les territoires de Tunis Mateur, Béja, le Kéf, Téboursouk et la plus grande partie de Bizerte (1).

De plus, les décrets qui ont réglementé la vente à enzel, et ceux plus récents, qui ont organisé l'échange en argent ou en nature et les locations à long terme des biens habous, sont venus remédier aux inconvénients résultant de la règle d'inaliénabilité. Il semble que la Djemaïa aurait dû mettre un certain empressement à faciliter les ventes à enzel. L'opération avait en effet pour résultat de lui procurer, à la place du revenu variable et incertain d'un immeuble, une rente fixe et assurée : son budget y gagnait

---

(1) Rapport sur la situation de la Tunisie en 1897. *Journal officiel*, 2 février 1899.

en fixité. D'autre part, le chiffre de l'enzel étant toujours assez élevé, elle réalisait un véritable bénéfice. En fait, il parait qu'au contraire l'Administration des habous a toujours montré quelque mauvaise grâce à se dessaisir des propriétés, dépendant de son domaine, surtout au profit des Européens (1). Le haut personnel de la Djemaïa est d'une parfaite obligeance et fait preuve des meilleures intentions à notre égard. Mais les colons se plaignent de se heurter parfois à l'inertie et à la négligence des employés subalternes. Il est vrai que notre activité s'accomode mal de l'impassibilité orientale, et que nous nous hâtons peut-être trop de leur faire un grief de ce qui n'est qu'un effet de leur tempérament. Quoi qu'il en soit, il serait à désirer que peu à peu une place plus grande fût laissée à l'élément français. L'adjonction en 1891 d'un délégué du gouvernement tunisien a constitué déjà un progrès. Peut-être pourrait-on aller plus loin et rendre ce contrôle plus effectif. Les administrations de l'Etat tunisien ne fonctionnent qu'avec le concours et sous la surveillance du Protectorat français. Pourquoi n'en serait-il pas de même de la Djemaïa des habous ? Il est vrai que c'est une administration privée, mais l'importance des intérêts dont elle a la garde justifierait amplement cette intervention. Toutefois, à raison du caractère religieux des biens habous, cette ingérence doit s'effectuer, pendant longtemps encore, d'une façon particulièrement discrète.

D'ailleurs, il ne faut pas exagérer ces critiques ; et les chiffres sont là pour leur répondre. Ils montrent que, dans ces trois dernières années, les cessions des biens habous à enzel ont été fréquentes et ont suivi une progres-

(1) Proust. *De la colonisation par les biens habous*, Tunis 1898.

sion croissante. Il est facile de s'en rendre compte en jetant les yeux sur le tableau statistique ci-dessous :

ANNÉES	NOMBRE TOTAL des immeubles adjugés à Enzel	IMMEUBLES urbains Nombre	IMMEUBLES RURAUX		
			Nombre	Super.icie	Rente de l'enzel
1895	45	24	21	582 hectares	6.184 fr.
1896	45	24	21	1.340 h. 20	24.659 fr.
1897	47	17	30	11.823 h.	45.000 fr.

Dans ces adjudications, ce sont les Français qui se portent acquéreurs de la plus grande partie des immeubles ruraux. Ils laissent aux indigènes ou aux étrangers les terrains de banlieue, et leurs préférences se portent vers les terres plus étendues qui se prêtent mieux à la colonisation. C'est ainsi qu'en 1897 sur 11.823 hectares, près des trois quarts soit 8.332 hectares ont été adjugés à des colons français. La rente d'enzel correspondante a été de 22.414 francs. Toutefois, on ne peut tirer de ces deux chiffres une moyenne, le taux de l'enzel variant beaucoup suivant la situation et l'état de l'immeuble.

Une autre réforme que l'on réclame, c'est la modification du système actuellement en vigueur d'adjudication des biens habous. Théoriquement, ce système devrait donner les meilleurs résultats. La publicité et la liberté des enchères semblent offrir toutes les garanties nécessaires pour la

sincérité de la vente et du prix et la sécurité de l'acquéreur. En pratique il paraît qu'elles donnent lieu à des abus
regrettables. Déjà en 1887, M. de Lanessan (1), dont la
haute compétence en matière coloniale est indiscutable,
s'élevait contre l'indication à l'*Officiel* du nom de celui qui
demandait la mise à enzel d'un immeuble habous. Cette
publicité intempestive était de nature à provoquer des
manœuvres, destinées à frustrer le demandeur du bénéfice
de son initiative. Cet inconvénient a aujourd'hui disparu.
Le *Journal officiel* ne porte pas le nom de celui qui a fait
connaître à la Djemaïa son désir d'acquérir un immeuble
habous, mais bien le nom du véritable demandeur en constitution d'enzel, c'est-à-dire, pour les habous publics, le
président du Conseil d'administration des habous, pour les
habous privés, l'administrateur ou mokadem.

Néanmoins, on retrouve encore aujourd'hui les mêmes
critiques à propos du système même de l'adjudication aux
enchères publiques (2). On fait tout d'abord observer que
les prix atteints sont en général beaucoup trop élevés par
rapport à la valeur réelle de l'immeuble. A première vue,
il paraît bien simple de répondre à cela que ce n'est qu'un
effet de la loi de l'offre et de la demande, et qu'il est juste
que les biens habous bénéficient de la plus-value générale
des immeubles. Mais on pourrait peut-être objecter que
cette plus-value est due uniquement au mouvement de
colonisation, créé en Tunisie par l'occupation française;
que d'autre part, les revenus de ces biens sont consacrés
presque exclusivement aux besoins des indigènes, à l'entretien de leur culte, et ne profitent nullement aux Fran-

---

(1) De Lanessan. *La Tunisie*, p. 252. Paris 1887.
(2) Proust. *De la colonisation par les biens habous.*
De Carnières. *Rapport à la Chambre d'agriculture sur l'échange, la
location à long terme et l'adjudication des biens habous.* Tunis, 1898.

çais ; que par suite il paraît singulier que cette plus-value se retourne précisément contre ceux qui l'ont créée, contre nous.

Mais il y a plus, l'élévation du prix des enchères serait due en réalité à des causes factices, au concert frauduleux de certains spéculateurs malhonnêtes. « Ces gens-là, écrit « M. Proust, recrutés dans les couches les plus basses de « la société israélite, se groupent pour l'exploitation des « ventes au Divan. Dès qu'ils s'aperçoivent qu'un Européen, « nouvellement arrivé à Tunis, désire se rendre acqué- « reur d'un lot de terre, ils s'entendent entre eux pour « faire monter les enchères à des prix très élevés et quand « ils ont énervé le pauvre colon, qui n'était pas venu là « pour spéculer mais bien pour acquérir une terre qu'il « désirait réellement exploiter, le malheureux rentre chez « lui, absolument découragé, et sans espoir de retour vers « les enchères de la Djemaïa. C'est alors que l'un de ces « exploiteurs vient à lui sous l'apparence d'un courtier, et « lui offre de lui céder moyennant indemnité, la propriété « dont le groupe s'est rendu acquéreur quelques heures « auparavant. Si le colon accepte, ces affamés se partagent « ce qu'ils appellent la bonne main ; s'il n'accepte pas, ils « s'appliquent la propriété et ne tardent pas à la replacer « avec bénéfice à un autre. »

Pour remédier à ces inconvénients, on a préconisé de remplacer le système de l'adjudication aux enchères publi- ques par celui de la cession de gré à gré devant une com- mission composée de propriétaires européens et de mem- bres de la Djemaïa. L'administration des habous y perdrait peut-être, mais la colonisation y gagnerait à coup sûr, et ce serait justice, car c'est elle qui a contribué à la hausse des biens habous. L'adjudication aux enchè- res se comprenait autrefois ; elle constituait un mode excellent de cession à enzel, elle excluait toute possibilité de fraude. Aujourd'hui les mêmes dangers n'existent plus, la vente à enzel de gré à gré permettrait d'écarter les spéculateurs malhonnêtes au profit des colons sérieux, partant de la prospérité générale.

On aurait désiré, pour les mêmes raisons, voir les décrets du 31 janvier 1898 renoncer au principe de la mise aux enchères, pour les échanges en argent et les locations à long terme. Il est à craindre, qu'à cause de cette obligation, les mesures nouvelles ne réalisent pas les espérances que l'on avait fondées sur elles. Les mêmes abus se reproduiront, le prix des échanges d'immeubles habous sera toujours trop élevé.

Les locations à long terme, en particulier, n'offriront des avantages appréciables que si le taux des loyers est sensiblement inférieur à celui des enzels. La situation du débit-enzéliste est autrement préférable à celle du locataire. Il a sur la chose un droit bien plus énergique. Le débit-enzéliste, tant qu'il paye son enzel, ne peut être dépossédé, tandis que le droit du locataire est limité à dix ans. Il est vrai que ce dernier a la faculté, pendant l'année qui précède l'expiration de son bail, d'en demander la prorogation pour une nouvelle période de dix ans, mais l'exercice de cette faculté sera entravé, en pratique, par la condition, particulièrement onéreuse, de subir une majoration de vingt pour cent du loyer primitif.

Néanmoins, on ne peut s'empêcher de reconnaître que ces décrets ont marqué un grand progrès, en ce qu'ils ont introduit un principe nouveau, l'autorisation des locations à long terme.

Les restrictions, dont on a cru nécessaire de les entourer tout d'abord, disparaîtront peu à peu, et le principe restera. Il est à souhaiter que plus tard les biens habous puissent faire l'objet de baux dans les conditions du droit commun et qu'ainsi disparaîtra l'inconvénient qu'ils présentent.

On n'a cessé aussi, depuis longtemps, de réclamer, pour le débit-enzéliste, le droit de s'exonérer du paiement de la rente d'enzel en payant le capital représenté par la rente : c'est la question du rachat des enzels.

Pareille question s'est posée en France, il y a un siècle, à propos du rachat des rentes foncières. Le décret des 18-29 septembre 1790, art. 1er disposa : « Toutes les rentes foncières « perpétuelles, soit en nature, soit en argent de quelque « espèce qu'elles soient, quelle que soit leur origine, à « quelques personnes qu'elles soient dues, gens de main- « morte, domaine, apanagistes, ordre de Malte, même les « rentes de dons et legs pour cause pie ou de fondation, « seront rachetables : les champarts de toute espèce et sous « toute dénomination le seront pareillement au taux qui « sera ci-après fixé.

« Il est défendu de ne plus, à l'avenir, créer aucune rede-vance foncière non remboursable. » et l'article 530 du code civil reproduit la même prescription : « toute rente éta- « blie à perpétuité pour le prix de la vente d'un immeu- « ble, ou comme condition de la cession à titre onéreux « ou gratuit d'un fonds immobilier, est essentiellement « rachetable. Il est néanmoins permis au créancier de « régler les clauses et conditions du rachat. Il lui est « aussi permis de stipuler que la rente ne pourra lui être « remboursée qu'après un certain terme, lequel ne peut « jamais excéder trente ans. »

En réalité, cette réforme fut accomplie bien plus sous une préoccupation politique que dans un but économique. La Révolution française voulut supprimer non seulement la hiérarchie des personnes et des terres qui constituait

la féodalité, mais tout ce qui pouvait rappeler les redevances anciennes (1).

De pareilles considérations n'ont rien à voir en Tunisie
et la question de savoir si, au point de vue économique,
les baux à rente perpétuelle et irrachetable sont avantageux, est bien plus délicate. Au premier abord il semble
que la colonisation ne peut qu'y gagner. On se plaît à se
représenter le petit cultivateur, arrivant avec des ressources limitées, et prenant une terre à enzel. Il devient propriétaire, sans avoir de capital à débourser : chaque année
il paye la rente. Peu à peu, à force d'énergie et de travail,
il réussit à amasser la somme nécessaire au remboursement de l'enzel. A partir de ce moment, il devient propriétaire absolu de cette terre qu'il a fécondée : il est
maître chez lui !

Cette réforme paraît désirable, toutefois on ne peut s'empêcher de reconnaître qu'elle soulèverait de sérieuses
objections. Pour s'en rendre compte, il suffit d'examiner
la question en ce qui concerne les enzels déjà constitués;
puis, en ce qui concerne ceux qui seraient établis postérieurement à la mesure que l'on sollicite.

On ne peut nier que le décret, qui accorderait aux débits-
enzélistes la faculté de racheter la rente d'enzel, consacrerait,
pour les enzels déjà établis, une véritable expropriation.
Le vendeur à enzel a entendu se reserver un droit à une
rente perpétuelle sur l'immeuble; par hypothèse cette
stipulation, au moment où le contrat a été passé, était
parfaitement licite. Prétendre lui imposer le remboursement du capital que représente cette rente, c'est le
déposséder du droit qu'il avait conservé sur l'immeuble.
La question est de savoir si cette expropriation serait

(1) Locré, t. VIII. p. 80.

légitimée par l'utilité générale. En ce sens on peut dire
que la propriété y gagnerait en sécurité, le détenteur
n'étant plus soumis à la menace d'éviction, résultant du
défaut de paiement de la rente ; que d'autre part, la terre,
devenue libre, deviendrait un meilleur instrument de crédit.
Aussi, ne serions-nous pas éloigné de souscrire à l'idée du
rachat des enzels s'il ne s'agissait que des enzels constitués
sur les habous publics. L'atteinte au droit du crédit-rentier
apparaîtrait moins grave. En effet ces biens appartiennent
moins à la Djemaïa qu'à la collectivité, si donc la mesure
qu'on propose devait profiter à la collectivité, il n'y aurait
pas à proprement parler dépossession.

Mais il serait impossible de restreindre la faculté de
rachat, aux enzels établis sur des habous publics, il faudrait
nécessairement l'étendre aux enzels qui portent sur les
habous privés et sur les biens melk. Autrement, ce serait
accorder une faveur injustifiée aux possesseurs actuels à
enzel des biens habous publics. Or, le crédit-rentier d'un
enzel, établi sur un immeuble melk, que l'on forcerait à
recevoir le remboursement de la rente, ne serait-il pas
fondé à soutenir qu'à l'origine il n'a consenti à aliéner sa
propriété, à s'en dessaisir, que parce qu'en échange il
acquérait à perpétuité un droit à une rente, et qu'il est
aussi injuste de vouloir l'en déposséder que de le forcer à
vendre tel autre droit faisant partie de son patrimoine ?
L'expropriation, qui serait ainsi consommée, ne constitue-
rait-elle pas une violation flagrante des principes fonda-
mentaux de notre Protectorat ?

En fait, ce n'est pas tant à l'intérêt général, qu'à l'intérêt
personnel des détenteurs d'immeubles grevés d'enzel, que
cette expropriation profiterait. Au moment où le contrat a
été passé, les inconvénients résultant pour le preneur de
l'obligation de servir la rente à perpétuité ont dû entrer

en ligne de compte pour la détermination du chiffre de l'enzel. Si, plus tard, une disposition législative lui accorde le droit d'effectuer le remboursement du capital, contre le gré du crédit-enzéliste, la rente d'enzel deviendra moins avantageuse pour ce dernier : elle ne représentera plus la même valeur, mais une valeur moindre. Par contre le débit-enzéliste se trouvera déchargé d'autant, il sera dans une situation voisine de celle d'un acheteur à qui on ferait remise d'une partie de son prix. En définitive, il serait mieux traité qu'un acquéreur qui aurait acheté le même immeuble moyennant un prix fixe.

On peut objecter qu'il serait facile d'introduire cet élément dans la fixation du prix du remboursement. Mais alors la réforme risquerait de ne contenter personne : le débit-enzéliste se plaindrait de l'élévation du taux de rachat, et, d'autre part, le crédit-enzéliste, à qui on prétendrait imposer le remboursement, pourrait, toujours soutenir que cette indemnité ne correspond pas pour lui aux avantages que lui procurait la perpétuité de la rente.

En outre, la loi qui imposerait aux crédits-enzélistes le remboursement, devrait nécessairement stipuler qu'à l'avenir il serait interdit de constituer des enzels irrachetables. Si, en effet, on se décide à apporter une pareille atteinte au droit du crédit-enzéliste, c'est qu'on aura reconnu que l'impossibilité pour le débit-enzéliste de racheter la rente qui pèse sur sa propriété constitue, pour la prospérité générale, un obstacle qu'il faut à tout prix et à jamais faire disparaître. Or, on peut se demander si, en déclarant l'enzel désormais rachetable, on n'irait pas à l'encontre des intérêts de la colonisation. Le contrat d'enzel est un excellent instrument de mise en valeur des terres : il permet à tous de devenir propriétaires. Il est à craindre qu'en voulant le perfectionner, on ne le mette hors d'usage. La cause de la faveur dont il jouit est principalement dans la sécurité qu'il donne au crédit rentier. Un propriétaire consent volontiers à aliéner sa terre à enzel parce qu'au lieu, chaque année, d'un revenu variable il reçoit une rente fixe, et qu'il se met ainsi à l'abri de toutes les éventualités de mauvaise récolte, de baisses des fermages, etc. Si l'enzel devient rachetable, le crédit-enzéliste, n'y trouvera plus les mêmes avantages. Il sera toujours sous le coup d'une menace de remboursement. Pour se garantir contre ce risque il élèvera ses prétentions, et le taux de l'enzel montera, car il renfermera un nouvel élément : la prime d'assurance contre le remboursement. Ou bien, et c'est ce qui s'est passé en France au cours de ce siècle, le propriétaire cherchera un autre moyen de tirer profit de sa terre. Le contrat d'enzel ne tardera pas à tomber en desuétude, comme le contrat d'ana en Algérie. Ce résultat serait regrettable car ce mode d'aliénation présente un avantage incontestable, celui de permettre l'acquisition de la propriété sans avoir de capital à débourser.

Mais aucun obstable ne s'oppose à ce que, dans le cahier des charges des adjudications des biens habous, on insère toujours à l'avenir une clause indiquant que l'enzel pourra être racheté suivant un taux déterminé. Une pareille stipulation n'aurait, il nous semble, rien d'illégal. En effet, l'immeuble habous, cédé à enzel, ne cesse pas d'être habous. Or, le remboursement de l'enzel peut être assimilé à l'échange en argent de la pleine propriété. Les adjudications d'enzel se faisant aux enchères publiques, la règle, posée par les décrets du 31 janvier 1898, d'après laquelle l'échange en argent doit avoir lieu aux enchères publiques, ne serait donc pas violée.

Mais il ne faut pas se dissimuler que cette faculté, laissée au preneur, de se libérer à son gré de l'obligation de payer

la rente chaque année, aura sa contre-partie dans l'élévation du taux de l'enzel, d'abord parce que la Djemaïa
élèvera ses prétentions, c'est-à-dire la mise à prix, ensuite
parce qu'en raison de ces facilités les enchérisseurs se
présenteront plus nombreux. Or, on a vu avec quelle
amertume les colons tunisiens se plaignent déjà de l'élévation des enzels.

Nous croyons donc qu'il n'y a pas lieu de décréter le
rachat forcé des enzels, et nous avons l'honneur de nous
rencontrer sur ce point avec un économiste, qui est, lui
aussi, un colon tunisien, M. P. Leroy-Beaulieu (1). Les
arguments qu'il invoque, pour être d'un autre ordre, n'en
sont pas moins sérieux. Il montre qu'il y aurait danger à
réduire, par l'effet du remboursement, les revenus de la
Djemaïa, qui déchargent le budget tunisien de la majeure
partie des frais du culte, de l'instruction et de l'assistance
indigènes.

A côté du rachat forcé, il y a le rachat volontaire, librement consenti entre le crédit enzéliste et le débit enzéliste.
Ce rachat est toujours possible. Il n'est pas besoin de loi.
Les parties contractantes, en effet, sont libres de modifier,
d'un commun accord, le contrat qu'elles ont passé. Il ne
peut donc y avoir de difficulté pour les enzels constitués
sur des immeubles melks. En ce qui concerne les biens
habous, si la Djemaïa (2) l'accepte, le rachat de l'enzel est
possible, soit par voie d'échange en nature, soit d'échange
en argent. Toutefois, comme, dans ce dernier cas, l'échange
doit être fait aux enchères publiques, le remède serait
peut-être pire que le mal, le débit enzéliste risquant de
se voir évincé par un un autre enchérisseur.

Il faudrait donc, non pas contraindre la Djemaïa à rece-

(1) *Économiste français*, 1898, p. 882.
(2) Locré, t. VIII, p. 98.

voir le remboursement des enzels déjà constitués, mais seulement l'autoriser à le faire, sans passer par la formalité des enchères, moyennant un prix débattu qu'elle serait libre d'accepter ou de refuser.

A l'heure actuelle, la question du rachat des enzels ne comporte pas de solution immédiate. Rien ne nécessite l'expropriation des droits du crédit enzéliste et la modification de la loi foncière qui, ne l'oublions pas, définit l'enzel une propriété foncière grevée d'une rente perpétuelle *irrachetable*.

Cependant il faut prévoir, que dans un avenir plus ou moins éloigné, il sera nécessaire d'édicter la possibilité de racheter les enzels déjà constitués. A mesure que les transmissions d'immeubles s'opéreront, l'enzel changera d'aspect. Lorsqu'une terre, grevée d'enzel, aura passé aux mains de plusieurs acquéreurs successifs, la rente n'apparaîtra plus comme représentative du prix de cession originaire, mais bien comme le profit injustifié qu'en tire un ancien propriétaire. « Un premier acquéreur, disait « Portalis, au moment de la discussion de l'article 630 du « Code civil, ne voit dans l'établissement de la rente à « laquelle il se soumet que ce qui la lui rend profitable; « ses successeurs ne sont plus sensibles qu'à ce qui peut « la leur rendre odieuse. » Lorsque la Tunisie en sera arrivée à cette période, l'intérêt public nécessitera l'expropriation du crédit rentier, qui se fera, non sans une juste indemnité.

Cette mesure ne sera que le couronnement de la transformation qui se prépare, la mobilisation du habous. L'inaliénabilité n'est pas de l'essence même de l'institution. Elle n'a été édictée que pour sauvegarder les droits des bénéficiaires ultérieurs et la perpétuité de la fondation. Au début, elle semblait la seule garantie efficace contre les

usurpations possibles. Mais à mesure que l'activité écono-
du pays se réveillera, elle n'apparaîtra plus que comme
une gêne. Cette précaution deviendra de plus en plus inutile jusqu'au jour où la Djemaïa, secondée par le gouvernement, pourra par elle seule défendre contre tout empiète-
ment les droits qui lui sont confiés. Elle pourra vendre,
échanger, donner à bail dans les conditions du droit commun les immeubles dépendant des habous publics, et, avec
le consentement des bénéficiaires actuels, ceux qui font
partie des habous privés. Prudemment et librement admi-
nistré, le patrimoine de la Djemaïa ne pourra que s'accroître. D'autre part, le domaine rural mainmortable de
la Tunisie passera peu à peu aux mains des colons français,
qui le détiendront soit comme propriétaires, locataires ou
enzélistes ; et le domaine des habous s'étendra de plus en
plus sur les biens urbains, plus faciles à régir. Mais ce
n'est pas tant par des réformes législatives que par le jeu
naturel des lois économiques qui veulent que la terre aille
toujours aux mains de ceux qui savent le mieux l'exploiter,
que ce résultat pourra être obtenu.

Il ne faut pas vouloir trop précipiter cette évolution.
Nous avons su, par d'habiles ménagements, nous conserver
la sympathie des populations indigènes. Des mesures pré-
maturées ne manqueraient pas de froisser leurs traditions
et leurs croyances et de compromettre ces heureux résultats. « La colonisation est une œuvre de longue haleine et
souvent séculaire, il ne faut pas la compromettre par une
hâte fébrile et des procédés arbitraires (1). » Aussi ne nous
déclarons-nous pas impatients des réformes demandées.
Nous nous reposons sur le tact et la diplomatie de notre
Résident Général pour concilier l'intérêt de nos colons et

(1) Rougier, *L'Algérie devant le Sénat*, conférence faite à la Société
d'Economie politique de Lyon, le 7 décembre 1894.

les droits des indigènes. Nous sommes persuadé que, tout en ménageant les Arabes, il saura maintenir la règle formulée par un de ses prédécesseurs, l'honorable M. Massisicault : « Faire en Tunisie une œuvre essentiellement française. »

BIBLIOGRAPHIE

I

DROIT MUSULMAN

B. Adda et E. D. Ghalioungui. — *Le wakf ou immobilisation d'après les principes du rite hanafite.* Alexandrie, 1893.

Eug. Clavel. — *Le wakf ou habous d'après la doctrine et la jurisprudence.* Le Caire, 1896.

Mercier. — *Le habous ou ouakof.* Etude publiée dans la Revue algérienne et tunisienne de législation et de jurisprudence. Août-septembre 1895.

Mercier. — *Deuxième élude sur le habous.* Revue algérienne et tunisienne, 1897, p. 312.

Mercier. — *La propriété dans le Maghreb.* Journal asiatique, 1894, p. 73-93.

Mohammed Elbachir Ettouati. — *Recueil de notions de droit musulman et d'actes notariés, judiciaires et extrajudiciaires, traduit par J. Abribat.* Tunis, 1896.

De Nauphal. — *Cours de droit musulman, fasicule II la propriété.* Saint-Pétersbourg, 1886.

Sautayra et Cherbonneau. — *Droit musulman. Du statut personnel et des successions t. II.* Paris. Maisonneuve, 1874.

Sawas Pacha. — *Théorie du droit musulman.* Paris, 1898.

Tilloy. — *Répertoire alphabétique de jurisprudence, de doctrine et de législation algériennes et tunisiennes.*

Zeys. — *Traité élémentaire de droit musulman algérien* (école malékite) 2 vol. Alger. Jourdan, 1886.

Van Den Berg. — *Principes du droit musulman selon les rites d'Abou-Hanifa et de Chafi'i*, traduit par MM. De France, De Tersant et Damiens. — Revue Algérienne, 1893.

Worms. — *Recherches sur la constitution de la propriété dans les pays musulmans.* Revue de législation, 1844, p. 371-395.

II

ALGÉRIE ET TUNISIE

Becquet. — *Répertoire de droit administratif.* V° Algérie.

Besson. — *La législation civile de l'Algérie.* Paris. Chevalier-Maresq, 1894.

Bleu. — *La propriété des colons en Algérie.* Paris, 1894.

Dalloz. — *Répertoire.* V° organisation de l'Algérie et Supplément au Répertoire, t. 19.

Eyssautier. — Le Statut réel français en Algérie. Révue Algérienne, 1887.

Pandectes françaises. — *Donations et testaments* t. III. p. 52, n° 14090.

Meyer. — *Les Institutions musulmanes*, étude publiée dans les Annales de l'Ecole des Sciences politiques, 1886, p. 301.

Pouyanne. — *La Propriété foncière en Algérie.* Paris. Duchemin, 1895.

Robe. — *Les lois de la propriété immobilière en Algérie.* Paris. Cotillon, 1891.

Robe. — *Origine, formation et état actuel de la propriété immobilière en Algérie.* Paris. Challamel, 1885.

Rougier. — *Précis de législation et d'Economie coloniale.* Paris. Larose, 1895.

Rougier. — *L'Algérie devant le Sénat.* (Conférence faite à la Société d'Economie Politique de Lyon). Lyon. Mougin-Rusand, 1895.

P. Leroy-Beaulieu. — *L'Algérie et la Tunisie.* Paris. Guil, laumin.

*
* *

La Tunisie, 4 vol. Berger-Levrault. Paris, 1896.

La Tunisie, (Revue générale des sciences, livraisons du 30 novembre et du 15 décembre 1896, spécialement consacrées à la Tunisie).

De Lanessan. — *La Tunisie.* Paris. Alcan, 1887.

P. Lapie. — *Les civilisations tunisiennes.* Paris. Alcan, 1898.

Berge. — *Etude sur le fonctionnement de la justice française en Tunisie*, publiée par le bulletin de la Société de législation comparée, t. XXIV. 1894-95. p. 615.

Bonnard. — Etude publiée dans le bulletin de la Société de législation comparée. 1893, p. 465.

Montels. — *Les Biens de Mainmorte (habous) en Tunisie.* Tunis, 1889.

Piollet. — *Du régime de la propriété foncière en Tunisie.* Paris, 1897.

Sumien. — *Du contrat d'enzel en Tunisie.* Revue algérienne, 1893, 1er p. p. 201.

De Carnières. — *Rapport sur l'échange, la location à long terme et l'adjudication des biens habous.* Tunis. Imprimerie Générale, 1898.

Proust. — *De la colonisation par les biens habous.* Tunis. Imprimerie Rapide, 1898.

Sebaut. — *Dictionnaire de la législation tunisienne.* Dijon. Sirodot-Carré, 1896.

Journal officiel français. — Rapports annuels adressés au Président de la République sur la situation de la Tunisie.

Journal officiel tunisien.

Loi foncière et règlements annexes. — Recueil officiel. Paris. Challamel, 1893.

Procès-verbaux des séances de la Chambre d'Agriculture et de la Conférence consultative de Tunisie.

Revue algérienne et tunisienne de législation et de jurisprudence.

Revue de jurisprudence musulmane.

Journal des tribunaux français en Tunisie.

Economiste français. 1898, p. 882.

III

QUESTIONS DIVERSES

AUBRY ET RAU. — *Droit civil français*

BAUDRY-LACANTINERIE. — *Donations et testaments*, t. II. *Précis dé drôit civil.*

ESMEIN. — *Mélange d'histoire du droit et de critique*, p. 297.

FUSTEL DE COULANGES. — *Recherches sur quelques problèmes d'histoire.*

GARSONNET. — *Histoire des locations perpétuelles.*

DE LAVELEYE. — *De la Propriété et de ses formes primitives.*

LABOULAYE. — *Histoire de la Propriété foncière en Occident.*

LEFORT. — *Des locations perpétuelles.*

PÉPIN LE HALLEUR. — *Histoire de l'Emphytéose.*

POTHIER. — *Traité du contrat de bail à rente.*

WIART. — *Essai sur la Precaria.* Paris. Larose, 1894.

TABLE DES MATIÈRES

———

DEUXIÈME PARTIE

LE HABOUS EN ALGÉRIE

TROISIÈME PARTIE

LE HABOUS EN TUNISIE

LYON. — IMPRIMERIE DU " SALUT PUBLIC "

71, rue Molière.

www.ingramcontent.com/pod-product-compliance
Lightning Source LLC
Chambersburg PA
CBHW070243200326
41518CB00010B/1665